I0815027

neukirchener
theologie

Emder Beiträge zum reformierten Protestantismus

Band 14

Herausgegeben vom
Vorstand der Gesellschaft
für die Geschichte des reformierten Protestantismus e.V.

Matthias Freudenberg /
Georg Plasger (Hg.)

Kirche, Theologie und Politik im reformierten Protestantismus

Vorträge der 8. Emder Tagung
zur Geschichte des
reformierten Protestantismus

Neukirchener Theologie foedus-verlag

Dieses Buch wurde auf FSC-zertifiziertem Papier gedruckt. FSC (Forest Stewardship Council) ist eine nichtstaatliche, gemeinnützige Organisation, die sich für eine ökologische und sozialverantwortliche Nutzung der Wälder unserer Erde einsetzt.

Bibliografische Information der Deutschen Nationalbibliothek

Die Deutsche Nationalbibliothek verzeichnet diese Publikation in der Deutschen Nationalbibliografie; detaillierte bibliografische Daten sind im Internet über http://dnb.d-nb.de abrufbar.

Umschlaggestaltung: Andreas Sonnhüter, Düsseldorf
DTP: Dorothee Schönau
Gesamtherstellung: Hubert & Co., Göttingen
Printed in Germany
ISBN 978–3–7887–2534–1
www.neukirchener-verlage.de

Vorwort

Der reformierte Protestantismus steht seit seinen Anfängen in politischen Konnotationen. Ist die Einführung der reformierten Reformation in Zürich gleichsam als staatlich gelenkte Reformation zu verstehen, so gibt es auf der anderen Seite ebenso Situationen der Verfolgung und Unterdrückung wie etwa in Frankreich oder in den Niederlanden. Diese sehr unterschiedlichen politischen Verortungen ziehen sich durch die gesamte Geschichte der reformierten Kirchen hindurch und bedingen natürlich auch unterschiedliche Wertungen des Verhältnisses von Staat und Kirche. So kann gefragt werden, ob die reformierte Kirche zumindest zuweilen eine zu staatstragende Rolle gespielt hat oder ob bestimmte theologische Akzentuierungen nicht (allzu) zeitbedingt waren.

Die Gesellschaft für die Geschichte des reformierten Protestantismus e.V. hat die 8. Emder Tagung vom 20.–22. März 2011 in der Johannes a Lasco Bibliothek zum Anlass genommen, sich der Fragestellung „Kirche, Theologie und Politik im reformierten Protestantismus" zuzuwenden. Die Vorträge haben verschiedene Epochen vom 16. bis zum 20. Jahrhundert aufgenommen, sowohl historisch wie theologisch ertragreiche Beiträge geliefert und dabei auch verschiedene Regionen berücksichtigt.

Im vorliegenden Band sind die Hauptvorträge und Kurzvorträge der 8. Emder Tagung dokumentiert. Sie wurden erweitert um die Dankesrede des diesjährigen Preisträgers des J.F. Gerhard Goeters-Preises, Herrn PD Dr. Marco Hofheinz, sowie um zwei Beiträge der Herausgeber, die 2007 auf einer Begegnungstagung in Debrecen zum Thema „Öffentliche Relevanz der reformierten Theologie" gehalten wurden; wir danken den Herausgebern der Dokumentation, Herrn Prof. Dr. Dr. h.c. Michael Beintker und Prof. Dr. Sándor Fazakas, für die Abdruckgenehmigung. Mit dieser Sammlung wollen wir zum Weiterstudieren und kritischen Denken anregen, denn die Thematik weist noch viele weiße Flecken auf, deren Erkundung nicht nur für den reformierten Protestantismus von Interesse sein dürfte.

Ein besonderer Dank gilt Frau Dorothee Schönau für die Erstellung der Druckvorlage sowie Frau Maike Dreesmann und Frau Patricia Fröse für die Sichtung der Beiträge.

Wuppertal-Schöller und Siegen, im Sommer 2011

Matthias Freudenberg und *Georg Plasger*

Inhalt

Vorwort 5

Ulrich Gäbler
Huldrych Zwinglis politische Theologie 9

Rebecca Giselbrecht
Zwingli und Bullinger: Väter des reformierten „Wybsbilds“ 27

Gerard C. den Hertog
Urteilen als Kernaufgabe des bürgerlichen Regiments
Ein Vergleich von Johannes Calvin und Oliver O'Donovan 37

Marco Hofheinz
Das Problem der Theokratie im reformierten Protestantismus
Calvin, Kuyper, Barth und der säkulare, weltanschaulich neutrale Rechtsstaat 51

Iris Fleßenkämper
Die Ordnung der Ehe
Zum Verhältnis von weltlicher und geistlicher Strafgewalt in der reformierten Grafschaft Lippe im 17. Jahrhundert 79

Frank van der Pol
Auswirkungen der Reformation und des reformierten Pietismus auf das Verhältnis zwischen Kirche und Obrigkeit am Beispiel der niederländischen Stadt Kampen 95

Veronika Albrecht-Birkner
Der Berliner Hof und die Theologische Fakultät Halle
Konfessionelle Aspekte eines spannungsvollen Verhältnisses (1690–1790) 107

Matthias Freudenberg
Historische Grundlinien und europäische Perspektiven des Verhältnisses von Kirche und Staat in der reformierten Theologie 129

Holger Balder
Das Politische in der Genese der „neuen Theologie“ Karl Barths 143

Marco Hofheinz
Die Aktualität der Friedensethik Karl Barths
Dankesrede zum Empfang des J.F. Gerhard Goeters-Preises 157

Katharina Kunter
Reformierte Kirchen und die Ost-West-Beziehungen
im 20. Jahrhundert 167

Nikolaus Schneider
Die politische Verantwortung der Kirche 179

Georg Plasger
Vom theologischen Wert der Werte
Überlegungen zu einem unverkrampften und unapologetischen
Umgang mit Grundwerten 187

Verzeichnis der Autorinnen und Autoren 195

Huldrych Zwinglis politische Theologie

von Ulrich Gäbler

Der Zwingliforschung ist immer wieder das Gefälle von Zwinglis Werk zum Sozialen und Politischen aufgefallen. So sprach man von der Sozialtheologie Zwinglis[1], kommentierte seine Soziallehren[2], nannte ihn einen Sozialpolitiker[3], bezeichnete ihn als einen sozialpolitischen Denker[4], behandelte seine politische Theologie[5] ebenso wie seine revolutionäre und patriotische Gesellschaftskritik[6]. Der bedeutende Zwingliforscher Gottfried Locher verfasste einen Aufsatz mit dem Titel „Zwinglis Politik – Gründe und Ziele".[7] Wohl über keinen anderen reformatorischen Theologen ließe sich eine solche Abhandlung schreiben. Zwingli nimmt unter den Reformatoren im Verhältnis zum Politischen ohne Zweifel eine besondere Stellung ein. Tatsächlich hat er sich sein Leben lang intensiv mit politischen und sozialen Themen auseinandergesetzt. Selbst war er auf markante Weise an Entscheidungen des Zürcher Stadtstaates beteiligt.[8]

Eine Frage allerdings scheint mir die Forschung noch nicht hinreichend behandelt zu haben. Ob nämlich das Politische für Zwinglis Theologie dermaßen prägend gewesen ist, dass es in seinem Denken nicht bloß ein wichtiges Thema unter mehreren ausmacht, sondern zu dessen Mitte gehört. Mit anderen Worten: Vertritt Zwingli eine „politische Theologie"?

1 Erik Wolf, Die Sozialtheologie Zwinglis, in: Rechtshistorische Forschungen, Festschrift für Guido Kisch, Stuttgart 1955, 167–188.

2 Paul Meyer, Zwinglis Soziallehren, Diss. phil. Zürich 1921.

3 Leonhard von Muralt, Zwingli als Sozialpolitiker, in: Zwingliana 5 (1931), 276–296.

4 Arthur Rich, Zwingli als sozialpolitischer Denker, in: Zwingliana 13 (1969), 67–89.

5 Peter Winzeler, Zwingli als Theologe der Befreiung, Basel 1986, überschreibt ein Kapitel mit „Zur Aktualität der politischen Theologie Ulrich Zwinglis" (29); Andries W.G. Raath, Calling and resistance. Huldrych Zwingli's (1484–1531) political theology and his legacy of resistance to tyranny, in: Koers. Bulletin vir Christelike Wetenskap 67/1 (2002), 45–76.

6 So würdigt Leonhard Ragaz Zwingli; vgl. Thomas K. Kuhn, Reformator – Prophet – Patriot. Huldrych Zwingli und die nationale Besinnung der Schweiz bei Leonhard Ragaz, in: Alfred Schindler / Hans Stickelberger (Hg.), Die Zürcher Reformation: Ausstrahlungen und Rückwirkungen (Zürcher Beiträge zur Reformationsgeschichte 18), Zürich 2001, 471–482.

7 Gottfried W. Locher, Zwinglis Politik – Gründe und Ziele, in: ThZ 36 (1980), 84–102.

8 Für Informationen zu historischen Zusammenhängen verweise ich auf mein Buch: Huldrych Zwingli. Eine Einführung in sein Leben und sein Werk, Zürich [3]2004, dem ich im Folgenden ohne weitere Kennzeichnung gelegentlich einzelne Formulierungen entnehme.

Es gibt verschiedene Wege, um eine Antwort auf diese Frage zu finden. Ich habe mich für folgendes Vorgehen entschieden: Ins Zentrum rücke ich die Untersuchung einer einzigen Zwinglischrift. Diese Schrift richtet sich an theologische Experten und scheint auf den ersten Blick nichts mit Politik zu tun zu haben. Als exegetisches Werk gibt sie allerdings umso deutlicher den Blick auf Zwinglis theologisches Arbeiten frei. Das Ergebnis meiner Lektüre dieser Zwinglischrift überprüfe ich dann anhand weiterer Schriften, die einem anderen Kontext entsprungen sind und die sich an andere Adressaten wenden. Abschließend gehe ich noch knapp auf die Wirkungsgeschichte ein.

I.

Ich beginne mit einer Deutung von Zwinglis Äußerungen zum Politischen in seinen 1529 erschienenen Erläuterungen zum Jesajabuch.[9] Das Werk besteht aus vier Teilen. Eröffnet wird es durch eine Widmungsepistel, die sich an mit Zürich befreundete, evangelische Städte richtet.[10] Hierauf folgt, zweitens, eine Übersetzung des Jesajabuches ins Lateinische.[11] Zwingli geht bei dieser Arbeit vom hebräischen Text aus und zieht regelmäßig sowohl die Septuaginta als auch die Vulgata heran. Er war überzeugt, mit seiner Übertragung ein neues Verständnis des Bibeltextes gewonnen zu haben.[12] Was er mit seiner Übersetzung vorlege, sei eine *complanatio*, eine Glättung oder Bereinigung des überkommenen lateinischen Textes. Danach präzisiert er, drittens, in einem Vorwort[13] seine philologischen und hermeneutischen Prinzipien bei der Übersetzungsarbeit. Erst dann beginnt, viertens, der umfangreichste Teil, nämlich eine detailliert dem Bibeltext entlanggehende Apologie[14] der Übersetzung.

Diese Apologie trägt streng wissenschaftlich-philologischen Charakter. Zwingli achtet insbesondere auf Redefiguren, die er mit den einschlägigen rhetorischen Begriffen belegt, ferner hebt er im Gegenüber zum Lateinischen und Griechischen Eigenarten des Hebräischen hervor. Selten verlässt Zwingli

9 Huldreich Zwinglis Sämtliche Werke, Bd. XIV, hg. v. Edwin Künzli, Zürich 1959, 1–412 (diese Ausgabe von Zwinglis Werken im Folgenden abgekürzt mit Z).

10 Z XIV,5–14. Deutsche Übersetzung in: Oskar Farner (Hg.), Aus Zwinglis Predigten zu Jesaja und Jeremia, Zürich 1957, 295–308.

11 Z XIV,15–84.

12 Z XIV,14,7f.

13 Z XIV,85–103.

14 Z XIV,104–410, hier 104: „Apologia complanationis Isaiae per Huldrichum Zuinglium".

den Rahmen philologischer Erklärung. Falls er doch den Inhalt deutet, steht die Erhebung des Literalsinns, die Schilderung historischer Umstände, voran. In wenigen Fällen geht er darüber hinaus und findet einen tieferen Sinn in der prophetischen Rede. Diese Passagen sind für das Verständnis von Zwinglis Verhältnis zum Politischen besonders erhellend. Bevor ich darauf eingehe, wende ich mich der Widmungsepistel zu.

Das Widmungsschreiben behandelt ein seit der Antike klassisches Thema der politischen Theorie, nämlich die Frage nach der besten Regierungsform. Zwingli reiht sich in diese Tradition ein und vergleicht vier Regierungsformen miteinander: Demokratie, Oligarchie, Monarchie und Aristokratie. Die Demokratie sei keineswegs die beste Regierungsform, da sie notorisch in „Aufruhr und Gewaltherrschaft“[15] ausarte. Die Oligarchie entstehe aus der Aristokratie, wenn dort statt Recht und Gerechtigkeit Machtstreben und Gewalt herrsche, wenn einige wenige Machthaber zügellos den Staat zugrunde richteten. Die Signatur der Oligarchie ist nach Zwinglis Auffassung Zwang und Rechtlosigkeit.[16] Am meisten Mühe verwendet Zwingli darauf, den Vorzug der Aristokratie vor der Monarchie herauszuarbeiten. Ein Monarch könne durchaus das Wohl des Volkes beherzigen. Der Blick in die Geschichte zeige allerdings, wie selten dies geschehen sei. Häufig hätten sich gute Könige zu schlechten Herrschern gewandelt, wie das Beispiel von König Saul beweise.[17] Die Aristokratie hingegen stütze sich breiter ab als die Oligarchie, sie ruhe auf der „Herrschaft der Besten“[18] und stehe deshalb nicht in der Gefahr des Machtmissbrauchs. Unter Aristokratie versteht Zwingli keineswegs eine ständisch definierte gesellschaftliche Schicht, welche die Macht ausübt. Es ist vielmehr eine Gruppe von Regenten, die sich durch patriotische Gesinnung und sittlichen Lebenswandel auszeichnet. Dieses Lob der Aristokratie bleibt ohne jede vertiefte Begründung. Sie ist für Zwingli auch überflüssig, weil ihm die angemessene Regierungsform und die „Herrschaft der Besten“ aus täglicher Erfahrung vertraut waren. Er begegnete ihnen in den Zürcher Ratsherren und in der Zunftverfassung oberdeutscher Städte.[19]

Die lebendige Anschauung in Zürich diente ihm ebenso dazu, die Aufgaben der Regenten zu bestimmen: „Für Gottesfurcht *(religio)* und Rechtsgleichheit *(aequitas)* müssen wir vor allem, liebe Mitbürger, sorgen, denn ohne sie kann kein Gemeinwesen *(civitas)* bestehen, am allerwenigsten ein

15 Z XIV,5,9f.
16 Z XIV,12,5–10.
17 Z XIV,8,11–16.
18 Z XIV,9,21.
19 Z XIV,9,22–10,7.

christliches Gemeinwesen".[20] Diesen Satz schrieb Zwingli im Juli 1529 keineswegs als zeitlose Sentenz nieder. Er nahm konkrete Verhältnisse in den Blick. In diesen Tagen hatte sich die religionspolitische Lage in der Eidgenossenschaft zugespitzt. Der Konflikt zwischen Reformationsanhängern und Reformationsgegnern drohte die Eidgenossenschaft zu spalten. Die eidgenössischen Stadtstaaten Zürich, Bern, Sankt Gallen, Basel und Biel waren zusammen mit dem elsässischen Mülhausen und dem süddeutschen Konstanz ein Bündnis eingegangen. Sie besiegelten das so genannte „Christliche Burgrecht". Die Bündnispartner zielten darauf, nach außen ihre Religionspolitik zu koordinieren und nach innen ihre Kirchenpolitik sowohl in Lehre wie in Praxis einheitlich zu gestalten. Die gegnerischen Innerschweizer fühlten sich von den mächtigen protestantischen Miteidgenossen eingekreist und schlossen deshalb im April 1529 mit der österreichischen Regierung von König Ferdinand ebenfalls ein Bündnis, die „Christliche Vereinigung", ab. Eine militärische Auseinandersetzung schien unvermeidlich. Zwingli verfasste Ende Mai 1529 einen „Ratschlag über den Krieg".[21] Tatsächlich begann Anfang Juni 1529 der Aufmarsch der Zürcher Truppen nach den Grundlinien von Zwinglis Kriegsplan.[22] An der Grenze des Zürcher Gebietes zur Innerschweiz, bei Kappel am Albis, stießen die Heere aufeinander, doch blieb der Waffengang aus. Im Ersten Kappeler Landfrieden vom 26. Juni 1529 verständigten sich die verfeindeten Eidgenossen. Schärfstens verurteilte Zwingli das Verhandlungsergebnis. Er warf Zürich und den Verbündeten unverzeihliche Nachgiebigkeit vor. Sie hätten die reformatorische Sache verraten. Weder hätten sie sich dem Weiterbestehen der schändlichen fremden Kriegsdienste der Innerschweizer widersetzt noch seien sie mannhaft für die ungehinderte „Predigt des Evangeliums" in der ganzen Eidgenossenschaft eingetreten. Im Juli 1529 war Zwingli in verbitterter Stimmung. Seine ehrgeizigen Pläne der Reformation in der gesamten Eidgenossenschaft hatten einen Rückschlag erlitten, sein Verhältnis zu den führenden Kräften Zürichs kühlte sich ab.

Mit seiner Widmungsepistel zu den Jesajaerläuterungen reagierte Zwingli in mehrfacher Hinsicht auf diese historische Situation: Die Ächtung von Monarchie und Oligarchie zielt offenkundig auf König Ferdinand und auf die Innerschweizer Territorien mit ihren von Zürich abweichenden Regie-

20 Z XIV,13,39–41: „Religio proinde et aequitas nobis, o cives, ante omnia curandae sunt, ut sine quibus ne civitas quidem, nedum Christiana civitas, consistere possit"; das Begriffspaar „religio" und „aequitas" auch Z XIV,12,29.

21 Z VI/2,424–440.

22 Leonhard von Muralt, Z VI/2,431.

rungsformen.[23] Mit dem Lob der Aristokratie bekräftigt er die politische Ordnung in den sechs Städten des Christlichen Burgrechts. Sie nennt er Mitbürger, die für Gottesfurcht und Rechtsgleichheit sorgen. Beides, Gottesfurcht wie Rechtsgleichheit, sieht er bei den katholischen Innerschweizern verloren gegangen: Traditioneller Kultus und päpstliche Kirchenverfassung widersprächen der wahren Religion, Geld von auswärtigen Mächten entgegenzunehmen und fremder Kriegsdienst versklavten die Menschen. Die unerschrockene Predigt werde nicht erlaubt. Es fehle eine Verkündigung, die für Gottesfurcht, Recht und Gerechtigkeit eintrete.

Zwingli warnt die Städte des Christlichen Burgrechts vor solchen Zuständen. Nur eine freie, unerschrockene Verkündigung könne dies verhindern. Die erbärmliche Situation der innerschweizerischen Gemeinwesen rühre nämlich vom Fehlen mutiger Prediger her. Umso energischer ermahnt er die befreundeten Städte, dieses Amt hochzuhalten und zu stärken – als Garant für eine gedeihliche Entwicklung. Und niemand anderer als der Prophet Jesaja ist für Zwingli das Vorbild für einen solchen unerschrockenen Prediger. Deshalb widmet er sein Werk über Jesaja den Städten. Kein anderer Prophet kämpfe so entschieden und so klug gegen Missstände, auf dieselbe Weise müssten auch die Pfarrer heute vorgehen.[24] Ihre Aufgabe sei Fordern von Sitte und Moral, Fördern von Gottesfurcht und Gerechtigkeit.

Bei seiner Jesajadeutung steht für Zwingli deshalb die gesellschaftliche Funktion des Propheten und seiner Verkündigung im Zentrum. Daraufhin legt er das biblische Buch aus. Die theologischen Konsequenzen dieser Konzentration auf das Gesellschaftliche möchte ich im Folgenden präzisieren und ziehe dafür zwei Abschnitte aus den Erläuterungen Zwinglis zu seiner lateinischen Übersetzung des Jesajabuches heran.

Das Jesajabuch schildert im 11. Kapitel die Vision eines zukünftigen Friedensreiches. Dort werde Gerechtigkeit und Rechtsgleichheit[25] herrschen. Dann werde Friede sein, der Wolf werde beim Lamme ruhen. Im Einklang mit der Auslegungstradition und mit der reformatorischen Exegese bezieht Zwingli das Kapitel auf Christus.[26] Er ist der Verheißene. Der Schlüssel der

23 Nur der Stadtstaat Luzern hatte eine ähnliche politische Organisation wie die Burgrechtsstädte; vgl. Konrad Wanner, Luzern (Gemeinde). Herrschaft und Politik in Mittelalter und Frühneuzeit, in: Historisches Lexikon der Schweiz, Bd. 8, Basel 2009, 136f.

24 Z XIV,14,14–17: „Denn welcher aus dem ganzen Kreis der Propheten drückt so wenig ein Auge zu, welcher greift hingegen alle Laster so entschieden und klug an, wie eben dieser? So sei denn Jesaja für uns und unsere Verkündiger Gewährsmann und Hüter des Gesetzes!" Übersetzung von Farner (wie Anm. 10), 307f.

25 Jes 11,4: „iustitia" und „aequitas".

26 Z XIV,214,16f.: „Est autem hoc caput ut irrefragabile de Christo domino testimonium." Die beste zusammenfassende Darstellung von Zwinglis Auslegung des Alten Testaments bei

jesajanischen Weissagung liegt für Zwingli im Begriff „Gerechtigkeit". Durch Christus komme Gerechtigkeit, so dass die Gewalttätigen zu Friedfertigen werden und wie Wölfe bei den Lämmern wohnen. Dann herrscht Gerechtigkeit zwischen den Sterblichen, und die Gewalttätigen leben mit den Machtlosen zusammen.[27] Demnach ist für Zwingli Gerechtigkeit politisch und ethisch bestimmt. Eine besondere religiöse Qualität kommt ihr nicht zu.

Die Eigenart von Zwinglis Auslegung der Jesaja-Vision macht ein Vergleich mit anderen reformatorischen Deutungen offenkundig. Zwingli gebrauchte bei seiner Exegese den Jesaja-Kommentar Johannes Oekolampads[28] vom Jahre 1525. Bei der Interpretation der Jesaja-Vision tun sich allerdings charakteristische Unterschiede zwischen Zwingli und Oekolampad auf. Während der Zürcher im Allgemeinen von Wahrheit und Glaube, insbesondere von Gerechtigkeit spricht, ist Oekolampad wesentlich konkreter.[29] Für Oekolampad zielt die Weissagung auf die Kirche und das Reich Christi – beide Begriffe fehlen bei Zwingli völlig. Bezieht Zwingli die „wilden Tiere" auf gewalttätige Individuen, so sieht Oekolampad in den „wilden Tieren" aufgrund von Jesaja 10 „wilde Völker": Diese Völker werden das Wort Gottes freundlich aufnehmen und sich zu einer Kirche vereinigen. Für Oekolampad herrscht dort, in dieser Kirche, dann Gerechtigkeit – „iustitia". Gerechtigkeit ist das Kennzeichen einer religiös bestimmten Gemeinschaft. In ähnlicher Weise wie Oekolampad bezieht Luther in seiner Jesaja-Vorlesung die Vision auf das Reich Christi und die Kirche.[30] Die „Gerechtigkeit" sei keine andere als die, die uns Christus bringt und die für uns vor Gott gilt. Luther stützt mit dem Jesajatext seine Rechtfertigungslehre. Ebenso sieht Calvin in seinem Jesajakommentar von 1551 in der „iustitita" eine Christusgabe[31], die den Seinen geschenkt wird.

Unter den Auslegern ist Zwingli der einzige, der „iustitia" im zivilen, politischen Sinne versteht, theologisch gesprochen im Rahmen des *primus usus legis*, also des *usus civilis* oder *politicus*. Bei Zwingli fehlt eine religiös-geist-

Peter Opitz, The Exegetical and Hermeneutical Work of John Oecolampadius, Huldrych Zwingli and John Calvin, in: Magne Saebø (Hg.), Hebrew Bible / Old Testament. The History of Its Interpretation, Vol. II, Göttingen 2008, 407–451, hier 416–428.

27 Z XIV,215,37–40.

28 In Jesaiam prophetam hypomnematon, hoc est: commentariorum, Joannis Oecolampadii libri VI, Basel 1525. Ausführlich würdigt den Jesaja-Kommentar Ernst Staehelin, Das theologische Lebenswerk Johannes Oekolampads, Leipzig 1939, 191–213.

29 Oekolampad (wie Anm. 28), 98r.

30 WA 31/2,86,34–87,3.

31 CR 36,240f.

liche Dimension des zukünftigen Reiches wie sie bei Oekolampad, Luther und Calvin sowohl ekklesiologisch wie soteriologisch fassbar wird. Der Zürcher thematisiert weder das individuelle Heil noch die Kirche. Im Zentrum steht bei ihm das Zusammenleben zwischen den „Sterblichen", wie er wörtlich sagt. Seine allegorische Auslegung des 11. Kapitels des Jesajabuches führt zu einem säkularen Ergebnis.

Mein zweites Beispiel bietet Zwinglis Interpretation des „Dies Domini". An mehreren Stellen spricht das Jesajabuch vom „Tag des Herrn".[32] Zwingli sieht in diesem „Dies Domini" entsprechend der von Jesaja vorausgesetzten historischen Situation als erstes den zukünftigen Gerichtstag über die Feinde Israels.[33] Darüber hinaus versteht er darunter im Einklang mit der traditionellen christlichen Exegese das universale Endgericht. Neben diese beiden Deutungen setzt Zwingli eine dritte, ungewöhnliche Interpretation. Er spricht nämlich auch von immer wiederkehrenden Gerichtstagen über die Völker.[34] Ein „Dies Domini" stelle sich dann ein, wenn Gottes Wort unerschrocken und machtvoll gepredigt werde. Dann nämlich, wenn das Wort des Herrn zurückruft zur göttlichen Gerechtigkeit und zugleich mit angemessener Strafe zuschlägt. Der „furor propheticus"[35], so Zwingli wörtlich, durchdringt alles. Ein „Dies Domini" ereignet sich deshalb nach Zwingli dauernd und täglich, gegenwärtig, zukünftig und schließlich am Ende der Tage, immer dann, wenn prophetische Rede laut wird.

Die Vorstellung eines stets wiederkehrenden Gerichtstages kennen weder Oekolampad noch Luther. Bei ihnen ist der Tag des Herrn ein „unerwartetes und plötzliches Ereignis"[36], das noch bevorsteht. Es ist der Gerichtstag des Herrn, vor ihm erschrecken die Gottlosen, die Glaubenden empfangen Trost. Bei Luther bringt das Jüngste Gericht für den einzelnen Christenmenschen Befreiung aus der Knechtschaft der Sünde. Eine solche individualisierende soteriologische Deutung ist Zwingli fremd. Das entspricht

32 Jes 2,12; 13,6.9.13; 27,1. Für Zwingli fällt der „Dies Domini" mit dem von Jesaja angekündigten Gottesgericht in eins, z.B. zu Jes 24,1, Z XIV,266,32. Zur Sache vgl. Walter E. Meyer, Huldrych Zwinglis Eschatologie. Reformatorische Wende, Theologie und Geschichtsbild des Zürcher Reformators im Lichte seines eschatologischen Ansatzes, Zürich 1987, 235–240.

33 Z XIV,227,31–34. Am ausführlichsten äußert sich Zwingli über den „Dies Domini" bei der Erläuterung zu Jes 13,6, Z XIV,226,16–228,3. Wie der Herausgeber Edwin Künzli feststellt (Z VI/2,309, Anm. 1), ist ein ansehnlicher Teil dieser Passage (Z XIV,226,22–227,30) in deutscher Übersetzung in Zwinglis Vorrede zur Prophetenbibel, 1. März 1529, überliefert, Z VI/2,309,4–310,1.

34 Z XIV,266,22–34.

35 Z XIV,266,29f.; Zwingli spricht auch vom „propheticus fervor", Z XIV,112,7.

36 Oekolampad (wie Anm. 28), 106r.107v.; Luther, WA 97,28f.; 98,10.20.

dem Befund in seinem Gesamtwerk. Zwingli thematisiert generell nur äußerst zurückhaltend die individuelle Aneignung des Heils. Deshalb spielt der „Gemeine Mann" oder das Kirchenvolk als Adressat seiner Schriften nur eine Nebenrolle. So fällt bei Zwingli die Abwesenheit einer Literaturgattung auf, die ansonsten zum Standardrepertoire reformatorischen Schrifttums gehört. Vergeblich sucht man bei Zwingli einen für das Kirchenvolk verfassten Leitfaden des Glaubens wie die Katechismen Luthers, Oekolampads oder Leo Juds (1534). Den einzelnen Christenmenschen nimmt Zwingli kaum in den Blick.

Zwinglis Betonung des Gesellschaftlichen gegenüber dem Individuellen ist mit seiner Auffassung vom Gesetz verknüpft. Das Gesetz nimmt in seiner Verkündigung eine zentrale Rolle ein, wobei eine Differenzierung von Gesetz und Evangelium, wie sie bei Luther dominiert, keine Rolle spielt. Nach Zwingli zielen Gesetz wie Evangelium auf die Verbesserung der Sitten, insofern unterscheiden sie sich nicht: Das „Gesetz ist nichts anderes als der ewige Wille Gottes".[37] Wie Martin Sallmann in seiner Untersuchung zu Zwinglis Commentarius treffend feststellt, definiert Zwingli das Gesetz ganz von Gott her.[38] Deshalb stünden bei Zwingli Wesen und Inhalt des Gesetzes im Vordergrund – demgegenüber würden Funktion und Wirkung des Gesetzes ganz zurücktreten. Mit anderen Worten: Wegen dieses Nachdrucks auf das Wesen des Gesetzes bleibt der mit der Funktion des Gesetzes verknüpfte soteriologisch-individuelle Aspekt vernachlässigt.

Die Beispiele „Jesaja-Vision" und „Tag des Herrn" lassen ein einheitliches Interpretationsmuster Zwinglis erkennen. Der Reformator legt Jesaja in einem normativ-kollektiven Horizont aus. Der Grund hierfür liegt auf der Hand. Dieses leitende Interesse bei der Auslegung des Propheten Jesaja geht zurück auf Zwinglis unerschütterliche Überzeugung, er selbst und die Eidgenossenschaft müssten sich am Vorbild des Volkes Israel ausrichten.[39]

Der Vergleich von Israels Geschichte mit dem Herkommen der Eidgenossenschaft führte Zwingli dazu, sich an Israel zu orientieren. Die Eidgenossenschaft nimmt in Zwinglis Handeln und Denken eine zentrale Rolle

37 So im Commentarius de vera et falsa religione (1525), Z III,707,1.

38 Martin Sallmann, Zwischen Gott und Mensch. Huldrych Zwinglis theologischer Denkweg im De vera et falsa religione commentarius (1525) (BHTh 108), Tübingen 1999, 199f.246f.

39 Die vorbildhafte Rolle des Volkes Israel und seiner Geschichte für Zwingli habe ich ausführlicher erläutert in meinem Aufsatz: Die Schweizer – ein „auserwähltes Volk"?, in: Heiko A. Oberman u.a. (Hg.), Reformiertes Erbe. Festschrift für Gottfried W. Locher zu seinem 80. Geburtstag, Bd. 1, Zwingliana 19 (1992), 143–155, hier 144–147.

ein. Sie ist sein Vaterland. Weder seine Toggenburger Heimat noch Zürich haben diese Bedeutung. Die alten Eidgenossen sind seine Vorfahren. Diese „existenzielle“ Bindung an die Eidgenossenschaft zieht sich durch Zwinglis Lebenswerk, bestimmt sein Denken und Handeln. Immer wieder vergleicht Zwingli die eidgenössische Befreiungsgeschichte vom „Joch“ der Habsburger mit dem Herausführen des Volkes Israel aus ägyptischer Knechtschaft. Freiheit von Knechtschaft beruht nicht auf eigenem Vermögen, wohl aber auf Gottes Fürsorge. Allerdings lasse sich an der Geschichte Israels auch erkennen, was geschehe, wenn Recht und Gerechtigkeit verludern, wenn Neid und Zwietracht herrschen. Den Eidgenossen würde es ergehen wie dem israelitischen Volk, das sich trotz Warnungen und Bußrufen nicht auf den rechten Weg zurückführen ließ, so dass es schließlich die Babylonische Gefangenschaft zu erleiden hatte. Ähnliches hätten die Eidgenossen zu erwarten, wenn sie Sitte und Moral der Väter verleugnen, das schändliche Sold- und Pensionenwesen weiter dulden und die wahre Religion, wie sie die Reformation wieder ans Licht gebracht hat, verfolgen. Deshalb wandte sich Zwingli mehrfach mit Vehemenz an seine Innerschweizer Miteidgenossen und rief sie zur Umkehr auf.[40] Dem Beispiel Israels entnahm Zwingli, dass die Zukunft der Eidgenossenschaft, seines Vaterlandes, auf dem Spiel stand. Deswegen erfüllte ihn der Erste Kappeler Landfrieden mit besonderem Zorn. Und dieser Zorn ist nichts anderes als der „prophetische Zorn“, den er bei Jesaja fand. Sich selbst teilte er dem Propheten vergleichbare Rollen zu: mahnen und zur Umkehr rufen. Das vorbildhafte Gespann Volk Israel und Prophet sowie ihr Verhältnis zueinander sind konstitutiv für Zwinglis Denken, sobald er normativ seine eigene soziale, kirchliche oder politische Situation bestimmt.

Ich ziehe ein Zwischenfazit. Nach Zwinglis Überzeugung kann Jesaja als Urbild und deshalb Vorbild eines Propheten gelten. Denn Jesaja sei nicht bloß ein energischer Verkünder des Gotteswillens gewesen, zugleich zeichnete er sich durch Frömmigkeit und Gelehrsamkeit aus.[41] Er war ein vir doctus. Zur Zeit Jesajas herrschten wie auch in der eigenen Zeit schreckliche Zustände, die Gewalttätigen gingen um, Recht und Gerechtigkeit verlotterten, doch Gott ließ Jesaja als Propheten aufstehen, der sich der Aufgabe annahm, über die ihm vertraute Herde zu wachen. Mit der Schärfe des Wor-

40 Siehe zum Beispiel seine Schriften: Eine göttliche Vermahnung an die Eidgenossen zu Schwyz (1522); Eine freundliche Bitte und Ermahnung an die Eidgenossen (1522); Eine treue und ernstliche Vermahnung an die Eidgenossen (1524).

41 Z XIV,108,4f.: „Fit propheta Isaias vir pius, prudens, constans, vehemens, doctus, humanus, facetus, nasutus“.

tes wies Jesaja Fehlende zurecht und bestrafte die Lasterhaften.[42] Gerichtstag wird gehalten, es ist die Zeit von Strafe und Rache Gottes, so wie er sie täglich an uns übt.[43] Es ist der Tag des Herrn, der prophetische Kairos. Wenn der Prophet von zukünftigen Dingen spricht, so sagt er den Bekümmerten das Heil an und den Schurken die Vernichtung.[44]

Ich habe diese Art der prophetischen Verkündigung in den Horizont des Normativ-Kollektiven gerückt. Zwingli selbst sah sich in der Rolle eines solchen Propheten. Doch maßte er sich keineswegs diese Aufgabe exklusiv an, denn er spricht ja von „unseren Propheten" und meint damit seine unmittelbaren Amtsbrüder ebenso wie die Pfarrer der Städte des Christlichen Burgrechts.[45]

Nun könnte sich die Vermutung nahe legen, Zwingli habe bei der Auslegung des Jesaja seiner Vorlage gemäß das Prophetenamt in seinen verschiedenen Facetten erörtern müssen und deshalb die Figur des Propheten als zeitgenössisches Ideal mit besonders scharfen Konturen versehen. Der alttestamentliche Text habe ihn dazu veranlasst, sowohl die ekklesiologische als auch die soteriologisch-individuelle Komponente zu vernachlässigen. Ein Blick in andere Zwinglischriften zeigt indes, dass die Jesajainterpretation durchaus keine Sonderstellung in Zwinglis Werk einnimmt. Andere Zwinglischriften bestätigen die dominierende Israel- und Prophetenterminologie, wenn es um das menschliche Zusammenleben geht. Der Pfarrer als Prophet spielt eine tragende Rolle. Dieses Verständnis des Pfarramts zeigt beispielhaft, wie das Politische sein Denken prägt.

II.

Der Reformator hat sich mehrfach zum Pfarramt und damit selbstverständlich zur Rolle des Pfarrers im Gemeinwesen geäußert.[46] Zwei Werke sind allein diesem Thema gewidmet. Aus der reformatorischen Frühzeit

42 Z XIV,106,25–28; 107,18–20; 107,35–108,5 u.ö.

43 Z XIV,226,22–25.

44 Z XIV,104,35–37; erweitert in deutscher Übersetzung Z VI/2,296,1–4; vgl. Anm. 33.

45 So explizit in den Jeremia-Erläuterungen (1531), gewidmet der Stadt Straßburg, Z XIV,424,17–22.

46 Zur Literatur siehe den Abschnitt „Pfarramt und Pfarrerbild bei Ulrich Zwingli" bei Hans Scholl, Verantwortlich und frei. Studien zu Zwingli und Calvin, zum Pfarrerbild und zur Israeltheologie der Reformation, Zürich 2006, 33–71; die umfangreichste Materialsammlung bietet Martin Hauser, Prophet und Bischof. Huldrych Zwinglis Amtsverständnis im Rahmen der Zürcher Reformation, Freiburg 1994.

stammt die Schrift „Der Hirt".[47] Sie geht auf eine Predigt Zwinglis am letzten Tag der Zweiten Zürcher Disputation vom 28. Oktober 1523 zurück und erschien einige Monate später. Allerdings geht die veröffentlichte Form der Predigt von einer Situation der Geistlichen aus, wie sie in Zürich seit Oktober 1523 nicht mehr bestand. „Der Hirt" setzt nämlich voraus, dass eine feindlich gesinnte, weltliche oder geistliche Obrigkeit die Freiheit reformatorischer Predigt behindert oder gar unterdrückt. Das war in Zürich nach der Zweiten Disputation schon nicht mehr der Fall. Deshalb richtete Zwingli mit seiner Schrift den Blick über Zürich hinaus auf die Eidgenossenschaft insgesamt. Nur eingeschränkt repräsentiert deshalb „Der Hirt" Zwinglis Idealbild eines evangelischen Predigers.

In reichlichem Maße zieht Zwingli die biblische Bildsprache heran und kontrastiert geschickt den „guten" Hirten mit dem „falschen". Selbstverständlich identifiziert er die „falschen" Hirten mit den Amtsträgern der traditionellen Kirche, und ausdrücklich ruft er die katholischen Obrigkeiten dazu auf, diese falschen Hirten abzusetzen.[48] Breit führt er die Eigenschaften des „guten" Hirten aus. Mit persönlicher Makellosigkeit dient er der unerschrockenen Predigt, er zeigt die Schäden im menschlichen Zusammenleben auf[49], er tadelt das eigennützige Treiben der Mächtigen[50], er setzt sich gegen Willkür für Recht und Gerechtigkeit ein[51], er stellt sich vor die ihm Anbefohlenen[52], er predigt nichts anderes als das Wort Gottes[53]. In Zwinglis Sprache herrschen die Bilder vom „Hirten" und „Wächter" vor. Demgegenüber taucht der Begriff „Prophet" nur ganz vereinzelt auf.[54] Doch findet sich hier bereits der Gedanke, dass Gott rechtzeitig „Propheten" schicke, um die sündige Welt zu warnen. Hört sie nicht, wird es ihr ergehen wie dem jüdischen Volk bei seinem Verderben in Sodom und Gomorrha sowie in der Babylonischen Gefangenschaft.[55] Jetzt sei das Wort Gottes so kräftig geworden wie niemals seit den Anfängen des Christentums.[56] Lange Zeit hätten falsche Hirten geherrscht, doch nun sei die göttliche Wahrheit wiederum ans Licht gekommen.[57]

47 Z III,1–68.
48 Z III,60,32–65,18.
49 Z III,18,13–17; 56,16–19.
50 Z III,24,15–25; 29,15–20.
51 Z III,27,20–28,9; 29,28–31.
52 Z III,27,13–16.
53 Z III,21,25f.
54 Zum Beispiel Z III,13,16; 36,14.18.
55 Z III,36,17–20.
56 Z III,27,28–28,28.
57 Z III,60,8.

Ganz knapp kommt Zwingli in dieser umfangreichen Schrift auf die „Kirche" zu sprechen. Er versteht sie in doppeltem Sinne, einmal als universale, unsichtbare Gemeinschaft, der alle angehören, die ihre Zuversicht auf Christus setzen und ihm vertrauen, und zum anderen ist „Kirche" jede einzelne Kirchgemeinde.[58] Die individuellen Christusgläubigen nimmt Zwingli nicht in den Blick, wie überhaupt die Verkündigung des Hirten als „Heilsbotschaft" außerhalb der Betrachtung bleibt.

Im Commentarius vom März 1525 kommt, wohl zum ersten Mal, der Begriff „Tag des Herrn" im Sinne des prophetischen Kairos vor. Der Tag des Herrn sei da, „nicht der letzte Tag, wohl aber der Tag der Erneuerung der gegenwärtigen Zustände".[59] Gott habe immer wieder zur Besserung gemahnt, bevor er strafte. Jetzt lässt er erneut sein Evangelium verkündigen, und Zwingli appelliert an König Franz I., die Evangeliumspredigt freizugeben. Nach Zwingli zielt die Evangeliumspredigt auf dasselbe wie die Botschaft Jesajas: Die Verkündigung des Evangeliums dient der Verbesserung der Sitten.[60] Denn – und nochmals sei die einschlägige Formulierung Zwinglis zitiert – das „Gesetz ist nichts anderes als der ewige Wille Gottes".[61]

Nur noch einmal nach der Schrift „Der Hirt" hat sich Zwingli monographisch mit dem Pfarramt beschäftigt. Im Sommer 1525 veröffentlichte er die Abhandlung „Vom Predigtamt", gewidmet Rat und Gemeinde seiner heimatlichen Grafschaft Toggenburg.[62] Keineswegs nostalgische Gefühle veranlassten ihn zu dieser Dedikation. Vielmehr beunruhigten Zwingli die in der Ostschweiz aufgetauchten Täufer, namentlich die Täuferprediger. Der Zweck der Schrift liegt deshalb darin, den täuferischen Verkündern die Legitimation zur Predigt abzusprechen und die zuständigen Obrigkeiten zum Eingreifen zu ermuntern. Zwei konkrete Vorwürfe richtet der Zürcher Reformator an die Adresse der Täufer: Sie predigten ohne Zustimmung der örtlichen Kirchgemeinde und sie übten die Wiedertaufe. Das bringe Verwirrung der Wahrheit mit sich und führe vor allem zu Aufruhr gegen die Obrigkeit. Die Wiedertaufe entspringe der Absicht, sich zusammenzurotten, die bestehende Ordnung zu bekämpfen und einen Umsturz herbeizuführen.[63] Zwingli erhebt seine Stimme, weil er Friede und Eintracht gefährdet sieht.

58 Z III,47,9–49,2.
59 Z III,633,16–18.
60 Z III,636,31–33.
61 Z III,707,1; vgl. Rich (wie Anm. 4), 72.
62 Z IV,369–433. Erschienen am 30. Juni 1525.
63 Z IV,383,7f.; 432,28.

Seinerseits entwickelt er ausgehend von den einschlägigen Passagen des Neuen Testaments eine eigentliche Ämterlehre.[64] Zwingli beginnt mit einer Aufzählung neutestamentlicher Bezeichnungen: Apostel, Evangelist, Doktor, Lehrer, Bischof, Pfarrer und schließlich Prophet. Danach beschreibt er die Aufgaben dieser Ämter: Apostel lehrten die Welt, damit diese Gott und sich selbst erkenne[65]; sie stehen am Anfang des Christentums; zum Apostelamt gehört die Reisetätigkeit[66]; Doktoren und Lehrer sind vor allem vertraut mit der Sprache der Bibel, insbesondere mit dem Hebräischen. Sie widmen sich der gelehrten Auslegung der Schrift. Die Aufgaben von Evangelisten, Bischöfen und Pfarrern fallen mit dem Prophetenamt in eins. In ihm kulminiert das Predigtamt. Zu den Aufgaben des Prophetenamtes zählt Zwingli bereits genannte Elemente[67]: Im Alten Testament rotteten sie das Übel aus und pflanzten das Gute, das setzte sich in neutestamentlicher Zeit fort. Die Propheten zielten auf Einheit, und gerade daran lasse sich der Irrtum der Täufer erkennen, denn die Folge der täuferischen Predigt sei Streit und Zwietracht. Und wiederum lässt Zwingli den prophetischen Kairos anklingen: Gott habe jetzt sein Evangelium offenbart, doch die Täufer hörten nicht.[68] In früheren Schriften hatte Zwingli für die Pfarrer noch die Bilder vom „Hirten" und „Wächter" gebraucht. Diese Bildsprache ist jetzt ganz verschwunden. Der „Prophet" dominiert alles.

Dies ist durchaus kein Zufall, denn zur Zeit der Abfassung der Schrift, im Sommer 1525, begann Zwingli dem Propheten neben der Predigt eine zweite Funktion anzuvertrauen. Aufgrund von 1. Korinther 14 gehöre zum Prophetenamt nämlich auch das „Prophezeien".[69] Allerdings missversteht Zwingli die Glossolalie, wenn er sie als Fremdsprache auffasst, die es zu übersetzen gilt. Nach Zwingli sind den heutigen Propheten die Übersetzung aus dem Hebräischen und die Auslegung des Alten Testaments anvertraut. Und voll Stolz berichtet Zwingli, man habe mit der Einrichtung der Prophezei am Großmünster in Zürich einen Anfang für eine anhaltende Übersetzungs- und Auslegungsarbeit gemacht. Allerdings seien für diese prophetische Aufgabe nur sprachlich besonders Geschulte geeignet. Es müssten Gelehrte sein. So integriert Zwingli auch das Lehramt in das Prophetenamt. Der Gegensatz zu Calvins Vier-Ämter-Lehre könnte größer nicht sein. Es liegt auf der

64 Siehe dazu insbes. W. Peter Stephens, The Theology of Huldrych Zwingli, Oxford 1986, 276–279.
65 Z IV,391,10f.
66 Z IV,393,23f.
67 Z IV,393,26–398,10.
68 Z IV,397,8–28.
69 Vgl. Z VI/2,295,25–32 (Vorrede zur Prophetenbibel).

Hand, dass Zwingli mit dieser Definition eines „Propheten" sein eigenes Amtsverständnis offenlegt. Er ist der ideale Prophet, predigt am Großmünster und legt in der Prophezei das Alte Testament aus.

Da Zwingli die Legitimität der täuferischen Wanderprediger bestritt, musste er seinerseits den Predigtauftrag der „Pfarrer" als Propheten begründen. Die Antwort ist einfach: Die „gesamte Gemeinde" müsse einer Berufung zustimmen.[70] Die Kirchgemeinde habe diese Vollmacht, denn, so Zwingli wörtlich, „Gott wohnt in ihr".[71] Diese Vollmacht erlaube ihr auch, die Rechtmäßigkeit der Verkündigung des Propheten zu beurteilen.

Für diesen Entscheidungsprozess schärfte Zwingli ein präzises Vorgehen ein[72]: In der versammelten Gemeinde spricht als erstes der Prophet und dann hintereinander alle anderen aus der Gemeinde, bis Einmütigkeit hergestellt ist. Einmütigkeit, Friede und Eintracht sind Garanten dafür, dass die Kirchgemeinde dem Geiste Gottes gemäß urteilt. Diese Verfahrensweise hat ihr unübersehbares Vorbild im Prozedere bei Zürcher Ratsverhandlungen.[73] Bei Beratungen saßen die Herren auf Bänken entlang den Wänden des Ratssaales. Der Bürgermeister führte die Verhandlungen und fragte der Reihe nach jeden einzeln nach seiner Meinung zu der durch den Stadtschreiber verlesenen Vorlage. Die Debatten sind vom Willen zum Konsens geprägt, bei Abstimmungen ergeben sich unzweideutige Mehrheiten.

Ich fasse kurz zusammen. Im Jahr der Konsolidierung der Zürcher Reformation 1525 formulierte Zwingli auch die Wesenszüge des evangelischen Pfarramts. Er orientierte sich am Typ des Propheten mit der Doppelfunktion von Verkündigung des ewigen Willens Gottes einerseits und gelehrter Exegese andererseits. Diese Doppelfunktion verkörperte Zwingli selbst in exemplarischer Weise. Der Titel der Schrift von 1525 „Vom Predigtamt" ist irreführend, denn die eigentliche pfarramtliche Tätigkeit, der konkrete Predigtdienst oder die Sakramentsverwaltung, kommen nicht zur Sprache[74], ebensowenig lässt sich von einem entwickelten ekklesiologischen Konzept sprechen. Dies fällt umso mehr auf, wenn man als Vergleich etwa Martin Bucers „Von der wahren Seelsorge" (1538) oder Calvins einschlägige Werke heranzieht. Zwingli schweigt sich darüber aus, wie die Sozialgestalt von Kirche oder die konkrete pfarramtliche Tätigkeit aussehen könnten. Der Zürcher Reformator orientierte sich an der vorgegebenen Parochie, die natur-

70 Z IV,389,33–35; 421,19–22.

71 Z IV,395,29.

72 Z IV,396, 6–18.

73 René Hauswirth, Wie verhandelte das Parlament des Alten Zürich?, in: Zürcher Taschenbuch (NF 93), Zürich 1973, 30–49.

74 So schon Walther Köhler, Z IV,369.

gemäß mit der Bürgergemeinde in eins fällt. Diese Struktur ist für ihn verbindlich, ist Gesetz. Deswegen ist er an Funktion, Leistung und Wirkung dieser strukturellen Vorgabe nicht interessiert. Die Gegebenheit des Politischen bestimmt seine Ekklesiologie.

Nach dem Jahre 1525 machte Zwinglis Auffassung vom Pfarramt keine grundlegende Veränderung mehr durch. Die Jesajaerläuterungen, welche bei Zwinglis Lehrtätigkeit in der Prophezei in den Jahren 1527 und 1528 entstanden[75], vertieften und verfestigten bereits gewonnene Positionen. Die Betonung der politisch und ethisch ausgerichteten Verkündigung fand Eingang in kirchliche Ordnungen. So weist Zwingli in seinem Entwurf zum Amtseid der Zürcher Pfarrer von 1528 der Verkündigung die Aufgabe zu, Sünde zu strafen, Zucht und Tugend zu lehren.[76]

Ebenso wenig ging Zwingli in seinen beiden letzten Lebensjahren bei der Auslegung seines Glaubens für die gekrönten Häupter Kaiser Karl V. (Fidei ratio, 1530)[77] und König Franz I. (Expositio fidei, 1531)[78] prinzipiell über bisher Gesagtes hinaus. Obrigkeit und Prophetenamt sind die beiden von Gott eingesetzten Ordnungen im Gemeinwesen[79], beide sind sie Gottes Diener. Die Obrigkeit dient zur Durchsetzung der Gerechtigkeit Gottes, indem sie Unschuldige beschützt und Hochmütige bestraft. Die Prophetie, das Predigtamt hat zu lehren und Irrtümer ans Licht zu bringen. Die Prophetie ist allerdings dem Magistrat vorgeordnet, denn emphatisch stellt Zwingli in der Fidei ratio fest: „Ich glaube, dass das Amt der Prophetie oder der Predigt sehr heilig ist, ja dass es von allen Ämtern das allernotwendigste ist“.[80] Und in ähnlicher Weise sagt die Expositio fidei: „In der Kirche Christi sind Obrigkeit und Prophetie gleich notwendig, doch hat diese den Vorrang“.[81] Unübersehbar liegt diesen Kernsätzen Zwinglis das Vorbild des alttestamentlichen Israel zugrunde. Wenn beide, Obrigkeit und Prophetie, ihrem jeweiligen Amt gemäß auftreten, ist eine christliche Stadt nichts anderes als eine christliche Kirche.[82] Sie fallen in eins.

75 Z XIV,872.
76 Z VI/1,530,8–531,1; dieselbe Formulierung enthält Zwinglis Vorschlag zum Synodaleid für die Thurgauer Pfarrerschaft, 14. Dezember 1529, Z VI/2,645,3f.
77 Z VI/2,753–817.
78 Z VI/5,1–163.
79 Z VI/2,814,7–24.
80 Z VI/2,813,7f., Übersetzung von Fritz Blanke, Z VI/2,775.
81 Z V/5,115,1f.
82 Z XIV,424,21f.

Im Vergleich zu den übrigen Schriften Zwinglis fällt auf, dass er in der Fidei ratio dem Predigtamt einen eigenen Abschnitt widmet[83] und sich darin über die Tätigkeiten eines Pfarrers ausspricht.[84] Die Predigt unterrichte über den Tod Christi, und der Geist bewirke die persönliche Heilsaneignung. Die Obrigkeit werde bei der Aufrechterhaltung der Ordnung durch die Predigt unterstützt, denn sie „lehrt Achtung vor dem Recht und Liebe zur Gerechtigkeit"[85]. Entsprechend diesem doppelten Verkündigungsauftrag präzisiert Zwingli das Ideal eines wahrhaften Pfarrers: Er hat zu lehren und zu trösten, Abendmahls- und Taufdienst zu verrichten, sich Armenpflege und Krankenbesuch zu widmen, Bibelstudien zu treiben. Diese Beschreibung dient Zwingli dem Kaiser gegenüber als Kontrast zum verheerenden Bild der traditionellen Geistlichkeit. Sie sei ein „Geschwür am Leib der Kirche".[86] Der Kontext macht verständlich, warum Zwingli an dieser Stelle die Pflichten eines reformatorischen Pfarrers entgegen seiner sonstigen Übung präzis beschreibt.

III.

Naturgemäß haben schon die Zeitgenossen das Gefälle Zwinglis zum Politischen, seine Zurückhaltung beim Soteriologisch-Individuellen, seine rudimentäre Ekklesiologie und die Konzentration des Pfarramtes auf eine „prophetische" Rolle erkannt. Abschließend führe ich zwei Beispiele aus Zwinglis Wirkungsgeschichte an, um seine Eigenart nochmals zu konturieren.

Selbstverständlich hatte Zwinglis Auffassung vom Verhältnis von Kirche und politischer Obrigkeit weitreichende Konsequenzen, da er der Kirche keine eigenständige Rolle im Gemeinwesen einräumte.[87] Der maßgebliche Repräsentant des Christlichen in der Gesellschaft ist der Pfarrer, verstanden in prophetischer Rolle. Das führte zum Staatskirchentum in Zürich und durch Zwinglis persönlichen Einsatz auch in Bern. Basel lehnte dieses Kirchentum ausdrücklich ab. Dort setzte sich Johannes Oekolampad mit einer

83 Z VI/2,813,7–814,7.

84 Z VI,2,813,22–814,4. Fritz Blanke zitiert in der Einleitung zur Edition der Schrift zustimmend Paul Wernle (1919): Es sei „eine der seltenen Stellen, wo Zwingli eine einigermaßen erschöpfende Beschreibung der Berufspflichten eines christlichen Predigers gibt" (Z VI/2,776).

85 So Fritz Blanke in der Einleitung, Z VI/2,776.

86 Z VI/2,814,6.

87 Im Folgenden stütze ich mich auf meinen Aufsatz: Die Kontroverse um das Verhältnis von Kirche und politischer Obrigkeit in der Schweizer Reformation, in: ThZ 51 (1995), 212–223.

Ekklesiologie durch, die neben Wortverkündigung und Sakramentsverwaltung die Kirchenzucht zur unveräußerlichen Aufgabe der Kirche erklärte. In Basel unterschied man zwischen kirchlicher und obrigkeitlicher Behandlung von Missetätern und wies damit der Kirche eine selbständige Aufgabe bei der Durchsetzung von Sitte und Moral zu. In der deutschen Schweiz nahm Basel damit eine Sonderstellung ein. Doch blieben der Kirchenbann, und damit die rechte Zuordnung von Kirchlichem und Politischem, ein Dauerthema im schweizerischen Protestantismus. Einheitlichkeit kam in den schweizerischen Kirchen nicht zustande. Zürich und Bern hielten an ihrer ablehnenden Haltung gegenüber einer kirchlichen Sittenzucht fest, im Genf Calvins wird sie zweifelhaften Ruhm ernten.

Drei Monate nach Zwinglis Tod würdigte Heinrich Bullinger seinen Vorgänger als beispielhaften Propheten.[88] In ähnlicher Weise wie Zwingli sah Bullinger im Prophetenamt die Aufgaben eines Pfarrers vorgebildet. Bemerkenswerterweise ging Bullinger allerdings bei der Aufzählung dieser Aufgaben über Zwingli hinaus. Bei Zwingli konzentriert sich, wie gesagt, die pfarramtliche Tätigkeit auf die Hebung von Sitte und Moral. Bullinger fügt darüber hinaus mehrere ebenso bedeutsame Tätigkeiten dem Pfarramt hinzu: Zuoberst steht die Auslegung der Heiligen Schrift – auch Nichtgelehrte könnten dies, wenn sie nur dem Maßstab der Liebe folgten –, hierauf nennt Bullinger als Auftrag der Pfarrer die Ermunterung des Volkes zur Gottesfurcht und das Trösten der Betrübten. Bei der Bekämpfung von Häresien, der Widerlegung von Irrtümern und der Zurechtweisung von Fehlbaren soll der Pfarrer klug und gottesfürchtig vorgehen. Ungleich stärker als Zwingli denkt Bullinger an konkrete Menschen, die dem Propheten anvertraut sind, so dass bei ihm, anders als bei seinem Vorgänger, ein seelsorgerlich-individuelles Anliegen aufstrahlt.[89]

88 Heinrich Bullinger, De prophetae officio, Zürich 1532. Zur Interpretation dieser Schrift vgl. den vorzüglichen Beitrag von Peter Opitz, Von prophetischer Existenz zur Prophetie als Pädagogik. Zu Bullingers Lehre vom munus propheticum, in: Emidio Campi / Peter Opitz (Hg.), Heinrich Bullinger. Life-Thought-Influence, Bd. 2 (Zürcher Beiträge zur Reformationsgeschichte 24), Zürich 2007, 493–513. Zum Pfarrer als „Prophet" vgl. Robert J. Bast, Constructing Protestant Identity. The Pastor as Prophet in Reformation Zurich, in: Gudrun Litz / Heidrun Munzert / Roland Liebenberg (Hg.), Frömmigkeit – Theologie – Frömmigkeitstheologie. Contributions to European Church History. Festschrift für Berndt Hamm zum 60. Geburtstag, Leiden/Boston 2005, 351–362.

89 Ähnlich urteilt Opitz, Von prophetischer Existenz (wie Anm. 88), 512: „Aus Zwinglis ‚Prophetenamt', das stark von der alttestamentlichen Gerichtsprophetie geprägt ist, wird bei Bullinger ein ‚Diener am göttlichen Wort', sowohl im Blick auf die zu bauende und zu nährende christliche Gemeinde wie im Blick auf die suchende Gerechtigkeit des christlichen Staatswesens."

Zwingli und Bullinger: Väter des reformierten „Wybsbilds"

von Rebecca A. Giselbrecht

1. Kleine etymologische Einführung

„Ein Weibsbild schrey gantz jämmerlich, dasz man doch jr erbarmet sich", schrieb Caspar Scheit (1520–1565) in *Fröhliche Heimfahrt*, um die Flucht Annas von Wangenheim zu ehren und zu verewigen.[1] Das Wort „Weibsbild", auch „Wybsbild" geschrieben, ist einen historisch kulturellen Weg gegangen, so dass uns, wenn wir die oben genannte Strophe lesen, unsere gegenwärtigen emotionalen Reaktionen zu ganz anderen Gedanken führt als die Menschen aus dem 16. Jahrhundert. Darum ist eine phänomenologische Vorgangsweise hilfreich, um das Wort „Weibsbild" zu verstehen. Zuerst muss das Wort definiert werden, historisch eingegliedert sein, und danach einer kontextuellen Betrachtung unterzogen werden, damit die Kraft, Wirkung, Eigendynamik und der Inhalt dieses Wortes verstanden werden können, wie es im 16. Jahrhundert angewendet wurde.[2]

Grimms Wörterbuch bietet eine ausführliche Beschreibung der Geschichte des Wortes „Weibsbild" an: „Blüthezeit des wortes ist das 16. jahrh., im 17. und 18. sinkt es langsam in niedrigere schichten der lit., im 19. wird es je länger je mehr auf die mundart zurückgedrängt, in denen es allgemein gilt."[3] Als Grundbedeutung von „Bild" entspricht „Weibsbild" zunächst der Bedeutung „weibliches Gebilde, Frauengestalt, Erscheinung einer Frau; das Wort wird demgemäß angewendet, wo die anatomische Bildung der Frau im Vordergrund des Bewusstseins steht [...], diese Kontrafaktur und Erklärung der Geburtsglieder eines jeden Weibsbilds, wie solche innerlich gestalt und gelegen seyen."[4] Bis ins 17. Jahrhundert ist „Weibs-

1 Caspar Scheit, Die fröhliche Heimfahrt, hier zitiert nach: Jacob und Wilhelm Grimm, Deutsches Wörterbuch, Bd. 14/1/1, Leipzig 1955, 442.

2 Der Philosoph Paul Ricœur ermutigt Historiker, Wörter oder Begriffe mit dieser Methode zu erforschen; vgl. Paul Ricœur, Die lebendige Metapher, Paderborn/München 2004; ders., Memory, History, Forgetting, Chicago 2004, 227–233.

3 Grimm, Deutsches Wörterbuch (wie Anm. 1), 442.

4 Ebd.

bild" ein durchaus edler Ausdruck: „Es ist eyn weybsbild natürlich tzur liebe und gunst geneygt, mehr den eyn manßbild" so Martin Luther.[5] Gemäß Wahrigs Wörterbuch wird das Wort „Weib" vermehrt in Bezug auf die Ehe und Männer gebraucht.[6] Das Wort „Weibsbild" fasziniert, weil es nicht unbedingt ein Objekt aus Fleisch und Blut repräsentiert oder beschreibt, sondern es projiziert ein Bild, ein Ideal, einen Umriss, ein Phänomen, ein Abbild oder Erinnerung: Das „Weibsbild" wurde in der Umgangssprache alltäglich.

2. Vorreformatorischer Zustand

Vor der Zürcher Reformation wurden Weibsbilder aufgrund ihrer sozialen Schicht in der Gesellschaft eingeordnet, vor allem gemäß der römischen kirchlichen Institution. Das perfekte und hierarchisch höchste „Wybsbild" war eine Frau, die ihre Sexualität unterdrückte und sich als Asketin den männlichen Brüdern unterordnete.[7] Johannes Praetorius (1630–1680) beschreibt den lange anhaltenden allgemeinen Konsens: „darümb haben sie [sc. die Männer] auch mehr gehirn [...] denn die Weibsbilder" nach Thomas von Aquin, der schrieb: „Die Natur gab Männern mehr Intelligenz."[8] Wissenschaftlich umkämpft aber sei, was Duns Scotus (1266–1308) im Kommentar über Peter Lombards (1100–1160) *Sententiae* meinte[9]: „Im Himmel werden alle Frauen Männer werden, außer der Jungfrau Maria."[10] Es scheint eine Trennung zwischen dem „Bild" und der Substanz des „Weibes" zu geben. Über Frauen wurde diskutiert, als ob sie defizitäre Menschen wären.[11] Obwohl im 14.

5 WA 10/1/1,297,11f.

6 Renate Wahrig-Burfeind (Hg.), Wahrig Deutsches Wörterbuch, Gütersloh 1997, 1354.

7 Anne Conrad (Hg.), „In Christo ist weder man noch weyb." Frauen in der Zeit der Reformation und der katholischen Reform, Münster 1999, 19f.

8 Johannes Praetorius, Blockes-Berges Verrichtung, Leipzig 1669 (Nachdr. Hanau 1968), 132; Thomas von Aquin, Summa theologiae, Ia, q. 92, a. 1. ad 2.

9 Peter Lombard, Magistri Petri Lombardi Parisiensis Episcopi Sententiae in IV Libris Distinctae, Grottaferrata 1971.

10 Vgl. Ian Maclean, The Renaissance Notion of Woman, Cambridge 1999, 14, Anm. 52: „Gerhard, Loci theologici, VIII.8,853f., inter scholasticos Scotus 2 Sent. Dist. 20 expresse docet, omnes foeminas excepta sola B. Virgine, in sexu virili resurrectas. 1. quia sexus foemineus est accidens, et imperfectio hominis, iam vero in resurrectione omnis imperfectio abolibetur. 2. quia foemina est mas occasionatus teste Philosophi, unde in foemina producenda errasse Natura, ut cum vellet producere hominem perfectum marem scilicet, deficiente virtute generativa seminis pro mare produxerit foeminam."

11 Thomas von Aquin, Summa theologiae, Ia, q. 92, a. 1, ad 1.

Jahrhundert die *Querelle des femmes*[12] einen regen Diskurs auslöste, waren es die Lehren des Humanisten Erasmus (1466/69–1536), der seine *Christiani matrimonii institutio*[13] 1526 in Basel publizierte, dabei das *Schriftprinzip* anwandte und auch das Eheverständnis hochhielt, was schlussendlich dazu führte, die Weibsbilder neu zu interpretieren. In Zürich war Huldrych Zwingli und Heinrich Bullinger die Idee dieser neuen Weibsbilder nach dem *Schriftprinzip* nicht zuwider.[14]

Wahrscheinlich wusste die erste und zweite Generation der Zürcher Reformatoren nicht, dass sie einmal als Väter des Weibsbilds der reformierten Tradition gelten würden. Ihre Vorstellungen, die sowohl biblisch begründet sind als auch gepfeffert mit traditionellen Konzeptionen der Frau, schlugen hohe Wellen weit jenseits der gegebenen Umstände ihres Kontextes. Nach dem *Schriftprinzip*, das sie eigentlich vorwärts drängte, trugen sie dazu bei, die Rolle der Frau in der Ehe, Familie, Kirche und Kultur des 16. Jahrhunderts zu würdigen.

Im Folgenden werde ich die Geschichte vom frühen reformierten Weibsbild skizzieren, indem ich die Ehenarrative von Huldrych Zwingli und Heinrich Bullinger zusammen mit ihren relevanten Schriften über das Weibsbild und die Ehe beleuchte – jedoch nur soweit es ihre eigene Kultur erlaubt. Sie zogen Leitlinien, um die weibliche Sexualität zu würdigen, der Ehe einen Ehrenplatz in der Gesellschaft zu schaffen, die Ehefrau als Partnerin in der Ehe zu erhöhen und damit allen Frauen eine Ausbildung zu ermöglichen, um ihr Weltbild zu erweitern.

3. Huldrych Zwingli und Anna Reinhart

Anna Reinhart (um 1484–1538) heiratete Junker Hans Meyer von Knonau und gebar ihm drei Kinder.[15] Die beiden führten eine stürmische Ehe,

12 Ein jahrhundertelanger Diskurs über die Ordnung der Geschlechter. Vgl. Christine de Pizan, Das Buch von der Stadt der Frauen, München 1990; Henricus Cornelius Agrippa, Declamation on the Nobility and Preeminence of the Female Sex, Chicago 1996.

13 Erasmus von Rotterdam, Christiani matrimonii institutio, Basel 1526.

14 Vgl. W. Peter Stephens, The Theology of Huldrych Zwingli, Oxford 1986, 31; Gottfried W. Locher, Die Zwinglische Reformation im Rahmen der europäischen Kirchengeschichte, Göttingen 1979, 102.

15 Vgl. Salomon Hess, Anna Reinhart. Gattin und Witwe von Ulrich Zwingli Reformator, Zürich 1820; Oskar Farner, Anna Reinhart. Die Gattin Ulrich Zwinglis, in: Zwingliana 3 (1916), 197–211; Hulda Zumsteg, Anna Zwingli-Reinhart, in: Neujahrsblatt der Gesellschaft zu Fraumünster auf das Jahr 2008, Zürich 2007, 7–19; Heinrich Merz, Christliche

weil Meyer die schöne Anna ohne Einverständnis seines vermögenden Vaters heimlich heiratete. Ohne Gunst und Geld seines Vaters wurde er Söldner. Nach einigen Kampagnen im Ausland starb der kranke Hans Meyer. Anna zog darauf mit den Kindern nach Zürich und wurde regelmäßige Zuhörerin von Zwinglis Predigten. Durch Annas Sohn Gerald lernte Zwingli Anna kennen, und 1522 vermählten sie sich heimlich. Ihre Liebe zueinander musste geheim bleiben, weil zu jener Zeit die sozialen Bräuche in der Kirche alles andere als frauenfreundlich waren; Pfarrfrauen wurden zum Beispiel nicht als Ehefrauen anerkannt. Offiziell galt der Zölibat, aber viele Priester lebten in wilder Ehe, einem Konkubinat und zeugten fleißig Kinder. Die Beziehung von Anna Reinhart und Huldrych Zwingli wurde zu einem Skandal, und nach viel kirchlicher Polemik heirateten sie am 2. April 1524 öffentlich in der reformierten Kirche, kurz vor der Geburt ihres gemeinsamen Kindes Regula. Das Paar Anna und Huldrych hatte zu den drei Kindern aus Annas erster Ehe miteinander noch vier eigene Kinder, bevor Huldrych 1531 im Zweiten Kappeler Krieg starb.

Während Anna und Huldrych ihre Beziehung noch verheimlichten, übergab Zwingli am 2. Juli 1522 dem Bischof von Konstanz die Schrift *Supplicatio ad Hugonem episcopum Constantiensem* mit zwölf Unterschriften inklusive seiner eigenen.[16] Dieses Schreiben war der Anfang einer Serie von Ereignissen, Predigten und Publikationen, die als Folge eine Stellungnahme zur Ehe und zur Jungfrau Maria in der Kirche erforderte. Die *Supplicatio* verlangte die Aufhebung des Zölibats unter Klerikern und Nonnen sowie die Abschaffung der Messen, die durch reformierte Gottesdienste ersetzt werden sollten.[17]

Bis zur Publikation *Von Klarheit und Gewissheit des Wortes Gottes* am 6. September 1522 vergingen ein paar Monate. Dieser Text war zunächst eine Predigt, die Zwingli den dominikanischen Nonnen im Kloster Oetenbach Anfang August 1522 hielt.[18] Zwinglis Predigten blieben den Nonnen lange vorenthalten, weil sie sich den Dominikanerbrüdern diesbezüglich unter-

Frauenbilder aus der Geschichte der Kirche zur innern Mission, Stuttgart 1855, 400–420; Rebecca A. Giselbrecht, Reforming a Model. Zwingli, Bullinger and the Virgin Mary in 16th Century Zurich, in: Christian Moser (Hg.), Finding Christian Models. Cultural Formation in Reformation Zurich, Edinburgh (in Vorbereitung).

16 Huldreich Zwinglis Sämtliche Werke, 14 Bde. (= Corpus Reformatorum, Bde. 88–101), hg. v. Emil Egli u.a., Berlin 1905–59, 189–209 (Abkürzung: Z).

17 Vgl. Emidio Campi, Zwingli und Maria. Eine reformationsgeschichtliche Studie, Zürich 1997, 18f.; Johann Jakob Hottinger / Hans Heinrich Vögeli (Hg.), Heinrich Bullingers Reformationsgeschichte, Bd. 1, Frauenfeld 1838, 80 (Nr. 46).

18 Z I,197–209.

ordnen mussten.[19] Aber Zwingli erwirkte von den Instanzen in Zürich eine Bewilligung, damit er im Kloster predigen durfte, woraufhin viele Nonnen ihren Orden verließen.[20] Der Haupttext Zwinglis zur Mariologie *Von der ewig reinen Magd Maria*[21] wurde am 17. September 1522 publiziert. Diese Predigt war im nachfolgenden Chaos dringend notwendig, um die vielen Unsicherheiten, Ängste und Beunruhigungen des Volkes auszuräumen. Das Verständnis gegenüber der Jungfrau Maria, der Keuschheit[22], dem Zölibat und dem Weibsbild waren eng miteinander verknüpft im kollektiven Bewusstsein des Volkes von Zürich.

Ungefähr sechs Monate später, am 29. Januar 1523, reichte Zwingli seine *67 Artikel* für die Zürcher Disputation ein.[23] Ulrich Gäbler schreibt dazu, dass die *Artikel* viel mehr eine Verteidigung seiner vorhergehenden Predigten darstellen, als dass sie ein gut organisierter Versuch seien, die Kirche und den Staat zu transformieren.[24] Was auch immer Zwinglis Beweggründe waren: Mehr als 600 Zürcher erscheinen, um an der Disputation über die Forderungen des Reformators beizuwohnen. Sie wollten Zeugen von Zwinglis Auseinandersetzung mit dem päpstlichen Repräsentanten Johann Fabri (1478–1541) sein, in der Fabri schlussendlich nicht beweisen konnte, dass die Zölibatslehre der Heiligen Schrift entspreche.[25] Sicher weckten Zwinglis *67 Artikel* großes Interesse unter den Zürcher Frauen.

Artikel 28–30 bezogen sich auf die Priesterehe; Artikel 28: „Alles, was Gott erlaubt oder nicht verboten hat, ist rechtmäßig. Daraus ist zu schließen, dass die Ehe allen Menschen zusteht.“; Artikel 29: „Alle, die man Geistliche nennt, sündigen, wenn sie sich nicht durch die Ehe vor der Sünde bewahren, nachdem sie gemerkt haben, dass Gott ihnen sexuelle Enthaltsamkeit versagt hat.“; Artikel 30: „Diejenigen, die Enthaltsamkeit geloben, versprechen auf kindliche oder närrische Weise zu viel. Daher erkennt man, dass die, welche sol-

19 Annamarie Halter, Geschichte des Dominikanerinnen-Klosters Oetenbach in Zürich 1234–1525, Winterthur 1956, 144.

20 Locher, Die Zwinglische Reformation (wie Anm. 14), 101.

21 Z I,391–428.

22 Keuschheit hatte zu tun mit einem christlichen Lebenswandel in Bezug auf exklusive sexuelle Beziehungen zwischen einem Mann und einer Frau; vgl. Susanna Burghartz, Ordering Discourse and Society. Moral Politics, Marriage and Fornication during the Reformation and the Confessionalisation Process in Germany and Switzerland, in: Peter Spierenburg (Hg.), Social Control, Bd. 1: 1500–1800, Ohio 2003.

23 Huldrych Zwingli Schriften, Bd. 2, hg. v. Thomas Brunnschweiler / Samuel Lutz, Zürich 1995.

24 Ulrich Gäbler, Huldrych Zwingli. Leben und Werk, Zürich 2004, 61–68.

25 Vgl. John Patrick Donnelly, Art. Fabri, Johann, in: The Oxford Encyclopedia of the Reformation, Oxford 1996, 87f.

che Gelübde abnehmen, an den anständigen Menschen frevelhaft handeln."[26] Mit diesen Forderungen beeinflusste, veränderte und transformierte Zwingli das Weibsbild in der reformierten Tradition für immer. Indem er den Zölibat, die Messe und die Fürbitte der Heiligen abschaffte, verschob Zwingli das Bild vom Weibsbild im Kollektivgewissen der Zürcher.

Wie es W. Peter Stephens beschreibt, waren diese Veränderungen das Produkt der Autorität, die Zwingli in den Schriften fand: „In dieser Attacke gegen den Zölibat findet eine Herausforderung statt gegenüber der Kirche im Lichte der Bibel und ein dringender Appell für das Wort Gottes gegenüber den menschlichen Ordnungen. Es ist ein Aufruf zu christlicher Freiheit im Sinne der biblischen Freiheit. Zwinglis charakteristische Verwendung verschiedener Zeugnisse ist ein Argument von der Schrift durch die Schrift. Der Schreiber beschäftigt sich nicht nur mit der Ehe, sondern auch mit der Verkündigung des Evangeliums."[27]

Die weibliche Keuschheit spielte ebenfalls eine wichtige Rolle in seiner Moralreform Zürichs. In *Der Hirt*, einer Schrift aus dem Jahr 1524, wies Zwingli auf seine Sorge um die Frauen in der Gesellschaft hin, indem er schrieb, dass „die größte Ehre der Jungfrau Maria nicht darin besteht, dass ihr hohe Gebäude errichtet werden, dass die Domherren schöne Pferde reiten und bei leichten Mädchen essen, sondern, dass all denen geholfen werde, die auf den Sohn der Maria hoffen, indem man das, was bisher in den Bau von Marienkirchen investiert wurde, zur Ehre jener Mädchen und Frauen einsetzt, deren Keuschheit durch die Armut gefährdet ist."[28] Bruce Gordon schreibt: „Zwingli erhebt den Status der Ehe zu dem höchst ehrwürdigen Platz im christlichen Glauben. Aber zweifellos schließt die Reformation dadurch alle Karrieren außerhalb des Haushalts für Frauen in Zürich aus."[29] Ein Flügel der Frauenforschungen behauptet, die Rolle der Frau sei durch die Abschaffung der Klöster beschränkt worden, und dass Frauen wie Katharina von Zimmern (1478–1547), die letzte Äbtissin von der Fraumünsterabtei in Zürich, „enteignet" wurden und heiraten mussten. Demgegenüber

26 Huldrych Zwingli Schriften (wie Anm. 23), 306–315.

27 Stephens, The Theology (wie Anm. 14), 31. Die Übersetzung aus dem Englischen stammt von mir.

28 Vgl. Campi, Zwingli und Maria (wie Anm. 17), 79; Huldrych Zwingli Schriften (wie Anm. 23), 295; Bridget Heal, The Cult of the Virgin Mary in Early Modern Germany. Protestant and Catholic Piety, 1500–1648, Cambridge 2007.

29 Bruce Gordon, The Swiss Reformation, Manchester 2002, 266. Die Übersetzung stammt von mir. Es ist anzumerken, dass Gordon eigentlich übertreibt. Frauen arbeiteten weiterhin in verschiedenen Berufen und Gewerben. Gordons Interpretation stützt mein Argument bezüglich der Worte „Weib" und „Bild" – die Tatsachen und Vorstellungen von Frauen stimmen mit den geschichtlichen Erzählungen oft nicht überein.

haben Zwinglis Bemühungen dem ehelichen Stand in der Kirche und Gesellschaft Ehrwürdigkeit verliehen und dadurch das Weibsbild verändert.[30]

4. Heinrich Bullinger und Anna Adlischwyler

Heinrich Bullingers Frau, Anna Adlischwyler Bullinger (1505–1564), ist ein weiteres Beispiel für ein solches Weibsbild, das von ihrem Kloster enteignet wurde.[31] Ihre Geschichte soll dazu dienen, eine andere Sicht von den Zürcher Reformatoren als Väter des reformierten Weibsbilds zu erhalten. Hier ist es angebracht, die Familiengeschichte des Reformators Heinrich Bullinger unter die Lupe zu nehmen. Heinrich Bullinger, der Reformator, war der Sohn von Heinrich Bullinger d.Ä. (1469–1533), einem römischen Priester in Bremgarten, der gemeinsam mit Anna Bullinger (–1541), geb. Wiederkehr, vier Söhne zeugte und großzog. Erst nach der Hochzeit ihres eigenen Sohnes, am 17. August 1529, heirateten auch die Eltern Bullingers im Großmünster zu Zürich. Klar ist, dass Heinrich Bullinger d.J. in der Atmosphäre der herrschenden Volksfrömmigkeit aufwuchs. Die Brüder seiner Mutter wollten Heinrich Bullinger d.Ä. umbringen, weil er im Konkubinat mit Heinrichs Mutter zusammenlebte, während er als Geistlicher diente.

Anna Adlischwyler, Heinrich Bullingers zukünftige Frau, stand als Dominikanernonne in römisch-reformiertem Konflikt. Wie schon erwähnt, stellte Zwingli 1522 bei der Zürcher Disputation ein Gesuch, das die Teilnahme an reformierten Gottesdiensten für alle Nonnen in Zürich erlaubte. Vor diesem Edikt kam Anna kaum in Berührung mit einer reformierten Predigt. Obwohl Bullinger 1527 um Annas Hand bat und seine *Diarium*-Einträge ihre Zusage bestätigten, blieb Anna bis 1529 im Kloster Oetenbach. Danach heiratete sie Bullinger und wurde Mutter von elf Kindern.[32]

30 Halter, Geschichte (wie Anm. 19), 160–168.

31 Vgl. Raget Christoffel, Heinrich Bullinger und seine Gattin nach ihrem segensreichen Wirken in ihrer Familie, Gemeinde und gegen verfolgte Glaubensgenossen, Zürich 1875; Fritz Blanke, Der junge Bullinger 1504–1531, Zürich 1942; Carl Pestalozzi, Heinrich Bullinger. Leben und ausgewählte Schriften, Elberfeld 1858; James Isaac Good, Famous Women of the Reformed Church, Originally Published by the Sunday School Board of the Reformed Church in the United States, 1901, City Seminary Press, accessed 20 November 2009, online verfügbar: www.leben.us/index.php/component/content/article/56-volume-3-issue-1/218-anna; Anna Bullinger, in: Neujahrsblatt Zürcherische Hülfs-Gesellschaft 60, Zürich 1860; Rebecca A. Giselbrecht, Myths and Reality about Heinrich Bullinger's Wife Anna, in: Zwingliana 38 (2011), erscheint in Kürze.

32 Heinrich Bullingers Diarium (Annales vitae) der Jahre 1504–1574, hg. v. Emil Egli, Basel 1904, 11–17.

Drei Briefe von Heinrich Bullinger, adressiert an Anna Adlischwyler, sind im *Heinrich Bullinger Briefwechsel (Band I)* veröffentlicht.[33] Der erste Brief an Anna Adlischwyler vom 30. September 1527 beinhaltet Bullingers Heiratsantrag an Anna.[34] Darin versucht er Anna zu überzeugen, den Konvent zu verlassen, um ihn zu heiraten. Er argumentiert, dass der asketische Lebensstil in Bezug auf das reformierte Schriftverständnis irrelevant sei. Bullinger schrieb: „Ja, du bist jung, und es hat Dir Gott nicht so einen ungeeigneten Leib gegeben und Dich nicht geschaffen, dass Du ewig eine gnädige Frau seiest und nichts tuest oder keine Frucht von Dir komme."[35] Dieser erste Brief weist große Ähnlichkeiten auf mit der Abhandlung *Volkommne underrichtung desz christenlichenn eestands*, die Bullinger zwei Monate zuvor fertiggestellt hatte.[36] Am 27. Oktober 1527, also nur einen Monat nach seinem ersten Brief an Anna, hielt er in seinem *Diarium* fest, dass Anna ihm die eheliche Treue versprochen habe.[37]

In einem zweiten Brief, geschrieben gegen Ende 1527 oder Anfang 1528, verlangte Bullinger in teils lieblichen, teils auch schrillen Tönen, dass Anna ihre Absage an seinen Antrag rückgängig machen solle. Dabei behauptet er, „die Ehe sei gottgewollt, darum solle sie nicht befürchten, dass manche ihren Austritt als Ärgernis empfinden werden".[38] Am 24. Februar 1528 schrieb Bullinger seinen letzten Brief an Anna.[39] Der Brief ist ein ausführliches Traktat über Annas zukünftige Rolle als Frau Heinrich Bullingers. Bullinger behauptete in diesem Brief, dass Anna von ihm eine Anleitung zu ihren ehelichen Pflichten und Regeln verlangte: „Auf Wunsch seiner Braut gibt er eine Zusammenfassung der Pflichten und Tugenden einer gläubigen Frau: er schreibt über den wahren Gottesdienst, den Bund Gottes im Alten und Neuen Testament, das Gotteswort, das das ganze Leben der Christen regieren soll, über den Wert der Arbeit und die Gefahren des Müßigganges und Geschwätzes, über Häuslichkeit und Sparsamkeit, Essen und Kleidung. Es folgt eine ausführliche Gegenüberstellung von Ehelosigkeit und Ehe auf Grund von 1Kor 7,25 und danach im Rahmen einer umfangreichen Auslegung von Ps 127 das Lob der Ehe eines gottesfürchtigen Menschen."[40]

33 Heinrich Bullinger Briefwechsel, Bd. 1: Briefe der Jahre 1524–1531, hg. v. Ulrich Gäbler u.a., Zürich 1973ff.

34 Bullinger Briefwechsel, Bd. 1 (wie Anm. 33), 126–141.

35 Bullinger Briefwechsel, Bd. 1 (wie Anm. 33), 138, 28 –139, 4.

36 Heinrich Bullinger, Pastoraltheologische Schriften, hg. v. Detlef Roth, Zürich 2009, 1–78.

37 Bullinger Diarium (wie Anm. 32), 11.

38 Bullinger Briefwechsel, Bd. 1 (wie Anm. 33), 145–149.

39 Bullinger Briefwechsel, Bd. 1 (wie Anm. 33), 150–176.

40 Bullinger Briefwechsel, Bd. 1 (wie Anm. 33), 150.

Bullingers Brief ist didaktisch aufgebaut und in zwei Teilen abgefasst. Der erste beschäftigt sich mit dem Benehmen und den weiblichen Tugenden wie Demut, Keuschheit, Selbstlosigkeit und dem Schweigen. Im zweiten Teil behandelt Bullinger als knapp dreiundzwanzigjähriger lediger Mann die Rollenverteilung in der Familie und würdigt mit großem Nachdruck die Fortpflanzung.

Der erste *Traktat Volkommne underrichtung desz christlichenn eestands* wurde zu seiner Zeit nicht publiziert, aber nach zwanzig Jahren Ehe erweiterte Bullinger diese Gedanken auf 109 Seiten und publizierte sie 1540 in Buchform: *Der Christlich Eestand* definiert und differenziert die Rollenteilung zwischen Männern und Frauen. Erkennbar sind die Einflüsse diverser Rechtsfälle, die Bullinger vom Zürcher Ehegericht her zwischen 1531 und 1540 bekannt gewesen sind. Dazu sind sicher auch seine eigenen Erfahrungen aus der Ehe mit Anna und als Vater von elf Kindern in dieses Buch eingeflossen.[41] Das Werk wurde auf Englisch übersetzt, mehrfach publiziert und gilt in Europa als das Wichtigste von vielen Handbüchern zur Ehe.

Bullinger übernahm die paulinisch-theologische Sicht der Ehe, aber sein Topos wurzelt fest in Gen 2,18: „Es ist nit gut, das der mensch allein sye."[42] Das Zentrum seiner Interpretation bildet jedoch Eph 5,23: „Doch ist sy nit vome houpt genommen, dann der mann des wybs houbt unnd meister ist, aber auch nit vonn füssen, dz du sy verschupffist uund grad nienerfür (für niemanden) haltist, sunder von und uss der syten, als die näbend den mann zum beihilff und gspanen gestellt wirt. Und wie das gebein des fleischs stercke ist, hilff und trost syn. Darumb ist sy ouch uß dem ripp oder bein und nit uß dem fleisch genommen und erschaffen."[43]

Bullinger interessiert sich für die Ehe als Institution und glaubt, dass sie durch die Bundestheologie betrachtet werden soll auf dem Fundament des historisch prälapsarischen Verständnisses des Status göttlicher Beziehungen.[44]

5. *Fazit*

Bullinger und Zwingli waren Gleichgesinnte. Beide Reformatoren wollten den Status der Ehe und des Weibsbilds in Kirche und Gesellschaft anhe-

41 Heinrich Bullinger, Der Christlich Eestand, Zürich 1540.

42 Bullinger, Pastoraltheologische Schriften (wie Anm. 36), 82,20.

43 Bullinger, Pastoraltheologische Schriften (wie Anm. 36), 83,15–21.

44 Carrie E. Euler, Bullinger's „der Christlich Eestand". Marriage and the Covenant, in: Bruce Gordon / Emidio Campi (Hg.), Architect of Reformation. An Introduction to Heinrich Bullinger, 1504–1575, Grand Rapids 2004, 258f.

ben. Es fällt auf, dass beide als Geistliche heiraten wollten, aber, und das ist wichtig, gemäß der Heiligen Schrift. Sie stellten die Ehe über die asketischen Grundsätze des römisch-mittelalterlichen Gedankengutes. Zwingli und Bullinger setzten sich auch für das Lesen und Schreiben als allgemeines christliches Menschenrecht ein: für Männer und Frauen. Bullinger gibt im Traktat *Volkommne Underrichtung* den Männern den Rat: „Zum ersten soltu din wyb leeren lasen und schryben, enn s yes nitt kan."[45] Achtung, die Frauen hatten zwar wenig Raum in der Öffentlichkeit, aber das Wort Gottes war nicht mehr exklusiv für Männer bestimmt oder für Frauen, die asketisch abgesondert waren.

Bullinger verfasste praktische Handlungsanweisungen für Brautwerbung, Ehe, Gebären und Kindererziehung. Monika Gsell schreibt: „Deutlich wird dabei insbesondere, dass Hierarchie und Gegenseitigkeit nicht als konkurrierende, widersprüchliche Ordnungen wahrgenommen wurden, sondern als sich ergänzende und gegenseitig stabilisierende Koordinatoren einer gelingenden ehelichen Gemeinschaft."[46] Obwohl Bullinger Partnerschaft in der Ehe pflegte, blieben die geschlechtsspezifischen Funktionen in der Familie und Gesellschaft getrennt.

Das Weibsbild gewann dank Bullinger und Zwingli während der Zürcher Reformation an Inhalt. Das ideale Weibsbild war keusch, demütig und eine ruhige Kreatur, Frau eines Mannes – *warhafft* und *verschwygen*.[47] Zwingli und Bullinger können zu Recht Väter des reformierten Weibsbilds genannt werden. Im Traktat *Vollkommne Underrichtung* wandte sich Bullinger aber an Männer und Frauen, als er schrieb: „Das macht aver den menschen recht guot: warheyt, gloub, gotsforcht, trüw, zucht, stille, scham, mässigkeit, und stanthaffte mitt sampt wackergheit."[48]

45 Bullinger, Pastoraltheologische Schriften (wie Anm. 36), 45,21.

46 Monika Gsell, Hierarchie und Gegenseitigkeit. Überlegungen zur Geschlechterkonzeption in Heinrich Bullingers Eheschriften, in: Rüdiger Schnell (Hg.), Geschlechterbeziehungen und Textfunktionen. Studien zu Eheschriften der Frühen Neuzeit, Tübingen 1998, 89–117, hier 116.

47 Bullinger, Pastoraltheologische Schriften (wie Anm. 36), 57,20.

48 Bullinger, Pastoraltheologische Schriften (wie Anm. 36), 13,31–33. Zu deutsch: „Das macht aber den Menschen recht gut: Wahrheit, Glauben, Mäßigkeit, und Standhaftigkeit mitsamt Wackerheit."

Urteilen als Kernaufgabe des bürgerlichen Regiments

Ein Vergleich von Johannes Calvin und Oliver O'Donovan

von Gerard C. den Hertog

Das Thema dieses Aufsatzes ist in erster Linie angeregt durch die Lektüre einiger Bücher des englischen Ethikers Oliver O'Donovan. In seiner 1996 erschienenen politischen Theologie *The Desire of the Nations. Rediscovering the Roots of Political Theology*[1] und in seiner 2005 veröffentlichten politischen Ethik *The Ways of Judgment*[2] stellt er das politische Handeln als grundsätzlich „urteilendes Handeln" dar. Er begründet diese Sicht sowohl mit dem Alten wie mit dem Neuen Testament, wobei er überraschenderweise auf die Zeit Moses und der Richter verweist, in der es noch keinen politischen Apparat, geschweige denn einen Staat gab, und auf in der Diskussion kaum verwendete neutestamentliche Bibelstellen wie Mt 19,28 bzw. Lk 22,30 und 1Kor 6,2.[3]

Als ich mit der Lektüre O'Donovan's im Hinterkopf dann wiederum Kapitel 20 des vierten und letzten Buches von Calvins *Institutio Christianae Religionis* las, das von der politischen Administration handelt, fiel mir auf, wie auch er dort das Urteilen hervorhebt und wie positiv er von der theologisch-politischen Perspektive her über die Zeit Moses und der Richter schreibt.

Diese Wahrnehmung brachte mich auf den Gedanken, Calvin und O'Donovan miteinander zu vergleichen im Rahmen des Themas dieser Konferenz: „Kirche, Theologie und Politik im reformierten Protestantismus". Ein solcher Vergleich ist meines Wissens noch nicht gemacht worden. O'Donovan selber hat den Zusammenhang nicht aufgearbeitet, obwohl sich in dem von ihm zusammen mit seiner Frau Joan Lockwood O'Donovan herausgegebenen Quellenbuch *From Irenaeus to Grotius. A Sourcebook in Christian Political Thought*, 100–1625 auch ein Calvin gewidmetes Kapitel findet. In

1 Oliver O'Donovan, The Desire of the Nations. Rediscovering the Roots of Political Theology, Cambridge 1996.

2 Oliver O'Donovan, The Ways of Judgment. The Bampton Lectures 2003, Grand Rapids / Cambridge 2005.

3 Vgl. O'Donovan, The Desire (wie Anm. 1), 139.150.

diesem ist das letzte Kapitel der *Institutio* Calvins auszugsweise aufgenommen, aber den spezifischen Aspekt des Urteilens hat O'Donovan weder dort noch anderswo in seinen Arbeiten im Hinblick auf Calvin thematisiert.[4]

Im Folgenden präsentiere ich kurz meine Leseerfahrungen sowohl von Calvin wie auch von O'Donovan. Es wird von vornherein klar sein, dass ich weder Calvins noch O'Donovans politische Theologie als Ganze oder gar in Umrissen skizzieren kann. Mein Aufsatz ist daher mehr als Hinweis auf ein Forschungsdesiderat und nicht als ein abgerundeter Beitrag zu verstehen.

1. Johannes Calvin

Im letzten Kapitel des vierten – und letzten – Buches seines *Unterrichts in der christlichen Religion (Institutio IV,20)* gibt Calvin Aufschluss über die Konturen seiner politischen Theologie. Er setzt in seinen Erwägungen zum bürgerlichen Regiment nicht erst bei Saul oder David ein, sondern schon bei Mose und den Richtern. Primäre Aufgabe der Regierenden sei es, so liest er es aus den biblischen Texten heraus, Recht auszuüben.[5] Wenn Calvin die verschiedenen Regierungsformen auflistet, betont er nur bei Mose und den Richtern, dass sie über ein freies Volk regiert hätten.[6] Daran liegt ihm offenbar viel, denn er bemerkt, es gäbe „keine glücklichere Art der Regierung [...] als die, wo die Freiheit die gebührende Mäßigung erfährt und in rechter Weise auf beständige Dauer eingerichtet ist", und er hält diejenigen Menschen „für die glücklichsten, denen es erlaubt ist, diesen Zustand zu ge-

4 Oliver O'Donovan / Joan Lockwood O'Donovan, From Irenaeus to Grotius. A Sourcebook in Christian Political Thought, 100–1625, Grand Rapids 1999, 662–684. Auf S. 665 streifen die O'Donovan's das urteilende Handeln der Magistraten bei Calvin, arbeiten es aber nicht aus: „His discussion of magistrates focuses on the close relation between their office and work and God's particular will. He proposes that *God acts* in their appointment, their authority (official and personal) and every one of their juridical acts, so that they should seek to, exhibit a kind of image of the Divine Providence, guardianship, [...] and justice (4.20.6). Consequently, rulers should be concerned primarily with declaring and vindicating God's honor, and secondarily with vindicating the innocent poor, needy and oppressed (4.20.9)." (Hervorhebung im Text) In seinen Büchern *The Desire of the Nations* (vgl. Anm. 1) und *The Ways of Judgment* (vgl. Anm. 2) verweist O'Donovan zwar einige Male auf Calvin, aber ohne auch dort den Aspekt des Urteilens hervorzuheben und auszuarbeiten.

5 Johannes Calvin, Institutio Christianae Religionis (1559), Buch IV, Kap. 20,6.9 (= Inst. IV,20,6.9).

6 Inst. IV,20,4; vgl. Inst. IV,20,8.31. Vgl. dazu Wilhelm Niesel, Die Theologie Calvins, München [2]1957, 237.

nießen".[7] Diese Freiheit verbindet er – auffälligerweise – mit der Frühzeit Israels, der Zeit Moses und der Richter. Laut Werner Krusche wertete Calvin „die Zeit des charismatischen Führertums in Israel – die Mose- und Richterzeit – als die ideale Zeit des Volkes Israel und die in ihr verwirklichte Gestalt des Staatswesens – eine ‚der Demokratie benachbarte Aristokratie' – als ein von Gott in die Geschichte gestelltes Vorbild".[8]

Die Bezeichnung „ideal" ist vielleicht nicht ganz glücklich gewählt und der Ausdruck „Staatswesen" anachronistisch, wenn wir sie aber ersetzen durch einen Ausdruck wie etwa: „In dieser Frühphase des Zusammenlebens des Volkes Israel hat der Herr es geführt und regiert in einer Weise, die zeigt worauf Er hinaus will mit uns Menschen", werden wir Calvin gerechter. Dennoch ist diese Sichtweise auch so ein Grund zum Staunen, denn wer von uns ist von sich aus aufgrund eigener Bibellektüre auf einen solchen Gedanken gekommen? Die Zeit von Mose und den Richtern – vielleicht nicht „die ideale Zeit des Volkes Israel", aber trotzdem Spiegel des von Gott beabsichtigten Umgangs mit uns in unserem menschlichen Zusammenleben?! War nicht eher die Regierungszeit Davids das „Goldene Zeitalter" Israels? Da sollten wir freilich differenzieren. Der Wunsch Israels nach einem König war ja laut 1Sam 8 nicht Ergebnis eines gottgewollten Verlangens nach einem König, der Gottes Herrschaft besser vermitteln könnte, sondern umgekehrt das einer Ablehnung von Gottes gutem Regiment und damit von Gott selbst.[9] Dass Gott aus dem, was die Menschen böse gemeint haben, Gutes gemacht hat, indem er in der Gestalt Davids ein Bild des messianischen Königs im Geiste Christi entstehen ließ, steht auf einem anderen Blatt. In der politischen Realität ist das Königtum in Israel – wie anderswo – nur da positiv und heilvoll, wo der König sich von Gottes Gnade her versteht und darauf verweist. Aus der Perspektive der irdischen Regierungsform bleibt Calvin ganz nüchtern dabei, dass das Königtum zwar den Vorteil der Beständigkeit hat, aber eben deswegen auch Nachteile hat.

Calvins aus theologisch-politischer Perspektive positive Bewertung der Frühzeit Israels hängt wohl zusammen mit seiner Sicht der ersten und ureigenen Aufgabe des bürgerlichen Regiments: dem „Urteilen". In *Institutio IV,20,9* führt Calvin aus, dass es Voraussetzung jeder bürgerlichen Regie-

7 Inst. IV,20,8.

8 Werner Krusche, Das Wirken des Heiligen Geistes nach Calvin, Göttingen 1957, 115f.; vgl. auch Michael Beintker, Ethik, Politik und Versöhnung im Denken Calvins, in: Herman J. Selderhuis (Hg.), Calvinus clarissimus theologus. Papers of the 10th International Congress on Calvin research, Göttingen 2011 (im Druck): Calvin hat „die Richterzeit als Vorbild für die Gewinnung der besten Regierungsform betrachtet".

9 Vgl. Beintker, Ethik (wie Anm. 8).

rung sein sollte, die wahre Religion zu fördern, weil es Gott entspricht und die Humanität blühen lässt. Kernaufgabe der Regierenden ist die Bewahrung von Recht und Gerechtigkeit. Diese Bewahrung schließt das Strafen der Übeltäter und Verbrecher mit ein (so Kapitel 10), aber es beinhaltet auch die Kriegsführung – wenn auch als ultima ratio – (so Kapitel 11 und 12) und die Auferlegung von Abgaben und Steuern (so Kapitel 13). In den Kapiteln 14 bis 21 lenkt Calvin den Blick wieder zurück zu den Gesetzen, die er als die „Sehnen" oder mit Plato und Cicero als die „Seelen" des Staates bezeichnet. Mit Letzterem bemerkt Calvin, „das Gesetz sei eine stumme Obrigkeit und die Obrigkeit ein lebendiges Gesetz"[10], was wohl sagen will, dass es auf ein lebendiges Urteilen ankommt.[11] Dieser Aufriss zeigt nicht nur, wo Calvin die Akzente setzt, sondern auch, dass seine Überlegungen über Strafen, Krieg und Steuern innerhalb des Rahmens des Urteilens und Richtens nach dem Gesetz ihren Ort haben.

Das Verständnis der ureigenen Aufgabe des politischen Amtes ist bei Calvin nicht negativ, wie später etwa bei Thomas Hobbes, sondern positiv: Gottes Gebot im Hinblick auf das Zusammenleben der Menschen wird konturiert durch das Liebesgebot.[12] Ein Konzept wie *aequitas* oder Billigkeit[13] hat ihren Kern in der „Goldenen Regel" von Mt 7,12; sie funktioniert bei ihm nicht als ein ausgearbeitetes gesellschaftlich-ökonomisches Grundmuster ideeller Gleichheit, sondern verlangt dauernde Prüfung.[14] Der ökonomische Bereich ist keine autonome oder sogar eigengesetzliche Sphäre, sondern die Perspektive des Urteilens ist auch hier klar präsent. Die Macht der Behörden soll sie ja in die Lage versetzen, in ihrem Handeln für die Armen und Entrechteten einzutreten, und das heißt gerade eben auch: gerecht zu urteilen.[15]

Das Königtum ist in Calvins Augen schlicht und einfach eine andere Struktur des Recht-Tuns, die den Vorteil einer größeren Kontinuität hat. Aber diese Regierungsform birgt auch Gefahren in sich: Könige missbrau-

10 Inst. IV,20,14.

11 Vgl. hier auch Oliver O'Donovan, Government and Judgment (1999), in: ders. / J. Lockwood O'Donovan, Bonds of Imperfection. Christian Politics, Past and Present, Grand Rapids 2004, 216: „In Hebrew the most general word for law, *tôrah*, meant simply ‚a decision'. It referred to the ‚ruling' that a priest would give when consulted."

12 Inst. IV,20,6.

13 Inst. IV,20,16.

14 Vgl. Guenther H. Haas, The Concept of Equity in Calvin's Ethics, Carlisle 1997, 49ff.

15 Vgl. Haas, The Concept (wie Anm. 14), 110f: „Justice means protecting, vindicating, and freeing the innocent, and withstanding, repressing, and punishing the misdeeds of the wicked. [...] Thus, the power of the magistrates ensures that they can fulfill their calling to be ‚the guardians of peace and equity'."

chen nicht selten ihre Macht, wie die Geschichte Israels und der Völker zeigt. Darum ist nach Calvin eine Art Aristokratie, gebändigt und gemäßigt durch demokratische Kontrolle, zu bevorzugen. Allerdings gilt unabhängig von der Struktur einer Obrigkeit: Sie ist nach Gottes Anordnung dazu da, die Freiheit der Mitglieder des Volkes zu fördern mit Recht und Gerechtigkeit.[16] Der 82. Psalm, in dem den irdischen Machtträgern der Ehrentitel „Götter" gegeben wird, spielt in Calvins Gedanken zu diesem Thema eine wichtige Rolle. Diesen „Göttern" fällt ja die Aufgabe zu, Recht zu schaffen dem Armen und dem Waisen, den Elenden und Dürftigen zum Recht zu verhelfen, die Geringen und Armen zu erretten und aus der Gewalt der Gottlosen zu befreien (V. 3f.). Von den Ungerechten wird gesagt, dass sie es sich nicht sagen lassen und es nicht achten, sie tappen im Finstern umher; darum müssen alle Grundfesten des Landes wanken (V. 5).[17] Ps 82 ist auch darin für Calvin bedeutsam, dass er Gott als präsent in der Versammlung der irdischen Könige darstellt. Er entnimmt dem, dass Gott Gericht über sie übt und der wirkliche Regent ist.[18] Der Bestand dieser Welt ist also kein ruhendes und statisches Gefüge, für das Gott der Garant auf Distanz sei.

Wenn aber die Gottlosen den Grund dieser tief von der Sünde geprägten Welt einreißen, was sollte der Gerechte dann noch ausrichten (Ps 11,2f.)? Wir sind dazu berufen, zu urteilen über Recht und Unrecht, das heißt: mit einem gehorsamen, aufmerksamen Herz (1Kön 3,9) auf Gottes gute Gebote zu hören und ihnen zu folgen. Wo der Geist wirkt, geht es um Heiligung, sowohl im Leben des einzelnen Christen wie in der Kirche und in der Gesellschaft. Wie jeder einzelne Mensch ist auch das menschliche Zusammenleben auf Gottes Geist angewiesen. Gott regiert, die Regierenden dieser Welt stehen in seinem Dienst und sind dazu berufen, sich in sein regierendes und lenkendes Walten einbeziehen zu lassen. Die Regierenden „besitzen [...] als Gottes Stellvertreter keine Selbständigkeit, sondern sind ganz und gar seine Diener und seine Beamten"[19]. Sie sind für die Ausübung ihres Amtes vollends auf Gott angewiesen. „Wie es zur Erkenntnis von Wahrheit im irdischen Bereich nur kommen kann, wenn Gott der Heilige Geist, der *fons veritatis*, Menschen befähigt zu wissenschaftlicher und künstlerischer

16 Inst. IV,20,8.

17 Inst. IV,20,4,6.29; vgl. auch Johannes Calvin, Briève Instruction, pour armer tous bons fideles contre les erreurs de la secte commune des Anabaptistes / Kurzer Unterricht, um alle guten Gläubigen zu wappnen gegen die Irrtümer der gemeinen Sekte der Anabaptisten, in: Calvin-Studienausgabe, Bd. 3: Reformatorische Kontroversen, hg. v. Eberhard Busch u.a., Neukirchen-Vluyn 1999, 343.

18 Inst. IV,20,6.29.

19 Niesel, Theologie Calvins (wie Anm. 6), 228.

Erfassung der Weltwirklichkeit, so kann es Rechtlichkeit im bürgerlichen, politischen Leben nur geben, wenn der Heilige Geist einzelne dazu befähigt, rechtmäßige Ordnungen aufzurichten und zu schützen."[20]

Der Glaube an Gottes aktive Präsenz bei seiner Schöpfung bestimmt also wesentlich die Art und Weise, wie Calvin das äußere Mittel der politischen Autorität betrachtet und erfasst. Calvin betrachtet das menschliche Leben in dieser Welt nicht zuerst an und für sich, um es dann so oder so auf Gott zu beziehen. Nein, von vornherein setzt er dort an, wo Gott sich um seine Schöpfung müht, wo er um seine Menschen ringt. Gott tut ihnen Gutes, um sie auf diesem Weg zu ihm zu bringen und zu zeigen, dass er es gut mit ihnen – mit uns – meint. Wie in Buch I der Institutio geht es nicht um eine Art natürliche Theologie[21], die als solche diese Welt verselbstständigt und somit, wie theokratisch sie auch immer klingen mag, faktisch aus einer Säkularisierung hervorgeht. Säkularisierung heißt dann: Bereiche dieser Welt werden von Gott gelöst und auf sich gestellt. Aber in Wahrheit bilden oder schaffen letztendlich nicht Menschen die politische Wirklichkeit, sondern sie finden sich vor in einer Welt, in der Gott wirkt. Sie sind berufen, um zu unterscheiden und um Urteile zu fällen, in denen Recht und Gerechtigkeit leitend sind.[22]

Wenn wir ihn von daher interpretieren, nähern wir uns ihm über die Kluft der Jahrhunderte hinweg, vielleicht, weil Calvin die vollkommene Alternative verkörpert zur modernen Voraussetzung, dass wir uns autonom vorfinden in einer Welt, die an sich im ethischen Sinne gleichsam auf unsere

20 Krusche, Das Wirken (wie Anm. 8), 110. In seiner Auslegung von Ps 72 bemerkt Calvin, dass keine Regierung in dieser Welt auf Recht gründet, wenn sie nicht unter der Führung Gottes steht und sein Geist nicht vorangeht. Calvin zu Ps 72,4: „Wo ihnen nicht vom Himmel her der rechte Geist gegeben wird, artet alle Herrschaft in Tyrannei und Räuberei aus." (Auslegung der Heiligen Schrift in deutscher Übersetzung, hg. v. E.F. Karl Müller, Die Psalmen, Bd. 1, Neukirchen 1930, 687).

21 Vgl. Gerard den Hertog, Gotteserkenntnis aus dem Gehorsam? Führt Calvin uns in eine Sackgasse oder lädt er uns ein zu einem freien Glauben?, in: Georg Plasger (Hg.), Calvins Theologie für heute und morgen. Beiträge des Siegener Calvin-Kongresses 2009, Wuppertal 2010, 219–228.

22 Vgl. Beintker, Ethik (wie Anm. 8): „Das Wort ‚Obrigkeit', das sich bezeichnenderweise in den deutschen Übersetzungen der Texte Calvins findet, ist unpassend. Natürlich gibt es in Calvins politischem Weltbild ein Oben und ein Unten und damit auch die Relationen von Ehrerbietung, Respekt und Gehorsam. Aber es sollte zu denken geben, dass im Originaltext fast regelmäßig ‚magistratus/magistrat' steht und dass die eigentliche politische Ethik der Institutio unter der Überschrift ‚de politica administratione' verhandelt wird. Dieser Sprachgebrauch assoziiert die öffentliche Verwaltung der politischen Angelegenheiten durch hoheitliche Magistrate, Ämter und Behörden und nimmt darin Elemente eines modernen funktionalen Politikverständnisses vorweg."

Entscheidungen wartet. Im 20. Jahrhundert kann man dabei denken an Carl Schmitt, der beim souveränen Staat ansetzt, dessen Entscheidungen oder Urteile „aus einem Nichts geboren" sind und ihre rechtliche Kraft nicht einer Begründung verdanken, sondern umgekehrt als Dezision bestimmen, „was eine Norm und was normative Richtigkeit ist".[23] Eine biblische Sicht des bürgerlichen Regiments im Sinne Calvins fängt aber nicht bei den Institutionen im Sinne einer metaphysischen Überhöhung des Staates an, sondern bei den Menschen, oder besser: nicht bei dem Staat als vergötterte Verkörperung des autonomen Menschseins, sondern beim Menschen als dem Geschöpf Gottes, das berufen ist, seinem Schöpfer einen lebendigen Gehorsam zu leisten und sich von seinen Gesetzen lenken zu lassen.

2. Oliver O'Donovan

Der Englische Ethiker Oliver O'Donovan, geboren 1945, ist ein sehr systematisch denkender und arbeitender Mensch. 1986 veröffentlichte er seine Grundlegung einer evangelischen Ethik: *Resurrection and Moral Order*[24], zehn Jahre später folgte seine schon erwähnte politische Theologie – *The Desire of the Nations* – und wiederum fast zehn Jahre später seine politische Ethik *The Ways of Judgment*. Zwischen diesen Veröffentlichungen gibt es auch einen klaren Zusammenhang: O'Donovan setzt in jedem neuen Buch den Gedankengang, der im vorangegangenen Buch entwickelt wurde, fort und treibt ihn voran. 1998 hat O'Donovan in der *Neue[n] Zeitschrift für Systematische Theologie und Religionsphilosophie* einen Aufsatz mit dem Titel *Gerechtigkeit und Urteil*[25] veröffentlicht, in dem er seine Gedanken zum Thema knapp zusammenfasst. Im angelsächsischen Sprachraum ist sein Denken Gegenstand lebendiger Auseinandersetzungen.[26]

23 Carl Schmitt, Politische Theologie. Vier Kapitel zur Lehre von der Souveränität, Berlin ³1979 (unveränderter Nachdruck der zweiten Auflage von 1934), 42f.

24 Oliver O'Donovan, Resurrection and Moral Order. An Outline for Evangelical Ethics, Leicester 1986/²1994.

25 Oliver O'Donovan, Gerechtigkeit und Urteil, in: NZSTh 40 (1998), 1–16.

26 Vgl. für die Auseinandersetzung mit O'Donovan u.a.: Nicholas Wolterstorff, A Discussion of Oliver O'Donovan's *The Desire of the Nations*, in: SJTh 54 (2001), 87–109; William Schweiker, Freedom and Authority in Political Theology: A Response to Oliver O'Donovan's *The Desire of the Nations*, in: SJTh 54 (2001), 110–126; Gerrit G. de Kruijf, The Function of Romans 13 in Christian Ethics, in: Craig Bartholomew u.a. (Hg.), A Royal Priesthood? The Use of the Bible Ethically and Politically. A Dialogue with Oliver O'Donovan (The Scripture and Hermeneutics Series, Vol. 3), Carlisle / Grand Rapids 2002, 225–237;

Ethik zu treiben aus der Sicht O'Donovans bedeutet nicht, einer im ethischen Sinne leeren Welt von unserer Autonomie her Struktur zu geben, sondern die „Autorität" der Wirklichkeit anzuerkennen und ihr den Vorrang zu geben. Damit meint er aber alles andere als sich einfach dem status quo anzupassen. Dass die Wirklichkeit uns im konkreten Leben vor Fragen stellt und unser Handeln beansprucht, ist dadurch bedingt, dass Gott die Wirklichkeit bestimmt und uns in seinen Geboten klarmacht, was sie von uns verlangt.[27] Ausgangspunkt O'Donovans ist also, dass wir es mit einer von Gott gegebenen „Moral Order" zu tun haben, die uns aber wegen der Sünde unzugänglich ist. Eine Lehre von den Schöpfungsordnungen als von Gott in die Welt hineingezeichnete, für uns zugängliche und von uns zu handhabende unveränderliche Struktur des menschlichen Zusammenlebens ist damit ausgeschieden. Das erste Wort im Titel des für seine ethische Konzeption grundlegenden Buches heißt: „Resurrection" – Auferstehung –, und das bezieht sich auf die Auferstehung Jesu Christi.

Die Auferstehung Christi ist für die Grundlegung und damit für die Aufgabe und Möglichkeiten einer evangelischen Ethik maßgeblich, denn im Alten Testament stellt sich die bange Frage, ob Gott nicht lieber dieser Welt den Abschied erteilen sollte. Muss die Welt nicht enden, wie sie begann: im *tohuwabohu*? Die Schöpfungsordnungen, in der suspekten Gestalt und in der verhängnisvollen Wirkung, die sie im lutherischen und reformierten Pro-

Jonathan Chaplin, Political Eschatology and Responsible Government: Oliver O'Donovan's „Christian Liberalism", in: Bartholomew u.a. (Hg.), a.a.O., 265–308; James W. Skillen, Acting Politically in Biblical Obedience?, in: Bartholomew u.a. (Hg.), a.a.O., 398–417; Luke Bretherton, Hospitality as Holiness. Christian Witness Amid Moral Diversity, Franham/Burlington 2006/²2010; Ad de Bruijne, Levend in Leviathan. Een onderzoek naar de theorie over ‚christendom' in de politieke theologie van Oliver O'Donovan, Kampen 2006, 78f.; Richard Gibb, Grace and Global Justice. The Socio-political Mission of the Church in an Age of Globalization, (Paternoster Theological Monographs), Eugene/OR 2006; Roger Scruton, Rezension The Ways of Judgment, in: Studies in Christian Ethics 20 (2007), 141–146; David H. McIlroy, A Trinitarian Theology of Law. In Conversation with Jürgen Moltmann, Oliver O'Donovan, and Thomas Aquinas (Paternoster Theological Monographs), Eugene/OR 2009; David H. McIlroy, The Right Reason for Caesar to Confess Christ as Lord. Oliver O'Donovan and Arguments for the Christian State, in: Studies in Christian Ethics 23 (2010), 300–315; Paul G. Doerksen, Beyond Suspicion. Post-Christendom Protestant Political Theology in John Howard Yoder and Oliver O'Donovan (Paternoster Theological Monographs), Eugene/OR 2010.

27 Vgl. Oliver O'Donovan, Evangelicalism and the Foundation of Ethics, in: Richard Thomas France / Alister E. McGrath (Hg.), Evangelical Anglicans. Their Role and Influence in the Church Today, London 1993, 101: „Reality is authoritative and action-evoking, and nothing else is. In his acts God has determined the reality that now conditions us; in his commands he has explained what this reality requires of us. That is why in using the prescriptive texts of Scripture for our own deliberations we are expected to be intelligent."

testantismus des 19. und 20. Jahrhunderts bekommen haben, bilden keinen Wall gegen das Chaos. Wenn aber Gott in der Auferstehung des um unserer Sünde willen gekreuzigten Jesus von Nazareth gezeigt hat, dass er das Werk seiner Hände nicht aufgibt, sondern es erlöst, dann liegt genau darin auch die Bestätigung seines Schöpferwillens und die Möglichkeit, einen Weg zu gehen, den Gott für uns öffnet.[28] Es ist also eine gute Nachricht: Wir sind nicht dazu verurteilt, selber den Weg nach unseren Einsichten und Maßstäben zu finden und zu bahnen, sondern dürfen wissen und davon ausgehen, dass Gott uns mit seiner Weisung zuvor ist und zuvorkommt. Er tut das aber nicht so, dass er uns Direktiven gibt, die wir nun selber in die Tat umsetzen sollen, sondern so, dass wir uns – konfrontiert mit der Wirklichkeit des Verkehrten und Ungerechten – in großer Verlegenheit vorfinden und nicht umhin können: Wir sind dazu berufen, zwischen gut und schlecht zu unterscheiden, oder kürzer: zu urteilen. Dieses Urteilen geschieht nicht ohne Anlass, sondern bezieht sich auf eine vorangehende Handlung oder einen Sachverhalt, welcher durch Taten hervorgerufen ist. Die Lage ist auch dergestalt, dass sie ein Urteil verlangt.[29] Das Urteil ist nicht schöpferisch in dem Sinn, dass Menschen selber Normen und Werte bilden, sondern es bringt einen schon bestehenden Unterschied ans Licht.[30] In diesem Sinne handelt es sich in der sozialen und politischen Ethik also um Urteile, wobei das Ungerechte epistemologisch den Vorrang hat im Vergleich mit dem, was Recht heißen darf.[31]

28 Vgl. O'Donovan, The Desire (wie Anm. 1), 19f.: „By rooting ethics in the resurrection I argued that it could only be grasped *within* the history of divine action. But that history is demonstrated precisely in its vindication of creation order as a basis for rational action. [...] To that thesis we now add the connection between history and politics; arguing that, as true ethics is grounded in *that* history because it is a history of the vindication of creation order, so it is also grounded in *that* politics, which is the politics of the divine rule. What follows can be seen as a retracing and elaboration of the work already done in *Resurrection and Moral Order*, with this simple connection between history and politics made more explicit. It goes back before the starting point of that earlier book, so that the moment of resurrection does not appear like an isolated meteor from the sky but as the climax of a history of the divine rule." (Hervorhebung im Text).

29 Vgl. O'Donovan, The Ways (wie Anm. 2), 7f.: „Judgment is an act of moral discrimination, dividing right from wrong. [...] Judgment pronounces upon an preceding act, or an existing state of affairs brought about by action."

30 O'Donovan, The Desire (wie Anm. 1), 38: „To judge is to make a distinction between the just and the unjust, or, more precisely, to bring the distinction which already exists between them into the daylight of public observation."

31 Vgl. O'Donovan, The Ways (wie Anm. 2), 58: „In political judgment wrong has epistemological priority over right."

Der Eröffnungssatz seines *Aufsatzes Gerechtigkeit und Urteil* lautet: „Das Amt des Richters ist von großer Bedeutung für das Konzept von politischer Autorität im Alten Israel.“[32] Und einige Zeilen weiter: „Im Königtum wird der König selbst als Richter begriffen, der zwischen Frevlern und Frommen im Volk unterscheidet, wie wir an dem kleinen Psalm 101 sehen können“[33], unter der großen Voraussetzung aber, dass „Gott [...] täglich zu Gericht [...] sitzt [...], und nicht nur gelegentlich“[34]. Ein politisches Urteil trifft eine Unterscheidung mit dem Ziel, gegen das Ungerechte vorzugehen.[35] Können wir aber nicht gleich gut oder besser, weil inhaltlicher, von Gerechtigkeit sprechen? O'Donovan verneint das, weil Gerechtigkeit mehrdeutig ist, einen Zustand beschreibt und auch eine Tugend; „Urteilen“ ist also nur *eine* der Bedeutungen dieses Begriffes. Unter „Urteil“ als politisch-ethischem Akt versteht O'Donovan „das, was die Grammatiker ein nomen actionis nennen, die Bezeichnung für einen bestimmten Akttypus“[36].

Diese Sicht der Bedeutung des „Urteilens“ verstärkt sich aber noch, wenn wir uns dem Neuen Testament zuwenden, denn da „bemerken wir, daß dieses Element politischer Autorität besonders hervorgehoben wird und eine privilegierte Position zugesprochen bekommt. Die Aufgabe der zivilen Autorität besteht Paulus zufolge darin, die Gerechten zu belohnen und die Bösen zu bestrafen (Röm 13,3f.). Keine andere Rolle, die eine politische Autorität je gespielt haben mag – Identitätsstiftung oder Kriegführung –, könnte für eine Welt, in der Gott die Königsherrschaft seinem Christus übertragen hat, von derartigem Interesse sein.“[37]

32 O'Donovan, Gerechtigkeit (wie Anm. 25), 1; vgl. O'Donovan, The Ways (wie Anm. 2), 56.

33 O'Donovan, Gerechtigkeit (wie Anm. 25), 1; vgl. O'Donovan, The Ways (wie Anm. 2), 3.

34 O'Donovan, Gerechtigkeit (wie Anm. 25), 1; vgl. O'Donovan, The Desire (wie Anm. 1), 56: „The exercise of *judicial functions* played an important role in the monarch's position as Yhwh's representative. In the pre-monarchical period the nearest approximation to a continuous governmental function that can be discerned was provided by ‚the judges‘, and it was a crucial element in the case for a monarchy that they had failed to provide not only the security necessary for Israel's identity but even a consistent standard of justice itself. Effective judgment, then, was to be the ordinary content of the monarch's exertions.“ (Hervorhebung im Text).

35 O'Donovan, The Ways (wie Anm. 2), 58: „Political judgment discriminates in order to defend against the wrong.“

36 O'Donovan, Gerechtigkeit (wie Anm. 25), 2; vgl. O'Donovan, The Ways (wie Anm. 2), 6.

37 O'Donovan, Gerechtigkeit (wie Anm. 25), 1; vgl. O'Donovan, The Ways (wie Anm. 2), 4.

Der Gedanke ist also, dass im Neuen Testament, das ja die Königsherrschaft Jesu Christi unterstellt, das politische Handeln, das der Christ übernimmt, ganz und gar im Zeichen des Urteilens steht. Die Identität des Christen ist im Kern dadurch bestimmt und begrenzt, dass er ein Bürger des Reiches im Himmel ist (Phil 3,20). Die Erwartungen, die er auf die politische Wirklichkeit setzt, sind darum sehr beschränkt. Das bedeutet aber nicht, dass er sich aus der Welt zurückzieht und die Gesellschaft sich selber überlässt. Nein, im Urteilen nimmt der Mensch Verantwortung für das Gemeinwohl auf sich.

Was ist in einem „politischen Urteil" impliziert und welche Bedeutung hat es? „Politisch" kann ein Urteil im Sinne O'Donovans noch nicht genannt werden, wenn zum Beispiel die Kirche oder Greenpeace sich öffentlich zu Angelegenheiten äußert, die das Gemeinwohl betreffen. Von einem „politischen Urteil" kann nur dann die Rede sein, wenn diejenigen, „welche die Autorität der Gemeinschaft besitzen, das Urteil zu vollziehen"[38] und in dieser Vollmacht handeln. Als erstes kann vom Urteil also gesagt werden, es sei „ein *Akt der Gemeinschaft*, das heißt ein ‚politischer Akt' im vollen Sinne, vollzogen im Namen der gesamten Gemeinschaft von denjenigen, welche die Autorität der Gemeinschaft besitzen, das Urteil zu vollziehen."[39] Damit ist die legitime Möglichkeit einer Diktatur, säkularer oder religiös-theokratischer Art, verneint. Die ganze Gemeinschaft soll ja am politischen Prozess aktiv beteiligt sein.

Das zweite Merkmal des politischen Urteilsaktes lautet, dass er „Stellung [...] nimmt [...] zu einem vorausgegangenen Akt, oder [...] zu einem existierenden Zustand, der durch eine oder mehrere vorausgehende oder unterlassene Handlung[en] heraufgeführt wurde."[40] Dabei kann es sich aber nicht lediglich um Verurteilungen konkreter Formen eines Unrechts handeln; nein, die „Stellungnahme, die in jedem Urteilsakt eingeschlossen ist, [...] muß auf eine sorgfältige Beschreibung und eine nuancierte Zuschreibung von Unschuld und Schuld angelegt sein."[41] Bedeutet dies nicht eine ungeheure Juridisierung der Politik? Das ist nicht gemeint, vielmehr geht es O'Donovan um eine Wiedergewinnung dessen, worum es in der Politik geht, und das ist etwas ganz anderes, als das ganze Leben in ein Flechtwerk von Verboten und Vorschriften einzuspannen. Wir brauchen Konzentration und Unterscheidungsvermögen: Es sollen nicht alle Vorgänge bis in die feinsten Feinheiten nach Gut und Böse aufgeteilt werden, sondern eher umgekehrt

38 O'Donovan, Gerechtigkeit (wie Anm. 25), 4.

39 O'Donovan, Gerechtigkeit (wie Anm. 25), 3f. (Hervorhebung im Text).

40 O'Donovan, Gerechtigkeit (wie Anm. 25), 4; vgl. O'Donovan, The Ways (wie Anm. 2), 7.

41 O'Donovan, Gerechtigkeit (wie Anm. 25), 5.

gilt es zu prüfen, wo und wann in verwickelten und komplizierten politischen Prozessen die Frage von Gut und Böse präsent ist, und zwar im Hinblick auf die Richtung, in die eine Gesellschaft sich bewegt.

Dieses Letzte ist wichtig und zeigt, dass und wie der Christ sich verantwortlich weiß. Hier sind wir beim dritten Charakteristikum des Urteilsaktes im Sinne O'Donovans. Er „etabliert […] *einen neuen öffentlichen Kontext,* innerhalb dessen alle zukünftigen Akte unternommen werden müssen."[42] Bei diesem „neuen öffentlichen Kontext" kann und soll man in erster Linie an die Gesetzgebung denken, die die Gesellschaft rückkoppelt an Gottes Gebot und so in Richtung der Humanität steuert. Politik ist dann weder eine Sphäre, wo alle Katzen grau sind und ein Christ zynischer Realpolitiker wird, noch ein Feld, wo der Revolutionär eine neue Gesellschaft herbeizwingt. Beides sind säkulare Annäherungsweisen. O'Donovan entfernt und unterscheidet sich davon und erschließt wieder die Sicht auf die Art und Weise von Gottes Handeln, dem wir in unserem menschlichen politischen Urteilen gerecht werden dürfen und sollen. In diesem menschlichen urteilenden Handeln kann ein „Neues entstehen, *indem es eine wahrhaftige Stellungnahme zum Alten trifft.* Aus diesem Grunde ist es angemessener, den Akt des menschlichen Urteilens nicht als eine Nachbildung und Bezeugung der göttlichen Schöpfung zu verstehen, sondern als eine Nachbildung und Bezeugung des göttlichen Urteils."[43]

Nicht Schöpfung, sondern Urteil – damit ist das menschliche politische Handeln klar postlapsarisch definiert und auf Kreuz und Auferstehung Jesu Christi bezogen.[44] Die Gesellschaft kann nicht bestehen ohne Urteil, und wir dürfen Gottes Urteil in der Auferstehung Christi nicht in dem Sinn vorwegnehmen, dass wir menschliche Verbrechen ungestraft lassen, aber unser Urteilen kann und soll von Erbarmen durchzogen sein.[45] Es zeigt sich in

42 Ebd.; vgl. O'Donovan, The Ways (wie Anm. 2), 7f.

43 O'Donovan, Gerechtigkeit (wie Anm. 25), 6 (Hervorhebung im Text); vgl. O'Donovan, The Ways (wie Anm. 2), 9.

44 Vgl. McIlroy, A Trinitarian Theology of Law (wie Anm. 26), 125.

45 Vgl. O'Donovan, The Desire (wie Anm. 1), 256f.: „Society cannot live without judgment – it is precisely for this reason that political authority persists in its functions until Christ's coming – but it can qualify its judgment by taking the part also of those against whom it acts. Liberal society is marked by a *mercy in jugdment.* It knows its own judgment to be under the judgment which God made upon the cross, a judgment that was at the same time a redemption. So it is forced to acknowledge the redemption that God has made in every act of judgment that it performs. […] In the light of the resurrection the cross is seen to be a judgment which is, at the same time and completely, an act of reconciliation: an act of judgment, because it effected a separation between right and wrong and made their opposition clear: an act of reconciliation, because by this judgment the way was opened for the condemned to

alledem eine ganz eigene Sicht der politischen Existenz der Christen in dieser Welt. So sollen die anderen Aufgaben der Obrigkeit wie z.B. die Sphäre der Ökonomie und der Frage von Krieg und Frieden dem Urteilen untergeordnet sein, oder besser: wieder untergeordnet werden.[46] Es ist auch an der Zeit, meint O'Donovan, denn das Recht bedeutet mehr für die Weltordnung als politisches Handeln.[47]

3. Einige Beobachtungen und Ausblicke

Calvin und O'Donovan teilen den Ansatz je ihrer politischen Theologie beim Urteilen, zu dem der Mensch berufen ist. Das Urteilen beschränkt sich nicht auf den politischen Bereich, sondern ist ein Grundmerkmal der menschlichen Existenz insgesamt: zu prüfen, was der Wille Gottes ist, und so Gut und Böse voneinander zu unterscheiden. Dass die politisch Verantwortlichen Autorität erhalten haben, um dies im Namen der Gemeinschaft zu tun und mit Konsequenzen zu verbinden, macht den Unterschied zu allem anderen Urteilen aus. Sowohl O'Donovan als auch Calvin setzen bei der Person an und stoßen von da her durch zum politischen Amt. Eine letzte Gemeinsamkeit zwischen beiden, auf die ich aufmerksam machen möchte, besteht darin, dass sie aufgrund ihres Glaubens an Gottes gutes Regiment am menschlichen Wohl, an einer gerechten, humanen Gesellschaft interessiert sind.

Der Beitrag der Christen am Gemeinwohl ist aber nicht die Ausarbeitung eines idealen oder minimalen Gesellschaftskonzeptes, sondern – im Wissen um das eigene Angewiesen-Sein auf Gottes Urteil – Gut und Böse auseinander zu halten und ebenso nüchtern wie leidenschaftlich einzutreten für die Gerechtigkeit, die dem menschlichen Zusammenleben dient. Auf

be included in the vindication of the innocent. What appears, then, to deprive us of all confidence in judgment actually restores our confidence. Where this merciful judgment has been shown us, we are bound to show it. We too, to the limited extent that we are able, must point to the redemptive unity of judgment and reconciliation." (Hervorhebung im Text).

46 Vgl. O'Donovan, The Ways (wie Anm. 2), 4f.: „This new way of envisaging the political function I have described, in an expression doubtless capable of improvement, as the ‚reauthorising' of government as judgment. This does not intend to say that the whole operation of government is thinned down, as in some libertarian phantasy, to the operations of civil courts of justice; it means that political authority in all its forms – lawmaking, war-making, welfare provision, education – is to be re-conceived within this matrix and subject to the discipline of enacting right against wrong."

47 Vgl. O'Donovan, The Desire (wie Anm. 1), 72: „To propose a generalised statement: the appropriate unifying element in international order is law rather than government."

dieses Urteilen können wir uns konzentrieren, weil Gott nicht bloß eine Idee ist, sondern der Lebendige, der unser Urteilen in seinen Dienst aufnehmen will, dem Gemeinwohl zugute. Er ist der Handelnde, auch in einer säkularen Welt, und wir dürfen Ausschau halten nach seinem segnenden oder sein Recht schaffenden Eingreifen.

Ich halte es für bedenkenswert zu erwägen, ob diese biblisch begründete Denklinie uns heute helfen kann, die politische Aufgabe der Christen neu zu entwickeln. Wir leben ja in einem Zeitalter nach dem Ende der großen Ideologien. Unsere westlichen Gesellschaften zeigen eine weitgehend leere Mitte, die uns erhebliche Mühe macht, in denkender und glaubender Verantwortung voranzukommen. Wenn wir mit Hilfe von O'Donovan Calvins politische Theologie neu aufnehmen und weiterdenken, ist der Genfer Reformator nicht länger ein Mann von gestern, aus dem Konstantinischen Zeitalter. Er *war* es tatsächlich auch nicht, aber seine Nachfolger haben ihn weitgehend so verstanden und einverleibt in ein theokratisches Ideal.

Nach O'Donovan ist ein wahres und richtiges, d.h. ethisch begründetes Urteil kein Einzelfall, das in sich selber begründet ist, sondern es steuert die Richtung unserer Gesellschaft. Ein Urteil setzt einen neuen ethischen Maßstab. Die brennenden politischen Fragen unserer Zeit können wir nicht den Politikern überlassen, deren – wenn schon ethisches, dann am besten *verantwortungs*ethisches – Denken wehrlos ist gegenüber dem Druck der Öffentlichkeit, d.h. faktisch gegenüber dem Bestehen bei den nächsten Wahlen. Umgekehrt, wenn das politische Amt als Urteilen ernstgenommen wird, zeigt das, dass die Fragen von Gut und Böse im Zentrum unserer Gesellschaft nach einer Antwort verlangen, die uns eine Richtung anzeigt. Von Calvin können wir lernen, dass wir dabei auch in einer säkularen Welt Ausschau halten dürfen nach Gottes aktiv präsenter Gerechtigkeit und beten, dass er unsere Füße lenkt auf den Weg des Friedens.

Das Problem der Theokratie im reformierten Protestantismus

Calvin, Kuyper, Barth und der säkulare, weltanschaulich neutrale Rechtsstaat

von Marco Hofheinz

1. Einleitung

Probleme treten bekanntermaßen in diversen Ausprägungen in allen Lebensbereichen und Wissenschaften auf. Probleme stellen Hindernisse dar, die überwunden oder umgangen werden müssen, um von einer unbefriedigenden Ausgangssituation in eine befriedigendere Zielsituation zu gelangen. Auch der reformierte Protestantismus hat ein Problem. Dieses Problem ist im Bereich der politischen Ethik verortet. Es bewegt sich auf konzeptioneller Ebene. Von dort strahlt es aus – in kirchliche und gesellschaftliche Lebensbereiche hinein. Dieses Problem heißt „Theokratie".

Zunächst sollen zwei Stimmen zu Gehör gebracht werden, die im 20. Jahrhundert mit besonderer Vehemenz auf dieses Problem aufmerksam gemacht haben. Gemeint sind diejenigen Ernst Troeltschs (1865–1923) und Helmut Thielickes (1908–1986). Die Verwendung des Begriffs „Theokratie" (= „Gottesherrschaft") ist freilich sehr viel älter. Vermutlich geht er auf Flavius Josephus zurück, der den Begriff zur Beschreibung der Verfassungsform des nachexilischen Judentums verwandte.[1]

Troeltschs Fazit am Ende des langen Calvinismus-Abschnitts seiner Abhandlung „Protestantisches Christentum und Kirche in der Neuzeit" ist bekannt und in seinen „Soziallehren"[2] wiederholt worden: „Die Versuche, aus dem Calvinismus die Ideen des modernen Individualismus, der Demokratie, der staatlichen Neutralität gegen das Kirchenwesen, der gegenseitigen Toleranz verschiedener Kirchen abzuleiten, sind Irrtümer; seine Idee ist theokratisch und nähert sich nur unter Ausnahmeverhältnissen, nicht prin-

1 Vgl. Contra Apionem II, 165.

2 Vgl. u.a. Ernst Troeltsch, Die Soziallehren der christlichen Kirchen und Gruppen, in: ders., Ges. Schriften, Bd. 1, Tübingen 1912, 611.620.

zipiell, der Trennung von Staat und Kirche."[3] Der reformierte Kirchenbegriff sei in seiner Substanz theokratisch konturiert: „Die Kirche beherrscht innerlich zunächst die Erwählten und durch die von ihr selbst hervorgebrachte Gemeinde dann auch äußerlich die ganze Gesellschaft. Sie hält auch die Ungläubigen unter dem Joch der Wahrheit zur Ehre Gottes. So ist sie die Königsherrschaft Christi, der unter Ausschluß jeder menschlichen Herrschaft allein durch die Bibel die Gemeinde regiert und in der weltlichen und kirchlichen Obrigkeit seine koordinierten Organe hat."[4] In der Fluchtlinie dieser theokratischen Vorstellung interpretiert Troeltsch Oliver Cromwells (1599–1658) politisches Ideal[5] eines christlichen Staats als eine Ausprägung eben jenes reformierten Kirchenbegriffs.[6] Auch die Geburtsstunde Amerikas in Gestalt der puritanischen Auswanderung in die Neuenglandstaaten versteht Troeltsch als Versuch, „A City upon a Hill"[7] im Sinne des theokratischen Ideals als einheitliches Gemeinwesen zu etablieren[8], in dem geistliche und weltliche Herrschaft vereint sind.[9] Der erste Gouverneur der „Mas-

3 Ernst Troeltsch, Protestantisches Christentum und Kirche in der Neuzeit (1906/1909/1922), hg. v. Volker Drehsen (Ernst Troeltsch KGA 7), Berlin / New York 2004, 288; vgl. dazu Georg Pfleiderer / Alexander Heit (Hg.), Protestantisches Ethos und moderne Kultur. Zur Aktualität von Ernst Troeltschs Protestantismusschrift (Christentum und Kultur 10), Zürich 2008; Christoph Strohm, Nach hundert Jahren. Ernst Troeltsch, der Protestantismus und die Entstehung der modernen Welt, in: ARH 99 (2008), 6–35; Heinz Eduard Tödt, Max Weber und Ernst Troeltsch in Heidelberg, in: Semper Apertus. Sechshundert Jahre Ruprecht-Karls-Universität Heidelberg 1386–1986. Festschrift in sechs Bänden, bearbeitet v. Wilhelm Doerr, Berlin/Heidelberg 1985, 215–258, hier 238–246.

4 Troeltsch, Protestantisches Christentum (wie Anm. 3), 251.

5 Zur sehr umstrittenen historischen Beurteilung Cromwells vgl. David L. Smith (Hg.), Cromwell and the Interregnum. The Essential Readings, Malden/Oxford 2003.

6 Vgl. Troeltsch, Die Soziallehren (wie Anm. 2), 751; vgl. ders., Die Bedeutung des Protestantismus für die Entstehung der modernen Welt (1906/1911), in: ders., Schriften zur Bedeutung des Protestantismus für die Entstehung der modernen Welt (1906–1913), hg. v. Trutz Rendtorff in Zusammenarbeit mit Stefan Pautler (Ernst Troeltsch KGA 8), Berlin / New York 2001, 183–316, hier 268.275.

7 John Winthrop, A Model of Christian Charity (1630), in: Perry Miller, The American Puritans. Their Prose and Poetry, New York 1956, 79–84 (dt. Übersetzung in: Kirchen- und Theologiegeschichte in Quellen, Bd. IV/1, hg. v. Hans-Walter Krumwiede u.a., Neukirchen-Vluyn [3]1989, 4–6); vgl. dazu Gerhard Sauter, „A City upon a Hill"? Die religiöse Dimension des amerikanischen Selbstverständnisses und seine gegenwärtige Krise, in: Sabine Sielke (Hg.), Der 11. September 2001. Fragen, Folgen, Hintergründe, Frankfurt a.M. u.a. 2002, 69–80.

8 Vgl. Michael Walzer, The Revolution of the Saints. A Study in the Origins of Radical Politics, Cambridge/London 1965.

9 Die Genese des Reich-Gottes-Gedankens im nordamerikanischen Christentum hat der stark von Troeltsch beeinflusste Theologe H. Richard Niebuhr in seiner immer noch lesenswerten Studie „The Kingdom of God in America" (Chicago / New York 1937; dt. Übersetzung: ders., Der Gedanke des Gottesreiches im amerikanischen Christentum, New York

sachusetts Bay Colony", John Winthrop (1588–1649), schildere sein Staatsideal „als brüderliche, von Christus regierte Gemeinschaft"[10].

„Das Problem der Theokratie" greift aus theologischer Perspektive im 20. Jahrhunderts der lutherische Theologe Helmut Thielicke auf. Er widmet der „reformiert-calvinistischen Lehre" einen breiten, knapp 60 Seiten langen Abschnitt mit eben diesem Untertitel in seiner „Ethik des Politischen" *(Theologische Ethik, Bd. II/2).*[11] Thielicke zufolge sollen sich die beiden reformatorischen Konfessionen in der Befragung auf ihre jeweiligen Schwächen und Gefährdungen hin einen „wechselseitige[n] Dienst, eine mutua adhoratio fratrum in derselben Kirche"[12] leisten. Die beiden Konfessionen – so Thielickes Funktionsbestimmung dieses interkonfessionellen theologischen Bündnisses – seien sich in beiderseitigem Interesse „zu Wächtern gesetzt".[13] Die Schwächen und Gefährdungen würden lutherischerseits eine unkritische Respektierung der Staatsautorität, ja Observanz und Quietismus gegenüber der Obrigkeit, betreffen und reformierterseits einen unverkennbaren theokratischen Zug. So kenne „die reformierte Theologie eine unmittelbare, die lutherische Theologie dagegen nur eine mittelbare Verbindung von Staat und Kirche".[14]

Im Sinne dieser Aufgabenteilung stilisiert sich Thielicke als Lutheraner textpragmatisch zum Wächter auf der Zinne, der mit Argusaugen die theokratischen Schäferstündchen des Reformiertentums zu verhindern habe. Eine theokratische Neigung attestiert Thielicke ihm auf dem theologischen Hintergrund seines Einheitsdenkens, seines Monismus. Dieser wurzele zum einen im Erwählungsdekret („Urdekret" oder „Urentscheidung" als Gottes

1948) beschrieben. Freilich teilt er nur sehr bedingt Troeltschs Einschätzung: „Es ist ein Irrtum zu glauben, daß der Calvinismus hierokratisch war. Nach seiner Lehre und Praxis war der Staat der Kirche nicht in größerem Ausmaße untergeordnet als die Kirche dem Staat. Beide unterständen einer gemeinsamen Verfassung, dem Willen Gottes, wie er in der Schrift und in der Natur zum Ausdruck komme. Ihr Zusammenwirken sei durch die Ergebenheit gewährleistet, die sie dem Gottesreich gegenüber bekundeten, das sie beide umfaßte. Zweifellos stände den Führern der Kirche die Auslegung der Schrift zu. Nicht aber besäßen sie die Macht, die Behörden zu zwingen, ihre Auslegung anzuerkennen. Die klare Scheidung von Kirche und Staat unter gleichzeitiger Abhängigkeit beider vom Gottesreich führe zu einem Lebensaufbau, der von dem völlig verschieden sei, was die von Rom vertretene Theorie vom Reiche Gottes lehre." (28f.)

10 Troeltsch, Soziallehren (wie Anm. 2), 261.

11 Helmut Thielicke, Theologische Ethik, Bd. II: Entfaltung, 2. Teil: Ethik des Politischen, Tübingen [2]1966, 699–756.

12 Thielicke, Theologische Ethik (wie Anm. 11), 735.

13 Thielicke, Theologische Ethik (wie Anm. 11), 737.

14 Thielicke, Theologische Ethik (wie Anm. 11), 705.

vorzeitlicher Entschluss) und zum anderen in der Verhältnisbestimmung von Gesetz und Evangelium.[15]

2. Problembestimmung: Die theokratische Tendenz der Lehre von der Königsherrschaft Christi und das politisch-ethische Denken unter der conditio saecularis

Diese einleitenden Bemerkungen nähern sich einer Fixierung des Ausgangsproblems an. Und dies ist wichtig, wie alle diejenigen wissen, die den Leitfaden für Problemlösungsgespräche (etwa noch aus dem Seelsorgekurs im Predigerseminar) kennen. Um das Einkreisen des Problematischen muss es zunächst gehen, also des Vorgeworfenen, dessen – so das Griechische πρόβλημα / *próblema* wörtlich –, was zur Lösung vorgelegt ist. Das Einkreisen des Problematischen zielt im Problemlösungsgespräch auf das aktuell Problematische, das gegenwärtig Relevante ab. Demnach ist zu fragen: Worin besteht das für uns als Zeitgenossen Problematische? Das Problem der Theokratie soll demzufolge nicht historisiert werden, um es in eine ferne Vergangenheit zu verbannen und es sich so vom Leibe zu halten. Wie stellt sich also das Theokratieproblem für uns heute dar?

Um es gleich vorwegzunehmen: Es geht beim Problem der Theokratie um die Frage nach unserer Zustimmung zum Prinzip der weltanschaulichen Neutralität des Rechtsstaates und in diesem Sinne um die Frage nach unserer Modernitätskompatibilität. Denn wenn die Idee der Theokratie in der Neuzeit durch die Säkularisation der politischen Ordnung tatsächlich obsolet wurde[16], wie der ideengeschichtliche „common sense" besagt, diese Idee hingegen im reformierten Protestantismus weiterhin fröhliche Urstände feiert, dann scheint es mit dessen Neuzeittauglichkeit nicht allzu gut bestellt zu sein. Das „Ja" zur Theokratie meint dann das „Nein" zur Säkularisation. Mit Säkularisation ist dabei nach Hermann Lübbe schlicht gemeint: „der Entzug oder die Entlassung einer Sache, eines Territoriums oder einer Institution aus kirchlich-geistlicher Observanz und Herrschaft".[17] Es geht um „die Ablösung der politischen Ordnung als solcher von ihrer geistlich-religiösen Bestimmung und Durchformung, ihre ‚Verweltlichung' im Sinne des

15 Vgl. Thielicke, Theologische Ethik (wie Anm. 11), 708.727.

16 Martin Honecker, Art. Theokratie, in: Evangelisches Soziallexikon. Neuausgabe, hg. v. dems. u.a., Stuttgart u.a. 2001, 1598–1599, hier 1599.

17 Hermann Lübbe, Säkularisierung. Geschichte eines ideenpolitischen Begriffs, Freiburg/München 1965, 24.

Heraustretens aus einer vorgegebenen religiös-politischen Einheitswelt zu eigener, weltlich konzipierter (‚politischer') Zielsetzung und Legitimation, schließlich die Trennung der politischen Ordnung von der christlichen Religion und jeder bestimmten Religion als ihrer Grundlage und ihrem Ferment."[18]

Blickt man auf die sozialphilosophische Debatte der Gegenwart, so wird religiösen Bürgerinnen und Bürgern einiges abverlangt: John Rawls, der Altvater des politischen Liberalismus etwa, verlangt von ihnen, dass sie ihre religiösen Überzeugungen in eine säkulare Sprache übersetzen. Rawls fordert damit eine Art „Selbstzensur"[19], man kann auch sagen: „Selbstsäkularisierung", und zwar im öffentlichen Vernunftgebrauch. Andere – wie jüngst etwa Jürgen Habermas – distanzieren sich von diesem Übersetzungsvorbehalt und plädieren stattdessen für eine „kooperative Übersetzung religiöser Gehalte", für „komplementäre Lernprozesse"[20] zwischen religiösen und säkularen Staatsbürgern, wie sie die projektierte postsäkulare Gesellschaft kennzeichne. Habermas entfaltet seine Staatsbürgerkonzeption als reziprokes Übersetzungsprogramm. Und er hat dabei das Theokratieproblem sehr genau erkannt. Der „totalisierende Zug einer Glaubensweise, die in die Poren des täglichen Lebens eindringt, widersetzt sich" – so Habermas im Anschluss an Nicholas Woltersdorff – der „Umstellung religiös verankerter politischer Überzeugungen auf eine andere kognitive Grundlage".[21]

Hier scheint es nun für all diejenigen, die mit dem Pathos von Barmen II aufgewachsen sind, recht ungemütlich zu werden. Die Universalität, die Totalität der Königsherrschaft Christi macht schließlich auch vor dem Rechtsstaat keinen Halt, ist doch Jesus Christus neben Gottes Zuspruch auch sein „kräftiger Anspruch auf unser ganzes Leben". Auch der Rechtsstaat darf demnach keinen jener Bereiche bilden, „in denen wir nicht Jesus Christus, sondern anderen Herren zu eigen wären". Der Bonner Religionswissenschaftler Peter Wilhelm Schneemelcher bemerkt: „Evangelische und katholische Theologie sind sich weitgehend darin einig, dass es eine grundsätzliche Verantwortung der Christen für die politische Willensgestaltung gibt,

18 Ernst-Wolfgang Böckenförde, Die Entstehung des Staates als Vorgang der Säkularisation (1964), in: ders., Der säkularisierte Staat. Sein Charakter, seine Rechtfertigung und seine Probleme im 21. Jahrhundert (Carl Friedrich von Siemens Stiftung: Themen 86), München 2007, 43–72, hier 44f.

19 Vgl. John Rawls, The Idea of Public Reason Revisited, in: The University of Chicago Law Review 64 (1997), 765–807.

20 Jürgen Habermas, Zwischen Naturalismus und Religion. Philosophische Aufsätze, Frankfurt a.M. 2005, 151.

21 Habermas, Zwischen Naturalismus und Religion (wie Anm. 20), 133.

dass aber der göttliche Wille nicht für jeden Lebensbereich in Anspruch genommen werden kann."[22]

Scheren Reformierte aus diesem Konsens aus – gleichsam mit der Kampfformel „Königsherrschaft Christi" auf den Lippen? Sind sie etwa nicht bereit, die erfolgreiche Überordnung des weltlichen Staates über religiöse Wahrheits- und Machtansprüche anzuerkennen, die doch das Zeitalter der Glaubenskriege beendete und einen Religionsfrieden ermöglichte? Joachim Staedtke hat zu Recht darauf aufmerksam gemacht, „daß die Lehre von der Königsherrschaft Christi die prinzipielle Versuchung impliziert, aus ihr theokratische Ansprüche abzuleiten und zu begründen."[23] Die Alternativkonstellation von „Zwei-Reiche-Lehre" versus „Königsherrschaft Christi", mit der so manches Ethik-Lehrbuch als den beiden „Haupttraditionen" der politischen Ethik bis in die Gegenwart hinein operiert[24], wird hier zu einem Problem, zum Theokratieproblem. Denn im Sinne dieser Alternative lässt sich auf der Grundlage einer Zwei-Reiche-Lehre nun einmal leichter für eine konsequente Säkularisierung der Rechtstradition votieren.[25]

Nun gibt es eine Reihe historisch-genetischer Rekonstruktionsversuche, die den reformiert-calvinistischen Einfluss auf die Entstehung des modernen Rechtsstaates geltend machen, indem sie etwa verschiedene reformierte Juristen der Frühen Neuzeit als Anwälte der Entsakralisierung identifizieren, mithin zu anderen Ergebnissen kommen als etwa Troeltsch.[26] Sol-

22 Wilhelm Peter Schneemelcher, Art. Theokratie, in: Evangelisches Staatslexikon. Neuausgabe, hg. v. Werner Heun, Stuttgart 2006, 2452–2456, hier 2456.

23 Joachim Staedtke, Die Lehre von der Königsherrschaft Christi und den zwei Reichen bei Calvin, in: ders., Reformation und Zeugnis der Kirche. Ges. Studien, hg. v. Dietrich Blaufuß (ZBRG 9), Zürich 1978, 101–113, hier 112.

24 Vgl. Karl-Wilhelm Dahm, Von der Götzenkritik zum Gestaltungsauftrag. Evangelische Sozialethik im Übergang, in: Franz Furger u.a. (Hg.), Einführung in die Sozialethik (Münsteraner Einführungen – Theologie 3), Münster 1996, 89–114, hier 91–100; Karl Friedrich Haag, Nachdenklich handeln. Bausteine für eine christliche Ethik (Studienbuch Religionsunterricht 4), Göttingen 1996, 186–197; Wilfried Härle, Ethik, Berlin / New York 2011, 455–458; Martin Honecker, Grundriß der Sozialethik, Berlin / New York 1995, 14–31; Walter Kreck, Grundfragen christlicher Ethik (KT 80), München [4]1990, 309–322; Jürgen Moltmann, Politische Theologie – Politische Ethik (FThS 9), München 1984, 123–151; Hans-Walter Schütte, Zwei-Reiche-Lehre und Königsherrschaft Christi, in: Anselm Hertz u.a. (Hg.), Handbuch der christlichen Ethik, Bd. 1, Freiburg i.Br. u.a. 1978, 339–353.

25 „In alter Zeit, zwischen Calvin und seinen lutherischen Zeitgenossen, ist" allerdings – wie J.F. Gerhard Goeters (Christi Königtum bei Johannes Calvin, in: RKZ 127 [1986], 109–116, hier 116) treffend hervorhebt – „Christi Königtum, rechtverstanden, nie ein Streitobjekt gewesen." Einen konfessionellen Gegensatz zwischen Zwei-Reiche-Lehre und Königherrschaft Christi kannte man damals nicht. So auch Staedtke, Lehre (wie Anm. 23), 102.

26 Vgl. vor allem Christoph Strohm, Calvinismus und Recht. Weltanschaulich-konfessionelle Aspekte im Werk reformierter Juristen in der Frühen Neuzeit (Spätmittelalter, Huma-

che verdienstvollen Darstellungen haben selbstverständlich ihre Berechtigung. Im Folgenden soll es mit Blick auf die Gegenwart um etwas anderes gehen, nämlich das konzeptionelle Gepräge, auf dessen Hintergrund das Theokratieproblem und mit ihm die eigentliche Ausgangsfrage zu verhandelt ist: Wie halten wir es mit dem säkularen Rechtsstaat? Gewiss hat sich – salopp gesprochen – der Politpastor, der mit Rauschebart, Klampfe und im Talar vor den Toren Brockdorfs für die Königsherrschaft Christi kämpft, längst in den Vorruhestand verabschiedet. Doch stellt der weltanschaulich neutrale Rechtsstaat, der in der öffentlichen Verwendung christlicher Symbole oder der Erteilung des konfessionellen Religionsunterrichts merklich zurückhaltender geworden ist, reformierte Christinnen und Christen in einer religionspluralen Welt vor schwer zu leugnende Deutungs- und Orientierungsprobleme.

3. Lösungsmodelle

Im Problemlösungsgespräch, um noch einmal darauf zurückzukommen, wird die Frage nach Wünschen, Zielen und Plänen zur Veränderung der als problematisch eingestuften Lage gestellt, um Ressourcen in den Blick zu bekommen, die zur Problemlösung genutzt werden können. Bezogen auf das Theokratieproblem wäre es wünschenswert, den vermeintlichen Widerspruch zwischen einer unvoreingenommenen Bejahung der weltanschaulichen Neutralität des Rechtsstaats einerseits und dem weltumspannenden Anspruch der Herrschaft Christi andererseits aufzulösen. Nicht dass damit die *clausula Petri* infrage gestellt würde, wonach Gott mehr zu gehorchen ist als den Menschen (Apg 5,29). Aber wir fragen nicht in erster Linie nach Entscheidungen *in extremis*, sondern im Hinblick auf unsere Gegenwart und damit etwa die bundesrepublikanische oder eidgenössische Wirklichkeit des Rechts- und Verfassungsstaates.

Das Problemlösungsgespräch fordert als Anschlussfrage die Frage nach den bisherigen Lösungsversuchen: Wie ist man bislang mit dem Problem umgegangen? Wenn ich im Folgenden dieser Frage nachgehe, dann gilt mein Interesse der Gegenwart und ihren Herausforderungen. Ich wende die verschiedenen Umgangsweisen – mit anderen Worten – auf diese Herausforderungen an und prüfe sie so auf ihre Tragfähigkeit. Dazu bediene ich mich

nismus, Reformation 42), Tübingen 2008; John Witte, Jr., The Reformation of Rights. Law, Religion, and Human Rights in Early Modern Calvinism, Cambridge / New York 2007.

als methodischer Zugangsweise einer dreigliedrigen „Modellierung“. Ich unterscheide zwischen drei Modellen: a) dem Genfer Modell Johannes Calvins, man kann im Anschluss an Troeltsch auch vom sog. „altreformierten“ Modell sprechen, b) dem neocalvinistischen Modell Abraham Kuypers und schließlich c) Barths Modell „Christengemeinde und Bürgergemeinde“. Alle drei Modelle haben die Akzentuierung der Königsherrschaft Christi gemeinsam.

Im Blick auf diese drei Modelle geht es mir nicht um eine historische Würdigung derselben. Eine solche Würdigung müsste, um zu einem angemessenen Verständnis zu gelangen, in aufwändiger Weise u.a. die sozial- und mentalitätsgeschichtlichen Rahmenbedingungen, sprich: den Kontext dieser Modelle rekonstruieren. Vielmehr frage ich nach der Relevanz dieser Modelle für die aktuellen theologisch-ethischen Herausforderungen im Bereich des Politischen. Dabei bestreite ich keineswegs im Grundsatz, dass ein historisches Verständnis der diesen Modellen zugrunde liegenden Texte zu einer anderen „zeitgeschichtlichen“ Bewertung der Modelle im Blick auf ihre jeweilige Entstehungszeit führen könnte, als diese hier vorgenommen wird. Meine Frageperspektive, die der sozial-kommunikativen Bedeutung der Modelle hinsichtlich der theologischen Probleme der Gegenwart gilt – und das Theokratieproblem stellt m.E. ein solches theologisches Problem dar –, ist aber eine andere.

Bei einer solchen aktualisierenden Ingebrauchnahme der drei genannten Modelle muss man zugleich – ähnlich wie bei Max Webers „Idealtypen“[27] – bedenken, dass sie nur aufgrund ihres verkürzenden Charakters heuristischen Wert besitzen. Eine Heuristik muss uns aber im Interesse der Problemlösung angelegen sein. Die Modelle erfassen niemals die gesamte Wirklichkeit, niemals alle Attribute eines Originals, um es abzubilden bzw. zu repräsentieren, sondern sie nutzen das begrenzte Wissen und die wenige Zeit, um zu möglichst guten Lösungen zu kommen.[28] In diesem Sinne mögen die folgenden Ausführungen verstanden werden.

27 Vgl. Max Weber, Die „Objektivität“ sozialwissenschaftlicher und sozialpolitischer Erkenntnis, in: ders., Ges. Aufsätze zur Wissenschaftslehre, hg. v. Johannes Winckelmann, Tübingen [7]1988, 146–214. Dazu: Michael Schmid, Idealisierung und Idealtyp. Zur Logik der Typenbildung bei Max Weber, in: Gerhard Wagner / Heinz Zipprian (Hg.), Max Webers Wissenschaftslehre. Interpretation und Kritik, Frankfurt a.M. 1994, 415–444.

28 Vgl. Herbert Stachowiak, Allgemeine Modelltheorie, Wien 1973; ders. (Hg.), Modelle – Konstruktion der Wirklichkeit, München 1983.

3.1 Das Genfer bzw. „altreformierte" Modell Johannes Calvins (1509–1564): Selbständige kirchliche Ordnungen zur Entflechtung von Kirche und Staat

Immer wieder hat man gegen Calvins Modell geltend gemacht, dass es auf theokratischen Voraussetzungen beruht[29], insofern nach demselben dem Staat die Aufgabe zukommt, über die Erfüllung der beiden Tafeln des Dekalogs zu wachen.[30] Dadurch werde etwa die Verfolgung von Ketzern wie Servet ermöglicht. Der souveräne Wille Gottes für alle Bereiche des Lebens werde so durch eine christliche Obrigkeit abgebildet.[31] Der Kirche käme dann „nur" ein kritisches Wächteramt gegenüber den Maßstäben wie Inhalten staatlicher Politik zu.[32] Die Verwunderung, ja Irritation darüber, dass Calvin die Zuständigkeit der Obrigkeit für beide Tafeln des Gesetzes deklariert, ist ebenso verständlich, wie sich der vorschnelle Schluss auf theokratische Voraussetzungen als kurzschlüssig erweist. Denn Calvin kannte und übernahm konzeptionell bekanntermaßen Luthers Unterscheidung von geistlichem und weltlichem Regiment einschließlich der mit ihr einhergehenden Ablehnung der Anwendung von Gewaltmitteln im geistlichen Regiment[33]: „Die Zwei-Reiche-Lehre war ihm hier ein Mittel, um sich gegen theokratische Konzeptionen abzusichern."[34]

29 Christian Link, Streitbare Theologie. Was ist für Theologie und Kirche heute von Calvin zu lernen?, in: ders., Prädestination und Erwählung. Calvin-Studien, Neukirchen-Vluyn 2009, 3–29, hier 26, spricht zutreffend vom „unausrottbare[n] Vorurteil, Calvin habe in Genf eine Theokratie, eine theologisch legitimierte Vermischung von Staat und Kirche, errichten wollen". Bereits die ältere Calvin-Forschung hatte u.a. in Gestalt der Untersuchung Ernst Pfisterers zu „Calvins Wirken in Genf" ([Zeugen und Zeugnisse 5], Neukirchen 1957) das verbreitete Bild vom „elenden Spionier- und Denunziantenwesen" und der „despotischen Herrschaft der Theologen im politischen Gemeinwesen" (Karl Heussi) destruiert und anhand der Quellen widerlegt (vgl. auch Wilhelm H. Neuser, Calvin [Sammlung Göschen 3005], Berlin 1971, 81–84). Die Legende vom „Diktator Genfs" erweist sich jedoch als äußerst robust und langlebig, so dass zu befürchten steht, dass selbst die gründlichen Untersuchungen Robert M. Kingdons, des Herausgebers und vermutlich besten Kenners der Protokolle des Genfer Konsistoriums, zur Genfer Kirchenzucht nicht endgültig mit ihr aufräumen werden; vgl. u.a. Robert M. Kingdon, Eine neue Sicht Calvins im Lichte der Protokolle des Genfer Konsistoriums, in: RKZ 138 (1997), 567–573.

30 Vgl. Johannes Calvin, Institutio Christianae Religionis (1559), Buch IV, Kap. 20,9 (= Inst. IV,20,9), OS V,479–481.

31 Vgl. Schneemelcher, Art. Theokratie (wie Anm. 22), 2454.

32 So z.B. Wolfgang Huber / Hans-Richard Reuter, Friedensethik, Stuttgart u.a. 1990, 72.

33 Vgl. zur Unterscheidung u.a. Inst. III,19,15 (OS IV,294f.).

34 Staedtke, Lehre (wie Anm. 23), 106; vgl. Goeters, Christi Königtum (wie Anm. 25), 112: „Calvin wird im Gefolge Luthers Staat und Kirche zwar nicht trennen – das kennt die

So betont Calvin, „[w]as für ein großer Unterschied zwischen der kirchlichen und bürgerlichen Gewalt besteht. Denn die Kirche besitzt nicht das Schwertrecht, um damit zu strafen und zu züchtigen, sie hat keine Befehlsgewalt, um einen Zwang auszuüben, sie hat keinen Kerker und auch keine anderen Strafen, wie sie gewöhnlich von der Obrigkeit verhängt werden. Außerdem hat die Kirche nicht im Sinn, daß der, der sich vergangen hat, gegen seinen Willen gestraft werde, nein, er soll durch freiwillige (Hinnahme der) Züchtigung seine Bußfertigkeit erzeigen. Es handelt sich also um zwei ganz verschiedene Dinge; denn weder maßt sich die Kirche etwas an, das der Obrigkeit eigentümlich wäre, noch kann die Obrigkeit ausrichten, was die Kirche vollbringt."[35]

In der Genfer Kirchenordnung von 1561 (Les Ordonnances ecclésiastiques) heißt es programmatisch: „Zwar sind Regierungsgewalt und Obrigkeit, die Gott uns gegeben hat, und die geistliche Herrschaft, die er in seiner Kirche auszuüben befohlen hat, untrennbar miteinander verbunden. Dennoch sind sie nicht miteinander vermischt, und der, der alle Herrschaftsgewalt besitzt, und dem wir uns wie es sich gehört unterordnen wollen, hat beides voneinander unterschieden."[36] Eine Hierokratie, die die Pfarrer mit weltlicher Herrschaftsmacht ausstattet, schließt diese Kirchenordnung ebenso entschieden aus wie einen Cäsaropapismus, der den weltlichen Regierungsmächten herrschafts- und offenbarungsanalog zur Macht Gottes uneingeschränkte Macht zubilligt. Im Blick auf die Pfarrer heißt es dementsprechend: „Bei alledem sollen die Pfarrer keinerlei richterliche Gewalt haben, und das Konsistorium soll der Machtbefugnis des Rates und der ordentlichen Justiz keinen Abbruch tun, so daß die zivile Macht unangetastet bleibt."[37] Wiederum kann die Genfer Kirchenordnung auch nicht einfach für obrigkeitshörige Herrschaftsaffirmationen herhalten, die absolute, ungebrochene Observanz propagieren. Die Eidesformel, auf die die in der Stadt Genf gewählten Pfarrer vor dem Bürgermeister und Rat der Stadt verpflichtet werden, bringt abschließend folgende beachtenswerte Kautel zur

Reformation noch nicht –, aber schärfer unterscheiden, damit das Evangelium nicht zur politischen Doktrin oder gar zur politischen Motivierung degeneriert und damit die Kirche der Leib Christi bleibt." Vgl. auch Christoph Strohm, Johannes Calvin. Leben und Werk des Reformators, München 2009, 87.

35 Inst. IV,11,3 (OS V,199); Übersetzung nach: Unterricht in der christlichen Religion, nach der letzten Ausgabe von 1559 übers. u. bearb. v. Otto Weber, im Auftrag des Reformierten Bundes bearb. u. neu hg. v. Matthias Freudenberg, Neukirchen-Vluyn 2008, 680.

36 Calvin-Studienausgabe, Bd. 2, hg. v. E. Busch u.a., Neukirchen-Vluyn 1997, 275 (= CStA 2); vgl. Ronald S. Wallace, Calvin, Geneva and the Reformation. A Study of Calvin as Social Reformer, Churchman, Pastor and Theologian, Edinburgh 1988, 122.

37 CStA 2,273; vgl. dazu Wallace, Calvin (wie Anm. 36), 55.

Sprache: „Schließlich verspreche und schwöre ich, mich der Ordnung und dem geltenden Recht der Stadt zu fügen und in solchem Gehorsam allen ein gutes Vorbild zu sein, indem ich mich selbst den Gesetzen und der Obrigkeit unterordne, soweit dies mein Amt zuläßt; das heißt, solange die Freiheit nicht beeinträchtigt wird, die wir haben müssen, um nach Gottes Auftrag lehren, und alles, was zu unserem Amt gehört, erfüllen zu können. Und so verspreche ich, in der Weise im Dienst von Rat und Volk zu stehen, daß ich dadurch in keiner Weise behindert werde, Gott den Dienst zu leisten, den ich ihm aufgrund meiner Berufung schuldig bin."[38]

Zugleich aber gestattet Calvin dem Magistrat, gegen Gotteslästerung und falschen Gottesdienst vorzugehen, was natürlich nicht mit einem säkularen Staatsverständnis und der weltanschaulichen Neutralität des Staates in Einklang zu bringen ist: „Calvin could not have imagined a purely secular government".[39] Dementsprechend heißt es bereits in der Erstausgabe der Institutio von 1536 hinsichtlich der Aufgabe der Obrigkeit: „Vielmehr sucht sie zu verhüten, daß Idolatrie, Frevel gegen Gottes Namen, Blasphemien und öffentliche Angriffe gegen die rechte Religion hervorbrechen und im Volk Verbreitung finden."[40] Auch später wiederholt Calvin diese Aussage, wobei eine gewisse Verschärfungstendenz[41] im Sinne abnehmender Toleranz (etwa gegenüber Anhängern anderer Religionen) zu beobachten ist: „Aber wenn die Religion in ihren Grundfesten erschüttert wird, wenn Gott in verabscheuungswürdiger Weise gelästert wird, wenn die Seelen durch gottlose und zerstörerische Lehren ins Verderben gerissen werden und wenn man schließlich offen von dem einen Gott und seiner Lehre abzufallen droht, dann ist es notwendig, dass man zu jenem letzten Heilmittel greift, damit das tödliche Gift sich nicht weiter verbreite."[42]

38 CStA 2,245. Treffend kommentiert Wallace, Calvin (wie Anm. 36), 63: „To Calvin, the preached Word of God was the Sceptre by which Christ continually established his unique and spiritual rule over the minds and hearts of his people. If such a word was to be heard with its full authority and power the pastors must be left entirely free to preach it in its fullness without interference. He believed that such unfettered preaching of the World could change Geneva and indeed the whole world. But the Church had to maintain its independence over against all earthly authority in this one sphere of its activity."

39 Wallace, Calvin (wie Anm. 36), 114.

40 Inst. (1536), VI. Übersetzung nach Bernhard Spiess, Christliche Glaubenslehre nach der ältesten Ausgabe vom Jahre 1536 zum erstenmal ins Deutsche übers., Wiesbaden 1887, 386.

41 Ähnlich auch Strohm, Johannes Calvin (wie Anm. 34), 88; Christian Link, Johannes Calvin. Humanist, Reformator, Lehrer der Kirche, Zürich 2009, 71.

42 CO 8,477 (Verteidigung des orthodoxen Glaubens an die heilige Trinität, 1554); zit. nach Strohm, Johannes Calvin (wie Anm. 34), 84. Zum Hintergrund dieser Schrift vgl. Peter Opitz, Leben und Werk Johannes Calvins, Göttingen 2009, 107.

Beim jungen Calvin findet sich hingegen eine in sehr viel stärkerem Maße Toleranz atmende Absage an alle Mittel der Zwangsbekehrung von Anhängern anderer Religionen: „Und nicht bloß solche Unglücklichen sind so zu behandeln, sondern auch die Türken selbst und Sarazenen und die übrigen Feinde der wahren Religion. So wenig darf man das Verfahren billigen, welches viele bis jetzt ersonnen haben, um jene zu unserem Glauben gewaltsam zu bekehren, indem sie ihnen nämlich den Gebrauch des Wassers und des Feuers und aller den Menschen gemeinsamen Elemente untersagen. Ist doch ein derartiges Gebaren, die Mitmenschen für vogelfrei zu erklären, sie mit Waffengebrauch zu verfolgen, eine Verleugnung aller Pflichten der Menschlichkeit."[43]

Bisweilen gewinnt man angesichts des Theokratievorwurfs den Eindruck, als würden Genf und Zürich übereinander geblendet.[44] Freilich geht auch Calvin von der Idee des „christlichen Gemeinwesens" *(corpus christianum)* aus.[45] Das eint ihn mit Huldrych Zwingli (1484–1531) und Heinrich Bullinger (1504–1575). Aber er fordert nicht in gleicher Weise das enge Zusammenwirken kirchlicher und obrigkeitlicher Instanzen innerhalb des christlichen Gemeinwesens. Wählt man für Zürich die gewiss anachronistische Bezeichnung „Staatskirchentum", so trifft dies sicherlich nicht auf Calvin zu. Er wollte vielmehr die kirchlichen Angelegenheiten nur durch kirchliche Organe geregelt wissen, etwa – anders als in Zürich oder Bern – die Aufsicht über die christliche Lebensgestaltung und die Diakonie.[46] In einem Brief an Pierre Viret (1511–1571) in Lausanne mokiert sich Calvin regelrecht über die Staatskirchlichkeit der Berner Pfarrer, die dem Rat der Stadt Untertan seien und „reden und schweigen müssen, je nachdem sie [die Magistraten; M.H.] mit dem Finger winken."[47]

43 Inst. (1536), II (OS 1,91). Übersetzung nach Spiess, Christliche Glaubenslehre (wie Anm. 40), 108.

44 Dies gilt etwa für Troeltschs Darstellung in seinen „Soziallehren", in denen er Zwingli unter der Rubrik „Calvinismus" verhandelt; vgl. Troeltsch, Soziallehren (wie Anm. 2), 681.

45 So auch Opitz, Leben und Werk (wie Anm. 42), 108.

46 Diese Entflechtungsintention Calvins will im Blick auf den Theokratievorwurf berücksichtigt werden. Es ist also theologisch kurzsichtig und zweifelhaft, den Theokratievorwurf mit dem realgeschichtlichen Argument zu widerlegen, dass sich Calvin in Genf mit seinem Ansinnen, seitens der Kirche Kontrolle für die Armenfürsorge zu gewinnen, gegen die säkularen Autoritäten nicht durchsetzen konnte, so dass man aufgrund dieses Umstandes zu dem Ergebnis kommen könne: „Calvin had not transformed Geneva into a theocracy" (William G. Naphy, Calvin's Geneva, in: Donald K. McKim [Hg.], The Cambridge Companion to John Calvin, Cambridge / New York 2004, 25–37, hier 35). Wer so argumentiert, verkennt die Intention Calvins und unterstellt ihm *nolens volens* theokratische, genauer gesagt: hierokratische Absichten.

47 Johannes Calvins Lebenswerk in seinen Briefen. Ein Auswahl von Briefen Calvins in deutscher Übersetzung von Rudolf Schwarz, Bd. 1: Die Briefe bis zum Jahr 1547, Neukirchen 1961, 231 (CO 11,438; Brief an Viret vom 11.9.1542).

Freilich hat sich Calvin mit dieser Zielsetzung in Genf nicht durchsetzen können, und man wird auch sein Verhalten nicht von schrecklichen Inkonsequenzen freisprechen können. Aber seine Intention ist doch erkennbar. Man kann sie vor allem festmachen an der bereits ausgiebig zitierten Genfer Kirchenordnung: Sie konnte auch politischer Konstitution als *exemplum* dienen. Das Besondere der Kirchendisziplin in Genf bestand eben darin, wie Peter Opitz treffend hervorhebt, „daß Calvin ein Konsistorium zu schaffen bestrebt war, das, von der christlichen Gemeinde selber eingesetzt, als rein kirchliches Gremium fungieren und für das Zusammenleben in der christlichen Gemeinde zuständig sein sollte. Die Absicht Calvins war nie die Aufrichtung einer Theokratie, einer theologisch legitimierten Vermischung von Staat und Kirche, sondern im Gegenteil deren Entflechtung, damit die Kirche wirklich nach Maßgabe des Wortes Gottes – allein mit geistlicher Gewalt ausgerüstet – gestaltet werden kann."[48]

Nicht umsonst hält Calvin direkt zu Beginn seines magistralen Institutio-Abschlusskapitels „De politica administratione" daran fest, „daß Christi geistliches Reich und die bürgerliche Ordnung zwei völlig verschiedene Dinge sind".[49] Und er warnt eindringlich, wenn auch nicht ohne antijüdische Polemik, vor der *vanitas iudaica,* „Christi Reich unter den Elementen dieser Welt zu suchen und darin einzuschließen".[50] Das Reich Christi ist eben *regnum Christi spirituale.*[51] Hier regiert Christus die Kirche mit der Predigt des Evangeliums durch den Geist. Im Genfer Katechismus von 1545 heißt es in Frage 37: *„Welcher Art ist nun sein Königtum, von dem du sprichst?* Es ist geistlich, weil es in Wort und Geist Gottes besteht, die Gerechtigkeit und Leben mit sich bringen."[52] Dies erweist sich für den Charakter der Lehre von der Königsherrschaft Christi bei Calvin als entscheidend. Calvin unterscheidet eben zwischen der Königsherrschaft Christi über die Kirche und der providentiellen Weltherrschaft Gottes, indem er die Zwei-Reiche-Lehre gleichsam in diese Herrschaftslehre einzeichnet.

Summa summarum: Hinsichtlich des Theokratievorwurfs an Calvin wird man differenziert urteilen müssen. Einerseits gilt es mit Hans Helmut Eßer festzuhalten: „Sosehr Calvin in Genf zunehmend auf die Kompetenzab-

48 Peter Opitz, Einleitung in die Ordonnances ecclésiastiques (1561), in: CStA 2,233.

49 Inst. IV,20,1 (OS V,472); Übersetzung nach Weber, Unterricht in der christlichen Religion (wie Anm. 35), 838.

50 Ebd.

51 Zur Lehre von der Königsherrschaft Christi bei Calvin vgl. Staedtke, Lehre (wie Anm. 23), 101–113; Goeters, Christi Königtum (wie Anm. 25), 109–116; Werner Krusche, Das Wirken des Heiligen Geistes nach Calvin (FKDG 7), Göttingen 1957, 329–338.

52 CStA 2,27.

grenzungen zwischen Kirche und Regierung hinwirkt, bleibt er in der Freigabe der repressiven staatlichen Schutzfunktion noch befangen im mittelalterlichen Corpus-Christianum-Denken zu*un*gunsten der *Freiheit* des Evangeliums."[53] Andererseits kann man würdigen: „Calvins Konzept erwies seine zukunftsweisende Gestaltungskraft unter Lebensverhältnissen, in denen Bürgergemeinde und Christengemeinde nicht mehr deckungsgleich waren: dort, wo die reformierten Gemeinden als – oftmals verfolgte – Minderheiten in einem Gemeinwesen anderer konfessioneller Prägung leben mussten. Das calvinische Konzept war zudem mit der seit der Aufklärungszeit sich entwickelnden Trennung von Kirche und Staat kompatibel, ja hat sie in gewisser Weise innerlich vorweggenommen und äußerlich gefördert."[54] Man wird fragen können, ob Calvins Bemühen um eine Kirche, die sich ihre Ordnung und Rechtsgestalt selbst gibt, in der Konsequenz – ohne dass Calvin dies ahnen konnte – „zur Trennung der Kirche von einem weltanschaulich neutralen Staat führte".[55]

3.2 Abraham Kuypers (1837–1920) neocalvinistisches Modell der Sphärensouveränität: Die christliche Durchdringung des Staates

Bei Kuyper, dem ehemaligen niederländischen Ministerpräsidenten (1901–1905)[56], begegnet uns der Calvinismus – nicht nur rein körperlich – in seiner massigsten und massivsten Gestalt, in einer imposanten Opulenz an Selbstbewusstsein, die ihresgleichen sucht. Kuypers „Stone-Lectures"[57], mit denen er nicht nur in Princeton im Jahr 1898 begeisterte[58], sondern ein bis

53 Hans Helmut Eßer, Die Aktualität der Sozialethik Calvins, in: Michael Welker / David Willis (Hg.), Zur Zukunft der Reformierten Theologie. Aufgaben – Themen – Traditionen, Neukirchen-Vluyn 1998, 421–443, hier 432.

54 Alfred Rauhaus, Amt und Ordination in der reformierten Kirche, in: Matthias Freudenberg u.a. (Hg.), Amt und Ordination aus reformierter Sicht (Reformierte Akzente 8), Wuppertal 2005, 69–102, hier 72.

55 Eberhard Busch, Gotteserkenntnis und Menschlichkeit. Einsichten in die Theologie Johannes Calvins, Zürich 2005, 151.

56 Zur Einführung in Kuypers Denken vgl. Dirk van Keulen, Der niederländische Neucalvinismus Abraham Kuypers, in: Marco Hofheinz u.a. (Hg.), Calvins Erbe. Die Wirkungsgeschichte Johannes Calvins (Reformed Historical Theology 9), Göttingen 2011, 347–368.

57 Vgl. zur Genese Peter S. Heslam, Creating a Christian Worldview. Abraham Kuyper's Lectures on Calvinism, Grand Rapids 1998, 1–83.

58 Troeltsch, Soziallehren (wie Anm. 2), 607, bemerkt dazu: „Das Buch ist nicht nur Kuypers Regierungsprogramm, sondern, aus Vorlesungen an der streng calvinistischen Princeton-University bestehend, eine Art Gesamtbekenntnis des modernen orthodoxen Calvinismus. Uebrigens ist hier der Neucalvinismus in einer geradezu unerhörten Weise in den primitiven

heute nachhallendes Echo auslöste, erschienen auf Deutsch unter dem programmatischen Titel „Reformation wider Revolution"[59].

Die Schar der latenten oder manifesten Verehrer Kuypers erstreckt sich über ein denkbar breites theologisches Spektrum, das sich von liberalen Theologen im Troeltschen Tross[60], die Kuyper kulturprotestantisch lesen, über Max Stackhouse[61] bis hin zu Nicholas Wolterstorff[62] und Helmut Thielicke[63] erstreckt. Bekanntlich hat es auch vor dem niederländischen Ministerpräsidenten Jan Peter Balkenende (2002–2010) nicht Halt gemacht.[64]

Affizierend wirkt offenkundig Kuypers Konzept der sog. „Sphärensouveränität"[65], das er selbst auf den Nenner bringt: „Die freie Kirche im freien Staat" (91.98). Kuyper geht aus von dem „Grundprinzip des Calvinismus", der „absolute[n] Souveränität des dreieinigen Gottes über alles geschaffene Leben" (72; vgl. 15.39–41.52.78.82.90.95.112.151f.176.189). Von Kuyper stammt das geflügelte Wort: „Auf dem Erbe unseres menschlichen Lebens gibt es keinen Zollbreit, von dem Christus nicht ruft: Er ist

Genfer Calvinismus hineingedeutet. Es ist das Buch eines Dogmatikers und Politikers und als solches höchst lehrreich, als historische Leistung dagegen sehr irreführend." Zu Troeltschs Verhältnis zu Kuyper vgl. Roderich Barth, „Retter des Protestantismus". Der Calvinismus in der Sicht Ernst Troeltschs, in: ZNThG 17 (2010), 162–181, hier 179: „Obwohl Troeltsch der Selbststilisierung Kuypers widerspricht und im Sinne seiner Protestantismustheorie die Diskontinuitäten dieses Neucalvinismus gegenüber Calvin herausstreicht, ist Kuyper für sein eigenes Bild vom freikirchlich umgeformten und mit den modernen Ideen Westeuropas versöhnten Heiligungscalvinismus der Gegenwart wohl kaum zu überschätzen." Vgl. auch Arie L. Molendijk, Ernst Troeltschs holländische Reisen. Eine Skizze, in: Mitteilungen der Ernst Troeltsch-Gesellschaft 6 (1991), 24–36, hier 28f.

59 Abraham Kuyper, Reformation wider Revolution. Sechs Vorlesungen über den Calvinismus, gehalten zu Princeton, übers. v. Martin Jaeger, Gr. Lichterfelde 1904. Auf diese Ausgabe beziehen sich alle Verweise im Fließtext.

60 Arie L. Molendijk, Neocalvinistisch cultuurprotestantisme. Abraham Kuypers Stone Lectures, in: Documentatieblad voor de Nederlandse Kerkgeschiedenis na 1800 29 (2006), 5–19.

61 Vgl. Max L. Stackhouse, Preface, in: Luis E. Lugo (Hg.), Religion, Pluralism, and Public Life. Abraham Kuyper's Legacy for the Twenty-First Century, Grand Rapids 2000, XI–XVIII; vgl. auch Richard J. Mouw, Culture, Church, and Civil Society: Kuyper for a New Century, in: PSB 28 (2007), 48–63.

62 Nicholas Woltersdorff, Abraham's [sic!] Kuyper's Model of a Democratic Polity for Societies with a Religiously Diverse Citizenry, in: Cornelis van der Kooi / Jan de Bruijn (Hg.), Kuyper Reconsidered. Aspects of his Life and Work (VU Studies on Protestant History 3), Amsterdam 1999, 190–205.

63 Thielicke, Theologische Ethik (wie Anm. 11), 737–744.

64 Jan Peter Balkenende, Toespraak bij onthulling standbeeld Abraham Kuyper, www.minaz.nl (14.4.2009): „[…] ik ben een Kuyperiaan in hart en nieren".

65 Vgl. Abraham Kuyper, Souvereiniteit in eigen kring, Amsterdam 1880 (engl. Übersetzung: Sphere Sovereignty [1880], in: James D. Bratt [Hg.], Abraham Kuyper. A Centennial Reader, Grand Rapids / Carlisle 1998, 461–490).

Mein!"[66] Für seine Ehre haben alle Nationen da zu sein (74). Die Souveränität Gottes erstreckt sich universal (44–47.52.72.78) und macht weder vor dem Staat (vgl. 72–83), noch den Sphären des eigenen Lebens (vgl. 83–91), noch der Kirche (vgl. 83–100) Halt. Diese drei Instanzen, die Kuyper nacheinander in seiner dritten Princetoner Vorlesung behandelt, sind alle souverän, insofern qua „Schöpfungsordnung" (84ff.) ihre Souveränität aus der Souveränität Gottes hervorgeht, ja „von Gottes Gnaden" stammt (vgl. 75f.). So sei nicht etwa die Obrigkeit als solche zu ehren, sondern nur insofern sie um der menschlichen Sünde willen von Gott als unentbehrliches Rettungsmittel eingesetzt wurde. Es gilt nach Kuyper *in* der Autorität der Obrigkeit die Souveränität Gottes zu ehren (77). Nicht das faktische „Wie" der Ausübung dieser Autorität, sondern das „Dass" ihrer Einsetzung durch Gott verdient Verehrung.

Die Lehre von der „Sphärensouveränität" bzw. der „Souveränität im eigenen Kreis" (83.88) besagt, dass die Souveränität Gottes gleichsam auf die Menschen hinabgestiegen ist und sich in ihrer Kondeszendenz auf zwei Sphären verteilt hat: den Staat und die gesellschaftlichen Lebenskreise, zu denen Kuyper wiederum vier Sphären rechnet: die persönliche Sphäre, die kooperativen Sphären der Universitäten, Zünfte, Genossenschaften etc., schließlich der häusliche Kreis der Familie und des Ehelebens und die gemeindliche Sphäre (vgl. 88). In allen diesen Sphären herrsche Gott freimächtig, weshalb der Staat das ihnen „einerschaffene Lebensgesetz [innate law of life[67]]" (88), ihre „heilige[ ] Autonomie" (89) zu respektieren habe. Kuyper erweist sich in Gestalt dieser Lehre als „einer der wichtigsten Anreger jener Gesellschaftsform [...], die man mit dem Ausdruck ‚verzuiling' bezeichnet."[68]

Wie hält es Kuyper nun selbst mit der Religionsfreiheit und der weltanschaulichen Neutralität des Staates? Kuyper wendet sich gegen den Artikel 36 der „Confessio Belgica" (1561), welcher der Obrigkeit explizit die Aufgabe zuweist, „abzuwehren und auszurotten alle Abgötterei und falschen Gottesdienst, zu vernichten das Reich des Antichrists".[69] Im Jahre 1905 wird

66 Kuyper, Souvereiniteit (wie Anm. 65), 35: „[...] en geen duimbreed is er op heel 't erf van ons menschelijk leven, waarvan de Christus, die aller Souverein is, niet roept: ‚Mijn!'" (deutsche Übersetzung zitiert nach Wilhelm Kolfhaus, Dr. Abraham Kuyper 1837–1920. Ein Lebensbericht, Elberfeld ²1924, 162).

67 So heißt es im englischen Original: Abraham Kuyper, Lectures on Calvinism. Six Lectures at Princeton University in 1898 under Auspices of the L.P. Stone Foundation, Grand Rapids 1931, 96.

68 Cornelis Augustijn, Abraham Kuyper, in: Martin Greschat (Hg.), Gestalten der Kirchengeschichte, Bd. 9/2: Die neueste Zeit II, Stuttgart u.a. 1985, 289–307, hier 305.

69 BSRK, 248: „[...] omnemque idolatriam, et adulterium a Dei cultu submoveant et evertant: regnum Antichristi diruant." Vgl. Kuyper, Reformation (wie Anm. 59), 91.

diese Passage u.a. auf Betreiben Kuypers hin von den Reformierten Kirchen *(Gereformeerde Kerken in Nederland)* aus dem Bekenntnis gestrichen.[70] Es wäre jedoch zuviel behauptet, wenn man Kuyper zum Kämpfer für Religionsfreiheit und weltanschauliche Neutralität des Staates erheben würde. Es ist wohl wahr, dass Kuyper auch dem Staat wie allen Sphären Souveränität gegenüber kirchlichen Übergriffen zuspricht und ihn weder als „Appendix der Kirche noch als ihr[en] Nachbeter" (96) will.

Wenn man solches unter Theokratie versteht, darf man Kuyper sicherlich nicht als Theokraten identifizieren. Kuyper plädiert indes auch für den Einsatz der Obrigkeit gegen „Gotteslästerung, wo sie geradezu den Charakter des Hohns auf Gottes Majestät annimmt" (95), und für die „Anerkennung der Obermacht Gottes [...] durch ihr [der Obrigkeit; M.H.] Bekenntnis seines Namens in der Konstitution, durch Heilighaltung seines Sabbaths, durch Ausrufung von Bitt- und Danktagen, durch Anrufung seines göttlichen Segens und durch Gewährung ihres Schutzes an die Kirchen" (ebd.) und schließlich das persönliche Bibelstudium durch jede einzelne Magistratsperson.

Wie passt das zusammen? Zur Rechtfertigung obrigkeitlichen Vorgehens gegen Gotteslästerung beruft sich Kuyper auf das jedem Menschen von Natur aus „einerschaffene" Gottesbewußtsein – eine Prämisse aus der natürlichen Theologie, wie Barth später einwenden sollte. Strafbar sei weder, wie Kuyper festhält, „die religiöse Abweichung noch der unfromme Sinn" (ebd.), sondern das Antasten der staatsrechtlichen Grundlagen. Wenn aber alle diese aufgezählten Elemente das Staatsfundament bilden, muss man natürlich fragen, ob Kuyper wirklich einen säkularen Rechtsstaat vor Augen hatte. Offenkundig ist dies nicht der Fall. Sein „Ja" zur Religionsfreiheit entpuppt sich bei Lichte betrachtet als ein „Ja" zu einer Pluralität von Kirchen im Raum der Gesellschaft. Über deren konkurrierende Wahrheitsansprüche darf die Obrigkeit als solche Kuyper zufolge nicht entscheiden. Kuyper argumentiert dabei ausgehend von der „Souveränität der Kirche im eigenen Inneren" (ebd.), und er nimmt dabei erkennbar den Impuls Calvins auf, der eben um die Freiheit der Kirche in Gestalt der Genfer Kirchenordnung kämpfte.

Mit Calvin verbindet Kuyper die Betonung der notwendigen Unterscheidung von geistlicher und physischer Gewalt, wie sie in der Zwei-Rei-

70 Vgl. John Bolt, A Free Church, a Holy Nation. Abraham Kuyper's American Public Theology, Grand Rapids 2001, 321–332; Klaas van der Zwaag, Onverkort of gekortwiekt? Artikel 36 van de Nederlandse geloofsbelijdenis en de spanning tussen overheid en religie. Een systematisch-historische interpretatie van een ‚omstreden' geloofsartikel, Heerenveen 1999, hier vor allem 311ff.

che-Lehre ihre Grundlage hat. Die Obrigkeit trägt auch gemäß Kuyper eben nicht das „Schwert des Geistes" (97), sondern das physisch verletzende Schwert. Wie bei Calvin ist diese Unterscheidung auch bei Kuyper eingezeichnet in die Lehre von der Königsherrschaft Christi[71], wobei Kuyper diese Lehre und mit ihr die Zwei-Reiche-Lehre – anders als Calvin – sphärenbezogen ausdifferenziert. Beide haben dabei *cum grano salis* einen christlichen Staat und eine christliche Gesellschaft vor Augen. Es ist fraglos die christliche Religion und keine andere, die das einigende Band des Staates ausmacht, gleichsam seine Kohäsionskräfte stiftet. Sie bildet *die* geistige Grundlage des Staates und damit weitaus mehr noch als die sog. „Leitkultur" (Bassam Tibi) unserer Tage, allzumal die anderen Kulturen und Religionen bei Kuyper gar nicht wirklich in den Blick genommen werden. Es geht Kuyper um das System der freien *Kirchen* und nicht der freien *Religionen* im freien Staat. Er votiert für einen konfessionellen, keinen religiösen Pluralismus. Die Repräsentanz etwa atheistisch eingestellter Bürgerinnen und Bürger durch die Staatsführung tritt nicht in den Blick.

Das Wort Gottes soll herrschen – in der Kirche wie im Staat. Darin sind sich Calvin und Kuyper einig, wobei Kuyper allerdings ungleich stärker als Calvin betont, dass diese Forderung nicht in Gestalt eines Staatskirchentums Verwirklichung finden solle, sondern ausschließlich vermittelt über das christliche Individuum, d.h. – wie Kuyper schreibt – „nur durchs Gewissen der mit Macht bekleideten Person. Höchste Forderung" – so Kuyper weiter – „ist und bleibt natürlich, daß alle Völker christlich regiert werden, d.h. nach den Prinzipien, die für die Staatskunst von Christus ausgehen; verwirklicht kann dies aber nie anders werden als durch die subjektive Überzeugung der Personen, die in der Macht stehen, kraft ihrer persönlichen Einsicht darein, was das christliche Prinzip für die Staatskunst fordert" (96). Hinter diesem Konzept verbirgt sich – unternehmensstrategisch gesprochen – gleichsam eine „kalte Übernahme" des Staates durch Christen in obrigkeitlichen Positionen. Kuypers Strategie ist eine „Christianisierungsstrategie"[72], die dem Ziel eines „christlichen Staates" und einer „christlichen Gesellschaft" dient. Sie zielt ab auf eindeutige Mehrheitsverhältnisse zugunsten der christlichen Kirchen. Und so stellt Kuyper denn auch die Grundregel auf, „daß die Obrig-

71 Vgl. Kuyper, Reformation (wie Anm. 59), 83: „[Ü]ber diesem mächtigen Staat leuchtet vor dem Auge unserer Seele stets auch noch unendlich mächtiger die Majestät des Königs der Könige, vor dessen Richterstuhl das Recht des Appells für jeden Bedrückten offen steht, und zu dem immerdar unser Gebet aufsteigt, daß er unser Volk und in dem Volk uns und unser Haus segnen möge."

72 Nicht zu Unrecht fragt Augustijn, Abraham Kuyper (wie Anm. 68), 303: „Handelt es sich um eine Variante zu Richard Rothe?"

keit den Komplex christlicher Kirchen als die vielgestaltige Offenbarung der Kirche Christi auf Erden zu ehren hat" (98).

Ist das „Theokratie mit anderen Mitteln"? Man wird zumindest kritisch fragen müssen: Visiert Kuyper tatsächlich den weltanschaulich neutralen Staat an, wenn er von dessen Obrigkeit ein solches Ehren fordert? Man sollte indes nicht verkennen, dass die Säkularisierungsgrade in den sog. „säkularisierten" Staaten auch heute noch erheblich differieren: „Auf der einen Seite des Spektrums finden wir die Konzeption des laizistischen Staates wie in Frankreich, auf der entgegengesetzten Seite eine unverkennbare Privilegisierung traditioneller Religionsgemeinschaften wie in Russland. Im religionsverfassungsrechtlichen Mikrokosmos der Schweiz reicht die Bandbreite von der Genfer ‚laïcité' bis zu einer für externe Beobachter nahezu (spät-)staatskirchlich anmutenden Einordnung der Kirche in den Kanton wie in Bern oder Zürich."[73] Dementsprechend hat man von „distanzierender" und „offener" Neutralität des Staates gesprochen.[74] Das Bundesverfassungsgericht versteht unter dem Neutralitätsprinzip – wie in dessen Rechtsprechung regelmäßig ansichtig ist – ein Fairnessprinzip: Der freiheitliche Rechtsstaat soll sich als Konsequenz der Religionsfreiheit (als einem universalen Menschenrecht) „nicht mit einer Religion auf Kosten der Angehörigen anderer Religionen oder Weltanschauungen identifizieren."[75] Über die Konsequenz der Einlösung dieses Prinzips lässt sich freilich trefflich streiten. Es gibt auch heute ein „Mehr" und ein „Weniger" an strikter Trennung von Staat und Kirche. Wo setzt dann aber Theokratie ein?

Es sprechen sicherlich gute Gründe dafür, sie dort zu verorten, wo die Verletzung der „Grundrechte" beginnt, wie sie etwa in Art. 9 der Europäischen Menschenrechtskonvention (EMRK) beschrieben werden: „Jede Person hat das Recht auf Gedanken-, Gewissens- und Religionsfreiheit; dieses Recht umfasst die Freiheit, seine Religion oder Weltanschauung zu wechseln, und die Freiheit, seine Religion oder Weltanschauung einzeln oder gemeinsam mit anderen öffentlich oder privat durch Gottesdienst, Unterricht oder Praktizieren von Bräuchen und Riten zu bekennen."[76]

73 Wolfgang Lienemann, Grundinformation Theologische Ethik (UTB 3138), Göttingen 2008, 304.

74 Vgl. ebd.

75 So Heiner Bielefeld, in: Welche Integration darf der Staat verlangen? Antworten von Werner Becker, Heiner Bielefeld und Claus Leggewie, in: Information Philosophie 4/2009, 34–41, hier 34.

76 Zwar werden auch gemäß der EMRK der Religionsausübung Grenzen durch den Rechtsstaat gesetzt, wenn es in Art. 9.2 heißt: „Die Freiheit, seine Religion oder Weltanschauung zu bekennen, darf nur Einschränkungen unterworfen werden, die gesetzlich vorgesehen und

Wenn man darüber hinaus etwa den Art. 136 der Weimarer Verfassung hinzunimmt, der bis heute Bestandteil des Grundgesetzes ist, so steht diese Bestimmung zweifellos in grundlegender Spannung zu Kuypers Forderungen an die Obrigkeit: „Niemand darf zu einer kirchlichen Handlung oder Feierlichkeit oder zur Teilnahme an religiösen Übungen oder zur Benutzung einer religiösen Eidesformel gezwungen werden". Im Blick auf die Obrigkeit eines religionsneutralen Staates wird Kuyper seine Forderungen wohl kaum einklagen können. Insofern sollte man Kuyper nicht vorschnell vom Theokratievorwurf reinwaschen.[77] Es ist nämlich das eine, das sog. Böckenförde-Axiom zu betonen, wonach der Rechtsstaat von Voraussetzungen lebt, „die er nicht selbst garantieren kann"[78]; und es ist etwas anderes, die damit gemeinten transrechtlichen Voraussetzungen, wie sie der religiöse Glaube der Bürgerinnen und Bürger repräsentiert, als genuin christlich zu bestimmen und daraus Ehrerbietungsforderungen abzuleiten[79], wie Kuyper dies tut.

3.3 Das Modell „Christengemeinde und Bürgergemeinde": Karl Barths (1886–1968) säkulares Staatsverständnis

Verschiedentlich ist in Frage gestellt worden, ob Barth ein säkulares Staatsverständnis besaß. Etwa im Berner Feldmann-Streit wurde er so verstanden, als würde er den Weg der Säkularisation als einen geistesgeschichtlichen Irr- und Abweg betrachten.[80] Dass dem keineswegs so ist, lässt sich auf dem

in einer demokratischen Gesellschaft notwendig sind für die öffentliche Sicherheit, zum Schutz der öffentlichen Ordnung, Gesundheit oder Moral oder zum Schutz der Rechte und Freiheiten anderer." Allerdings gilt diese Grenzsetzung für alle Konfessionen und Religionen unterschiedslos: „Diese Grenzsetzung darf mithin nicht diskriminierend sein und muss für alle Religions- und Weltanschauungsgemeinschaften in gleicher Weise gelten. Sie darf andere Grundrechtsgarantien, insbesondere der Glaubens-, Meinungs- und Kunstfreiheit, nicht verletzen." Wolfgang Lienemann, Religionsfreiheit und der Umgang mit religiösen Symbolen in der Öffentlichkeit, in: Dagmar Heller u.a. (Hg.), „Mache Dich auf und werde licht". Ökumenische Visionen in Zeiten des Umbruchs. Festschrift für Konrad Raiser, Frankfurt a.M. 2008, 355–361, hier 359.

77 Vgl. Vincent E. Bacote, The Spirit in Public Theology. Appropriating the Legacy of Abraham Kuyper, Grand Rapids 2005, 79–86; Bolt, Church (wie Anm. 70), 303–350.

78 Böckenförde, Entstehung (wie Anm. 18), 71. Dort kursiv.

79 Ob Ernst-Wolfgang Böckenförde selbst diese Differenz immer treffend im Auge behalten hat, wird man angesichts seines neuerlichen Vortrages „Der säkularisierte Staat. Sein Charakter, seine Rechtfertigung und seine Probleme im 21. Jahrhundert" (München 2007, 11–41) fragen müssen. Vgl. dazu Lienemann, Ethik (wie Anm. 73), 302–319.

80 Vgl. Daniel Ficker Stähelin, Karl Barth und Markus Feldmann im Berner Kirchenstreit 1949–1951, Zürich 2006, 129.

Hintergrund von Barths politisch-ethischem Leitmodell demonstrieren, wie er es in seiner Programmschrift „Christengemeinde und Bürgergemeinde" (1946) entfaltet hat. Das bekannte Modell der konzentrischen Kreise entwirft Barth hingegen – so meine These – als Denkmodell der Einheit von Identität (des Zentrums) und Differenz (der Radien), und zwar dezidiert „unter der Bedingung der vollendeten Säkularisierung und unter Voraussetzung der realen Säkularität von Kirche *und* Welt bzw. Gesellschaft".[81] Bereits im Jahr 1935 erklärte Barth: „[D]ie Zeit, das *christlich*-bürgerliche oder *bürgerlich*-christliche Zeitalter ist abgelaufen, der Bund, d.h. aber das Christentum in seiner uns bisher bekannten Gestalt ist zu Ende. [...] Die Welt nimmt die Maske ab und ihre Freiheit zurück, um sich wieder offen zu bekennen als das, was sie im Grunde ist und will. Eben damit ist aber auch dem Evangelium seine Freiheit ihr gegenüber zurückgegeben."[82]

Barth sieht die Christengemeinde – übrigens auch in der Schweiz[83] – in der Minderheit, näherhin: in einer Diasporasituation.[84] Barth geht von der Säkularisation[85] als dem zerfallenen konstantinischen Bündnis zwischen Kirche und Staat aus[86], „um nun die christliche Gemeinde in ausdrücklicher Wahrnehmung ihrer gesellschaftlichen Partikularität mit der Frage nach ihrer Wirklichkeit und spezifischen Sendung zu konfrontieren."[87] Barth kasteit

81 Eberhard Mechels, Kirche und gesellschaftliche Umwelt. Thomas – Luther – Barth (NBST 7), Neukirchen-Vluyn 1990, 232. Wie Mechels feststellt, ist Barths Modell „nur im Kontext der vollen Säkularität plausibel" (233).

82 Karl Barth, Das Evangelium in der Gegenwart (TEH 25), München 1935, 33f. Vgl. dazu Eberhard Busch, Die Kirche am Ende ihrer Weltgeltung. Zur Deutung der Ekklesiologie Karl Barths, in: Dieter Jeschke u.a. (Hg.), Das Wort, das in Erstaunen setzt, verpflichtet. Dankesgabe für Jürgen Fangmeier, Wuppertal/Zürich 1994, 83–98, hier bes. 84ff.

83 Vgl. Karl Barth, Eine Schweizer Stimme 1938–1945, Zürich [3]1985, 231f. (Im Namen Gottes des Allmächtigen, Juni 1941).

84 So Arne Rasmusson, The Politics of Diaspora. The Post-Christendom Theologies of Karl Barth and John Howard Yoder, in: L. Gregory Jones u.a. (Hg.), God, Truth, and Witness. Engaging Stanley Hauerwas, Grand Rapids 2005, 88–111; vgl. auch ders., „Deprive them of their Pathos". Karl Barth and the Nazi Revolution Revisited, in: MoTh 23 (2007), 369–391, hier 385.

85 Zur theologischen Wahrnehmung des Problems der Säkularisation vgl. Michael Weinrich, Kirche glauben. Annäherung an eine ökumenische Ekklesiologie, Wuppertal 1998, 21–65.

86 John H. Yoder (Karl Barth and the Problem of War and Other Essays on Barth, hg. v. Mark T. Nation, Eugene/OR 2003, 175–188) bezeichnet Barth als „Post-Christendom Theologian" bzw. als „post-Constantinian" (185). So auch Stanley Hauerwas, With the Grain of the Universe. The Church's Witness and Natural Theology, Grand Rapids 2001, 203; Jürgen Moltmann, Theologia reformata et semper reformanda, in: Welker/Willis (Hg.), Zukunft (wie Anm. 53), 157–172, hier 168.

87 Weinrich, Kirche (wie Anm. 85), 26.

keineswegs nur „die alte religiös-politische Einheitswelt des orbis christianus“[88], die er als Maskerade, als Mummenschanz erachtet. Er scheut auch nicht davor zurück, die eigene Tradition in Gestalt der reformierten Bekenntnisschriften, namentlich die Confessio Scotica (Art. 24), für die allzu enge Verhältnisbestimmung von Kirche und Staat hinsichtlich der Kirchenzucht zu kritisieren: „Es ist zu viel gesagt, es steckt sogar ein gewisser theologischer Irrtum darin, wenn sie vom Staat verlangt, daß er die wahre Kirche nicht nur schützen, sondern gegebenen Falles auch die Reformation der Kirche und also die Herstellung der wahren Kirche in seine Hand nehmen und nach dem Vorbild der alttestamentlichen Könige den Götzendienst und allen in der Kirche aufkommenden Aberglauben unterdrücken solle. Das ist zuviel und zwar in gefährlicher Weise zuviel gesagt!“[89]

Barth spricht sich nachdrücklich gegen eine „Verwechselung zwischen dem kirchlichen und dem politischen Gottesdienst“[90] aus. Und auf einer Pressekonferenz am 1. Mai 1962 in New York gefragt, wie sein Standpunkt in der Frage von Kirche und Staat aussehe, antwortet er: „Ich glaube, daß sie voneinander getrennt sein sollten. Besonders für die Kirche ist es besser, nicht in politische Arrangements verwickelt zu werden. Meine Vorstellung ist die einer freien Kirche in einem freien Staat.“[91] Man beachte: Dieselbe Formel wie bei Kuyper – doch anders inhaltlich gefüllt. Es ist bei Barth nicht mehr die „christliche Welt“, die anvisiert wird.

Man kann dies bei Barth festmachen am Bild der beiden konzentrischen Kreise mit dem gemeinsamen Zentrum in Christus, das Barth zur geometrischen Darstellung des Verhältnisses von Christengemeinde (im Bilde gesprochen: als engerer, innerer Kreis) und Bürgergemeinde (wiederum im Bilde gesprochen: als weiterer äußerer Kreis) gebraucht. Hier schlägt sich die Säkularisierung als anerkannte Voraussetzung in der Bestimmung der noetischen Differenz zwischen beiden nieder: Die Bürgergemeinde ist „dem Geheimnis des Reiches Gottes, dem Geheimnis ihres eigenen Zentrums

88 Böckenförde, Entstehung (wie Anm. 18), 46.

89 Karl Barth, Gotteserkenntnis und Gottesdienst nach reformatorischer Lehre. 20 Vorlesungen über das Schottische Bekenntnis von 1560, gehalten an der Universität Aberdeen im Frühjahr 1937 und 1938, Zürich 1938, 209f.

90 Karl Barth, Offene Briefe 1935–1942, hg. v. Diether Koch (Karl Barth-Gesamtausgabe, Abt. V), Zürich 2001, 296 (Ein Brief aus der Schweiz nach Großbritannien, Ostern 1941); vgl. ders., Stimme (wie Anm. 83), 328 (Verheißung und Verantwortung der christlichen Gemeinde im heutigen Zeitgeschehen, 1944): „Die christliche Gemeinde kann und soll gewiß nicht selber Politik machen und regieren wollen. Sie kann und muß aber den Völkern und den Regierungen bezeugen, daß Politik Gottesdienst, Recht und Freiheit Gottesgaben sind.“

91 Karl Barth, Gespräche 1959–1962, hg. v. Eberhard Busch (Karl Barth-Gesamtausgabe, Abt. IV), Zürich 1995, 284 (Pressekonferenz in New York, 1962).

gegenüber unwissend, dem Bekenntnis und der Botschaft der Christengemeinde gegenüber neutral"[92] eingestellt. Die Religionsneutralität des säkularen Staates kann Barth auch als „geistliche Blindheit"[93] bezeichnen.

Bei Kuyper hingegen findet sich die Forderung, „daß die Obrigkeit den Komplex christlicher Kirchen als die vielgestaltige Offenbarung der Kirche Christi auf Erden zu ehren hat." (98) Nach Barth kann die geistlich blinde Bürgergemeinde die Christengemeinde als Offenbarung der Kirche Jesu Christi intentional gar nicht ehren, weil sie nun einmal nicht um diese Offenbarung weiß. Die Bürgergemeinde steht wohlgemerkt mit der Christengemeinde auch im Raum der Königsherrschaft – allein, sie weiß nichts davon. Sie wird von der Christengemeinde – wie Barmen V sagt – an Gottes Reich, an Gottes Gebot und Gerechtigkeit erinnert, übernimmt diese Gehalte aber nicht. Sie bleibt, so Barth, „darauf angewiesen, aus den löcherigen Brunnen des sogenannten Naturrechts zu schöpfen. Sie kann sich nicht von sich aus an das wahre und wirkliche Maß ihrer Gerechtigkeit erinnern, sich nicht von sich aus zu deren Erfüllung in Bewegung setzen."[94]

Barth nimmt damit gleichsam die Situation der vollendeten Säkularisierung vorweg.[95] Dabei beurteilt er den Prozess der Säkularisierung keineswegs im Sinne einer kontingenten historischen Entwicklung, die nun einmal notgedrungen widerwillig-resignativ als *status quo* des zerbrochenen Reiches eines *populus christianus* und der aufgesprengten Einheit der *res publica christiana* zur Kenntnis genommen werden müsste. Barth sieht darin vielmehr eine begrüßenswerte Entwicklung.[96] Dies zeigt sich daran, dass Barth nicht einfach nur aufgrund empirischer Beobachtung das mehr oder weniger deskriptive Urteil fällt: „Es gibt also keinen der christlichen Kirche ent-

92 Karl Barth, Christengemeinde und Bürgergemeinde (1946), in: ders., Rechtfertigung und Recht. Christengemeinde und Bürgergemeinde (ThSt 104), Zürich [4]1989, 49–82, hier 66.
93 Vgl. Barth, Christengemeinde (wie Anm. 92), 50f.: „Die Bürgergemeinde als solche ist geistlich blind und unwissend. Sie hat weder Glauben noch Liebe noch Hoffnung. Sie hat kein Bekenntnis und keine Botschaft. In ihr wird nicht gebetet und in ihr ist man nicht Bruder und nicht Schwester. In ihr kann nur gefragt werden, wie Pilatus fragte: Was ist Wahrheit? weil jede Antwort auf diese Frage ihre Voraussetzung aufheben würde. ‚Toleranz' ist in ‚religiöser' Hinsicht – ‚Religion' ist hier das letzte Wort zur Bezeichnung jener anderen Sache – ihre letzte Weisheit."
94 Barth, Christengemeinde (wie Anm. 92), 66.
95 Treffend bemerkt Hartmut Ruddies, Unpolitische Politik? Überlegungen zum Verhältnis von Theologie und Politik bei Karl Barth nach 1945, in: ZDTh 8 (1992), 173–197, hier 179, im Blick auf Barth: „Selbst wenn alle Bürger Christen würden, müsste eine klare Trennung von Kirche und Staat aufrechterhalten werden und wäre das Ziel eines christlichen Staates ein frommes Blendwerk."
96 So der Sache nach auch Eberhard Busch, Die große Leidenschaft. Einführung in die Theologie Karl Barths, Darmstadt [2]2001, 179.

sprechenden christlichen Staat"[97]. *In puncto* Religionsneutralität (als integralem Bestandteil) von Rechtsstaatlichkeit weist Barth den Ist-Zustand als Soll-Zustand aus. So spricht er sich programmatisch-normativ gegen Hierokratisierungs- wie Theokratisierungsstrategien aus, d.h. gegen eine Verchristlichung der Bürgergemeinde zu einem „Pfaffenstaat"[98], also gegen eine Verdoppelung der Kirche im politischen Raum: Der Staat „kann und soll keine zweite Kirche sein, geschweige denn, daß er auch nur einen Anfang des Reiches Gottes (auf das ja die Kirche nur hoffen kann) darzustellen hätte. Man darf, wenn der Staat redet, kein Bekenntnis des christlichen Glaubens zu hören erwarten."[99] Der Grund, den Barth für seine These von der Unmöglichkeit eines christlichen Staates[100] im Rekurs auf Röm 13 anführt, ist ein genuin theologischer: Der Staat ist – auch wenn er als „die unwissende, die neutrale, die heidnische Bürgergemeinde im Reiche Christi"[101] selbst nichts davon weiß – eine „Auswirkung einer göttlichen Anordnung" und „die Erscheinung einer jener Konstanten der göttlichen Vorsehung und der von ihr regierten Weltgeschichte im Reiche Christi".[102]

Ergänzend zur noetischen Differenz zwischen Christengemeinde und Bürgergemeinde tritt bei Barth die ontologische Beziehung zwischen beiden in Erscheinung: Beide stehen im Reich Christi und beide sind in ihrer eigenen Existenz „die Auswirkung einer *göttlichen Anordnung* (ordinatio, Einsetzung, Stiftung), eine exusia, die nicht ohne, sondern nach Gottes Willen ist und wirksam ist (Röm 13,1b)."[103] Doch besteht – so Barth mit Barmen V – die in der Existenz des Staates stattfindende „Auswirkung göttlicher

97 Barth, Christengemeinde (wie Anm. 92), 58.

98 Karl Barth, Rechtfertigung und Recht (1938), in: ders., Rechtfertigung und Recht. Christengemeinde und Bürgergemeinde (ThSt 104), Zürich [4]1989, 5–48, hier 33. Christofer Frey (Die Theologie Karl Barths. Eine Einführung, Frankfurt a.M. 1988, 178) bemerkt zu Recht, dass nach Barth die Kirche „den Staat nicht klerikal bevormunden, sondern bewegen [wird], *sich selbst treu zu sein.*" Die Treue des Staates gegenüber sich selbst besteht darin, dass er „Recht sprechen und schützen, der Botschaft der Rechtfertigung freie Bahn lassen" wird.

99 Barth, Offene Briefe (wie Anm. 90), 289 (Ein Brief aus der Schweiz nach Großbritannien, Ostern 1941).

100 Adäquat stellt Hans-Georg Geyer, Einige vorläufige Erwägungen über Notwendigkeit und Möglichkeit einer politischen Ethik in der evangelischen Theologie, in: ders., Andenken. Theologische Aufsätze, hg. v. Hans Theodor Goebel u.a., Tübingen 2003, 394–434, hier 418f., fest: Die „These von der Unmöglichkeit eines christlichen Staates schließt den Widerspruch gegen die Möglichkeit eines religiösen Staates überhaupt ein; er richtet sich gegen alle Formen der Synthese von Religion und Politik, bzw. von Kirche und Staat: von der Theokratie über die Hierokratie bis hin zum Cäsaropapismus".

101 Barth, Christengemeinde (wie Anm. 92), 61.

102 Barth, Christengemeinde (wie Anm. 92), 58.

103 Barth, Christengemeinde (wie Anm. 92), 54.

Anordnung [...] darin, daß es da Menschen (ganz abgesehen von Gottes Offenbarung und ihrem Glauben) faktisch übertragen ist, ‚nach dem Maß menschlicher Einsicht und menschlichen Vermögens' für zeitliches Recht und zeitlichen Frieden, für eine äußerliche, relative, vorläufige Humanisierung der menschlichen Existenz zu sorgen."[104] Sofern dies geschieht, sind die dafür verantwortlichen Regierenden nach Röm 13,1 „Diener *(liturgoi)* Gottes"[105] und ihr Dienst ein „Gottesdienst in der *Welt*, ein[ ] *politische[r]* Gottesdienst."[106] Das Existenzrecht des Staates besteht in seiner Realisierung des Auftrages, für Recht und Frieden zu sorgen.[107]

Mit diesen Bestimmungen beschreibt Barth – entsprechend seiner funktionalen, eine staatsmetaphysisch legitimierte Selbstzweckhaftigkeit ausschließenden Sichtweise vom Staat – nichts anderes als die Aufgabe des säkularen Rechtsstaates. Dessen Säkularität besteht nach Barth in seiner Freiheit von jeglicher Bindung an ein Bekenntnis zu Gott, d.h. in seiner religiösen Neutralität.

Dass Barth tatsächlich mit seinem säkularen Staatsverständnis den religiös neutralen Rechtsstaat[108] zielsicher anvisiert, wird hinsichtlich der Barth-

104 Barth, Christengemeinde (wie Anm. 92), 58.

105 Barth, Gotteserkenntnis (wie Anm. 89), 207.

106 Ebd.

107 Dass diese Aufgaben des Staates nach Barth zugleich dessen Grenzen bestimmen, hat Daniel Ficker Stähelin, Karl Barth (wie Anm. 80), 127, als das *punctum saliens* des Streits zwischen Barth und dem späteren Schweizer Bundesrat Markus Feldmann im „Kalten Krieg" herausgearbeitet: „Überschreitet er [der Staat; M.H.] seine Grenze, läuft er Gefahr, zum totalen Staat zu werden, auch wenn er ein demokratisches Gewand hat. Diesen Vorwurf musste sich Feldmann von verschiedenen Seiten gefallen lassen. [...] Die dialektischen Theologen störte nicht, dass Feldmann die Kirche anders verstand, als sie es taten. Sie wehrten sich aber dagegen, dass Feldmann darüber wachen wollte, dass und wie die ‚Freiheit der Lehrmeinung auf reformierter Grundlage' in der Kirche gewahrt werde. Indem der Staat entscheiden wollte, was unter der reformierten Grundlage zu verstehen sei, machte er sich selbst zur Kirche und versuchte die Grenzen des Glaubensbekenntnisses festzulegen."

108 Ganz im Sinne Barths urteilt Geyer, Erwägungen (wie Anm. 100), 419f.: „Diese Maxime des nicht-religiösen Staates und der nicht-religiösen Praxis des politischen Lebens ist jedoch *nicht* gleichbedeutend mit dem Votum für ein prinzipielles oder auch nur okkasionelles Bündnis des Staates mit einer dezidiert anti-religiösen Weltanschauung. Darauf wird die Kirche ebenso genau und bestimmt zu achten haben: wenn nötig auch stellvertretend für andere religiöse Gemeinschaften, mit denen sie nur in geistiger Auseinandersetzung leben kann. Ihr Protest gegen den religiösen Staat und eine religiöse Politik ist im gleichen Maß auch der Protest gegen den anti-religiösen Staat und eine anti-religiöse Politik. [...] In ihrem Verhältnis zum Staat wird es der christlichen Gemeinde stets zuerst darauf ankommen müssen, mit überzeugender Gewissheit und Klarheit diese beiden Punkte zu vertreten: daß die Religionsfreiheit des Staates sowohl notwendig als auch möglich ist für sein zweckmäßiges Dasein; – und mit gleichem Nachdruck –, daß ein Fortschritt zur Gottlosigkeit für den Staat weder eine Notwendigkeit noch eine echte Möglichkeit bildet."

schen Beschreibung des profanen Weges der Aufrichtung des Rechts, der Freiheit und des Friedens als Aufgabe der Bürgergemeinde evident: „Es ist wohl wahr: der tiefste, der letzte, der göttliche Sinn der Bürgergemeinde besteht darin, Raum zu schaffen für die Verkündigung und für das Hören des Wortes und insofern allerdings für die Existenz der Christengemeinde. Aber der Weg, auf dem die Bürgergemeinde dies nach Gottes Vorsehung und Anordnung tut und allein tun kann, ist der natürliche, der weltliche, der profane Weg der Aufrichtung des Rechtes, der Sicherung von Freiheit und Frieden nach dem Maß menschlicher Einsicht und menschlichen Vermögens. Es geht also gerade nach dem göttlichen Sinn der Bürgergemeinde durchaus nicht darum, daß sie selbst allmählich mehr oder weniger zur Kirche werde. Und so kann das politische Ziel der Christengemeinde nicht darin bestehen, den Staat allmählich zu verkirchlichen.“[109] Hans-Georg Geyer kann unter Berufung auf Barth festhalten: „Mit ihrer praktisch-theoretischen Tendenz zur religiösen Neutralität des Staates betreibt die christliche Gemeinde so etwas wie die fortschreitende Politisierung oder *Verstaatlichung des Staates.*“[110]

4. Schlussbemerkung

Anders als Calvin und Kuyper widersteht Barth Christianisierungstendenzen gegenüber dem Staat – ohne dabei das Bekenntnis zur Königsherrschaft Christi fallen zu lassen. Darin besteht bei aller Kritik, die man im Einzelnen an Barth üben kann, die große Leistung seiner politischen Ethik. Innerhalb der modellierten Dreierkonstellation, ja vielleicht sogar allgemein im Raum des reformierten Protestantismus, war er der Erste, dem dies gelang. Dabei möchte ich die konzeptionellen Verdienste Calvins und Kuypers keineswegs schmälern oder in Frage stellen. Es wäre falsch und würde beiden nicht gerecht, sie einfach nur als Pappkameraden oder als Sparringspartner Barths aufzubauen.

Nein, Calvin und Kuyper haben beide bereits den Weg zur Überwindung des Theokratieproblems eingeschlagen, der in der konzeptionellen Kombination von Königsherrschaft Christi und Zwei-Reiche-Lehre besteht. Calvin und Kuyper erfüllen auf ihre Weise bereits Staedtkes Plädoyer: „Wegen der in beiden Lehren latent vorhandenen Gefahren verbietet sich eine Verabsolutierung der einen oder der anderen Lehre. Vielmehr sollten beide Tra-

109 Barth, Christengemeinde (wie Anm. 92), 62f.
110 Geyer, Erwägungen (wie Anm. 100), 420.

ditionen in ein dialektisches Verhältnis zueinander gesetzt werden, indem die Lehre von der Königsherrschaft Christi die Gefahr einer absoluten Trennung von göttlichem und weltlichem Reich als Konsequenz der Zwei-Reiche-Lehre vermeidet, und umgekehrt die Zwei-Reiche-Lehre die Königsherrschaft Christi vor ihrer Pervertierung in die Theokratie schützt."[111]

Auf dieser konzeptionellen Grundlage lässt sich aus genuin theologischen Gründen für eine konsequente Säkularisierung der Rechtstradition bzw. für den säkularen Rechts- und Verfassungsstaat argumentieren. Beide Theologen, Calvin und Kuyper, haben sich verdienstvoll der Stilisierung einer falschen, aber ethikgeschichtlich gängigen Alternative verweigert. Barth hat über Calvin und Kuyper hinaus einen weiteren, einen – wie ich finde – entscheidenden Schritt getan auf dem Weg zur Überwindung des Theokratieproblems und zur Bejahung der weltanschaulichen Neutralität des Staates und seiner Rechtssphäre. Damit will ich nicht einfach behaupten, dass Barths Modell bereits die Lösung des Theokratieproblems sei. Nein, auch es weist Schwächen auf, die andernorts zu thematisieren wären.[112] Um abschließend noch einmal kurz auf das Problemlösungsgespräch zurück zu kommen: Mit Barth sind wir dort angekommen, wo es um die nächsten Schritte der Veränderung geht. Barth hat uns – mit anderen Worten – einen Weg gewiesen, in konzeptionell konsistenterer und theologisch verantwortbarerer Weise unter der *conditio saecularis* gegen ein politisch zahn- und folgenloses Christentum einzustehen – für den säkularen Rechtsstaat; und weil für den Rechtsstaat, darum für das Recht und diejenigen, die das Recht schützen soll: Denn, so Helmut Simon, „wer wenig im Leben hat, soll viel im Recht haben."[113] Oder wie es in der Präambel der schweizerischen Bundesverfassung so treffend heißt: „Die Stärke des Volkes misst sich am Wohl der Schwachen".

111 Staedtke, Lehre (wie Anm. 23), 112.

112 Weiterführend Georg Plasger, Einladende Ethik. Zu einem neuen evangelischen Paradigma in einer pluralen Gesellschaft, in: KuD 51 (2005), 126–156, hier 130f. zu Barth.

113 Helmut Simon, „Wer wenig im Leben hat, soll viel im Recht haben". Beiträge zu einer ökumenischen Rechtstheologie, in: ÖR 16 (1967), 338–357.

Die Ordnung der Ehe

Zum Verhältnis von weltlicher und geistlicher Strafgewalt in der reformierten Grafschaft Lippe im 17. Jahrhundert

von Iris Fleßenkämper

1. Einleitung: Zum frühneuzeitlichen Rechtspluralismus

Während die weltlichen Obrigkeiten vor der Reformation nur vereinzelt Verordnungen gegen geschlechtliche Delikte erließen, oblag die Jurisdiktion vor allem in Ehefragen seit mehreren Jahrhunderten der Kirche. Erst im Laufe des 15. Jahrhunderts setzte sich auch die weltliche Obrigkeit strafrechtlich stärker mit religiös-sittlichen Übertretungen auseinander und übernahm zunehmend die Kontrolle über Delikte wie Unzucht, „Hurerey" und Ehebruch.[1] Eine wichtige Rolle spielte dabei die Reformation, die einerseits der Ehe den Sakramentscharakter absprach und sie damit zu einer vornehmlich weltlichen Angelegenheit machte. Zum anderen ging die Leitungsgewalt über das Kirchenwesen im Rahmen der protestantischen Konfessionalisierung auf die Landesherren über, die sich als weltliche Obrigkeiten nun auch mehr mit geistlichen Angelegenheiten, so auch mit Ehesachen, befassten.

Es ist inzwischen weithin anerkannt, dass die Durchführung der Reformation – so die gängige Konfessionalisierungsthese – die territorialstaatliche Entwicklung und gleichzeitig eine Entkoppelung von Religion und Recht auch und gerade im Bereich der Ehe begünstigte, nicht zuletzt durch die Aufwertung der evangelischen Fürsten durch ihre neue Qualität als Leiter der Kirche.[2] Eine Reihe von Forschungen hat inzwischen aber auch gezeigt, dass der Kirche und geistlichen Werten sowohl bei der Gestaltung und

1 In vielen Städten fiel die Bestrafung des Ehebruchs bereits ab Mitte des 15. Jahrhunderts in die Rechtsprechung der Magistrate; vgl. Lars Behrisch, Protestantische Sittenzucht und katholisches Ehegericht: Die Stadt Görlitz und das Bautzner Domkapitel im 16. Jahrhundert, in: Vera Isaiasz u.a. (Hg.), Stadt und Religion in der frühen Neuzeit. Soziale Ordnungen und ihre Repräsentationen, Frankfurt a.M. 2007, 33–66, hier bes. 36.

2 Zur Konfessionalisierungstheorie vgl. vor allem Ernst-Walter Zeeden, Die Entstehung der Konfessionen. Grundlagen und Formen der Konfessionsbildung im Zeitalter der Glaubenskämpfe, München/Wien 1965; Wolfgang Reinhard, Zwang zur Konfessionalisierung?

Begründung des materiellen Eherechts als auch in der Ehegerichtsbarkeit weiterhin eine bedeutende Rolle zukam.[3] Die Organisation und Verwaltung des institutionellen Rahmens – die Einrichtung etwa von Ehegerichten – lag zwar in den meisten Fällen in der Hand der säkularen Obrigkeit, die auf die Beteiligung von juristischen Experten nicht verzichten wollte.[4] Dennoch waren Theologen und geistliche Amtsträger als stimmberechtigte Mitglieder des Ehegerichts, als Initiatoren einer eigenen presbyterialen Kirchenzucht oder als Verfasser von Kirchenordnungen an der Entstehung, Implementierung und Umsetzung eherechtlicher Normen maßgeblich beteiligt gewesen. Erklärt wird diese Entwicklung mitunter damit, dass eine rein säkularstaatliche Regelung der Ehe in der Zeit der Reformation und Konfessionalisierung – gerade im Hinblick auf die lange kirchliche Tradition eherechtlicher Ordnungen – noch nicht die nötige „innere Legitimität" und damit auch keine „ausreichende Zwangsgewalt zur Durchsetzung" besessen habe.[5] Die Beteiligung von weltlichen und geistlichen Amtsträgern und Institutionen an der (Aus-)Gestaltung des materiellen Eherechts führte in protestantischen Territorien der frühen Neuzeit zu einem Nebeneinander und aus heutiger Sicht auch Durcheinander von Normen, die in sich und untereinander nicht unbedingt schlüssig oder eindeutig waren.[6] Vor diesem

Prolegomena zu einer Theorie des konfessionellen Zeitalters, in: ZHF 10 (1983), 257–277; Heinz Schilling, Die Konfessionalisierung im Reich: Religiöser und gesellschaftlicher Wandel in Deutschland zwischen 1555 und 1620, in: HZ 246 (1988), 1–45. Neuere Forschungen zur Konfessionalisierungsthese finden sich in Kaspar von Greyertz u.a. (Hg.), Interkonfessionalität – Transkonfessionalität – binnenkonfessionelle Pluralität. Neue Forschungen zur Konfessionalisierungsthese, Gütersloh 2003; Stefan Ehrenpreis / Ute Lotz-Heumann (Hg.), Reformation und konfessionelles Zeitalter (Kontroversen um die Geschichte 2), Darmstadt 2003. Zur Entkoppelung von Religion und Recht im Bereich der Ehe im Zeitalter der Reformation vgl. Gerhard Dilcher, Religiöse Legitimation und gesellschaftliche Ordnungsaufgabe des Eherechts in der Reformationszeit, in: Paolo Prodi (Hg.), Glaube und Eid. Treueformeln, Glaubensbekenntnisse und Sozialdisziplinierung zwischen Mittelalter und Neuzeit (Schriften des Historischen Kollegs 28), München 1993, 189–198.

3 Vgl. etwa die vielfältigen Ausführungen Heinz Schillings zur frühneuzeitlichen Kirchenzucht. Ein Forschungsüberblick findet sich in Heinz Schilling, Die Kirchenzucht im frühneuzeitlichen Europa in interkonfessionell vergleichender und interdisziplinärer Perspektive – eine Zwischenbilanz, in: ders. (Hg.), Kirchenzucht und Sozialdisziplinierung im frühneuzeitlichen Europa, in: ZHF, Beiheft 16, Berlin 1994, 11–40. Aus rechtshistorischer Perspektive vgl. Dilcher, Religiöse Legitimation (wie Anm. 2); Ralf Frassek, Eherecht und Ehegerichtsbarkeit in der Reformationszeit (Jus Ecclesiasticum 78), Tübingen 2005.

4 Vgl. Dilcher, Religiöse Legitimation (wie Anm. 2), 196.

5 Dilcher, Religiöse Legitimation (wie Anm. 2), 198.

6 Zum Phänomen des Rechtspluralismus in der Vormoderne vgl. Peter Oestmann, Rechtsvielfalt vor Gericht. Rechtsanwendung und Partikularrecht im Alten Reich (Rechtsprechung. Materialien und Studien 18), Frankfurt a.M. 2002.

Hintergrund stellt sich die Frage, wie in der Praxis mit vielfältigen, heterogenen Normen umgegangen wurde, wie überhaupt Herrschaft auf der Basis pluralistischer, vor allem antagonistischer Ordnungsvorstellungen funktionierte und legitimiert wurde.

Diese Frage möchte ich am Beispiel der Jurisdiktionskultur in der Grafschaft Lippe problematisieren, wo sich nach der Einführung des Reformiertentums Anfang des 17. Jahrhunderts sowohl weltliche als auch geistliche Gerichte mit Ehe- und Sexualdelikten auseinandersetzten.[7] Die lippischen Landesherren und Stadträte erließen im 17. Jahrhundert unterschiedliche, teils widersprüchliche normativ-juristische Bestimmungen zur Ehe im materiellen Recht, in denen auch die gerichtlichen Zuständigkeitsbereiche nicht klar genug aufgeteilt wurden. Unter diesen Voraussetzungen war eine vollständige Durchsetzung von Normen nicht möglich, vielmehr musste die Geltung gesetzlicher Bestimmungen von Fall zu Fall zwischen verschiedenen politischen und sozialen Akteuren und juristischen Instanzen immer wieder neu verhandelt werden. Wichtig für die Geltung von Normen war hier also vor allem die rechtliche Praxis, die eine andere, eigene Logik aufwies und sich deshalb nicht allein über die Betrachtung gesetzter Normen erschließt. Die Vielfältigkeit und Mehrdeutigkeit eherechtlicher Verordnungen und Praktiken ist nicht zuletzt darauf zurückzuführen, dass evangelische Theologen und Juristen des ersten nachreformatorischen Jahrhunderts die Ehe dem rechtlichen „Zwitterbereich" der *res mixta* zuordneten, sie also gleichermaßen als Gewissenssache und als weltliche Institution mit zivil- bzw. strafrechtlichem Charakter betrachteten.[8]

7 Zur lippischen Gerichtslandschaft insgesamt vgl. Joachim Heidemann, Das lippische Gerichtswesen am Ausgang des 17. Jahrhunderts, in: Lippische Mitteilungen 31 (1962), 130–144. Zur Praxis der niederen weltlichen Gerichtsbarkeit in Lippe vgl. Michael Frank, Dörfliche Gesellschaft und Kriminalität. Das Fallbeispiel Lippe 1650–1800, Paderborn 1995. Einen fundierten Einblick in die Funktionsweisen des geistlichen Gerichts in der Grafschaft bietet Marion Lischka, Liebe als Ritual. Eheanbahnung und Brautwerbung in der frühneuzeitlichen Grafschaft Lippe (Forschungen zur Regionalgeschichte 55), Paderborn u.a. 2006. Zum Ordnungsrahmen der Ehegerichtsbarkeit in Lippe vgl. Oliver Becher / Aline Steinbrecher, Die Ordnung der Ringe. Verkirchlichung von Eheschließung im Calvinismus, in: Norbert Haag u.a. (Hg.), Ländliche Frömmigkeit. Konfessionskulturen und Lebenswelten 1500–1850, Stuttgart 2002, 255–278.

8 Hartwig Dieterich, Das protestantische Eherecht in Deutschland bis zur Mitte des 17. Jahrhunderts, München 1970, 175ff.

2. Zur Wirksamkeit der Ehe im protestantischen Eherecht

In der römischen wie auch kanonischen Rechtstradition ist für die Wirksamkeit der Ehe nur der gemeinsame Wille der Brautleute erforderlich. Die Verlobung, die meist durch den Beischlaf *(copula carnalis)* bekräftigt wurde, galt nach dem kanonischen Prinzip *consensus facit matrimonium* bereits als begonnene Ehe, mochte sie auch später vor dem Traualtar zusätzlich kirchliche Bestätigung finden. Das Konsensprinzip wurde von Martin Luther (1483–1546) und seinen Anhängern grundsätzlich nicht in Frage gestellt. Die meisten evangelischen Kirchenordnungen haben dieser Auffassung nicht widersprochen und sich auch weiterhin am römischen und kanonischen Recht orientiert.[9] Nach Luther war die kirchliche Einsegnung des Brautpaars für einen rechtsgültigen Vollzug der Ehe nicht zwingend erforderlich, zumal er die Ehe als ein „eusserlich weltlich ding"[10] betrachtete und ihr im Widerspruch zur kirchlichen Lehrmeinung des Mittelalters den Sakramentscharakter absprach.[11] Eine Eheschließung, die lediglich auf dem einvernehmlichen Versprechen des Brautpaars beruhte und keine öffentliche Trauzeremonie beanspruchte, war jedoch nicht selten mit praktischen und juristischen Schwierigkeiten verbunden: So konnte etwa in erb- oder familienrechtlichen Streitfällen nach dem Ehevollzug nicht immer eindeutig festgestellt werden, wer überhaupt verheiratet war. Luther versuchte dem sozialen Konfliktpotential der formlosen Konsensehe entgegenzuwirken, indem er das rechtsgültige Verlöbnis an die Bedingung der Zeugenschaft band: Die Ehe sollte öffentlich mit Wissen und Zustimmung der Eltern des Brautpaars erfolgen, wenn auch nicht notwendig in Anwesenheit eines Predigers.[12] Aus

9 Grundlegend John Witte, Vom Sakrament zum Vertrag. Ehe, Religion und Recht in der abendländischen Tradition (Öffentliche Theologie 15), Gütersloh 2008; vgl. auch Karla Sichelschmidt, Recht aus christlicher Liebe oder obrigkeitlicher Gesetzesbefehl? Juristische Untersuchungen zu den evangelischen Kirchenordnungen des 16. Jahrhunderts (Jus Ecclesiasticum 49), Tübingen 1995, 123f.

10 Martin Luther, Von Ehesachen (1530), in: WA 30/III,205–248, hier 205.

11 Martin Luther, Von der babylonischen Gefangenschaft (1520), in: WA 6,497–573. In seinem Sermon von dem ehelichen Stand (1519) hatte Luther die Ehe noch als heiliges Sakrament, als „äußerlichs heiligs Zeichen" charakterisiert (WA 2,166–171, hier 162).

12 Luther, Von Ehesachen (wie Anm. 10), 211f. Bereits im Spätmittelalter haben sowohl die für Ehesachen zuständigen Bischofsgerichte als auch die weltlichen Obrigkeiten im kanonischen Konsensprinzip ein gesellschaftliches Problem erkannt und diskutiert; vgl. Arnold Angenendt, Ehe im Mittelalter. Mit Anmerkungen zur Xantener Ehegerichtsbarkeit, in: Dieter Geuenich (Hg.), Xantener Vorträge zur Geschichte des Niederrheins 1996–1998, Duisburg 1998, 57–84; vgl. auch Lischka, Liebe als Ritual (wie Anm. 7), 52.

diesen Gründen bezeichnete Luther die *copula carnalis* vor der kirchlichen Einsegnung auch explizit nicht als Unzucht oder „hurerey“, „denn es geschieht ia ynn dem namen und meinung der Ehe, Welchs hertz und meinung odder namen die hurerey nicht hat.“[13]

Nach Johannes Calvin (1509–1564) hingegen war für die Rechtsgültigkeit des Eheversprechens nicht nur die elterliche Zustimmung und öffentliche Bezeugung erforderlich, sondern auch eine staatliche Registrierung und vor allem der kirchliche Segen.[14] Im Rückgriff auf das Alte Testament hat Calvin die Rechtsgültigkeit der Ehe theologisch mit der Lehre vom Bund begründet, indem er die Bundesbeziehung zwischen Gott und den Menschen mit der besonderen Beziehung der Eheleute verglich. Die vier am Ehevollzug beteiligten Parteien (Eltern, Gefährten, Geistliche und Magistrate) waren selbst in unterschiedlichen Dimensionen am göttlichen Bund der Ehe beteiligt „und für die Rechtmäßigkeit der Ehe selbst unbedingt erforderlich“.[15] Folglich sprach sich Calvin im Unterschied zu Luther ausdrücklich gegen den vorehelichen Geschlechtsverkehr unter Verlobten aus, den er neben der im damaligen Genf weit verbreiteten Praxis von Prostitution, Konkubinat und unverheiratetem Zusammensein als Verstoß gegen Gottes siebtes Gebot („Du sollst nicht ehebrechen“) auslegte.[16] Sämtliche sexuelle Aktivitäten, die dem gottgewollten Bund der Ehe als einer heterosexuellen, monogamen und lebenslangen Verbindung widersprachen, sollten nach Calvin zunächst von der Kirche im Rahmen einer Bußzucht bestraft werden.[17] Im Vergleich zu Luther, der die Ehe gemäß seiner Zwei-Regimente-Lehre als eine weltliche Angelegenheit betrachtete und sie deshalb primär der Juris-

13 Luther, Von Ehesachen (wie Anm. 10), 226f.

14 Vgl. u.a. Johannes Calvin, Institutio Christianae Religionis (1559), Buch II, Kap. 8,41; Buch IV, Kap. 19,37 (= Inst. II,8,41; IV,19,37). Calvins Ehereformen schlugen sich in einer Vielzahl von theologischen Schriften, Predigten und Kommentaren nieder. Viele von ihnen fanden Eingang in konkrete Gesetze, die Calvin meist zusammen mit seinen Amtsbrüdern im Genf des 16. Jahrhunderts verfasste: etwa die Genfer Kirchenordnung (Ordonnances ecclésiastiques) von 1541/1561, die Liturgie der Eheschließung in der Genfer Gottesdienstordnung (1542), die Verordnung zu bürgerlichen Ämtern (1543) oder die Eheordnung von 1546, die 1561 in ergänzter Fassung in die Genfer Kirchenordnung integriert wurde; vgl. John Witte, Art. Ehe und Familie, in: Herman J. Selderhuis (Hg.), Calvin Handbuch, Tübingen 2008, 449–459, hier 450.

15 Witte, Art. Ehe und Familie (wie Anm. 14), 451f.

16 Witte, Art. Ehe und Familie (wie Anm. 14), 452ff.

17 Zur Kirchenzucht bei Calvin vgl. Guenther H. Haas, Art. Ethik und Kirchenzucht, in: Herman J. Selderhuis (Hg.), Calvin Handbuch, Tübingen 2008, 326–338. Unter Umständen jedoch – etwa im Falle des böswilligen Verlassens oder Ehebruchs – ließ Calvin wie auch Luther eine Ehescheidung zu.

diktion der weltlichen Obrigkeit zuordnete[18], spielte die Kirche bei Calvin sowohl für die Eheschließung eine zentrale Rolle als auch für die Sanktionierung von all dem, was seiner Auffassung von einer gottgewollten Ehe widersprach.

Obwohl die Kirchenzucht nach Calvin in Anlehnung an Mt 18,15–20 als Ergänzung zur Predigt ursprünglich eine rein kirchliche Angelegenheit war mit dem Ziel, die Sittlichkeit der Gemeinde wiederherzustellen, wurde sie in praxi von einem städtischen Konsistorium ausgeübt, das neben den Pastoren auch Älteste umfasste, die zum Teil Mitglieder des Genfer Stadtrats waren und die wesentlichen Entscheidungsrechte besaßen.[19] Eine Untersuchung der Genfer Konsistorialprotokolle hat außerdem gezeigt, dass der Kirchenrat entgegen seines theologischen Anspruchs einen Großteil seiner Fälle nicht allein bearbeitete, sondern an den Magistrat überwies, den er wiederum regelmäßig an seine richterlichen Pflichten erinnerte und zu einer härteren Bestrafung der Delinquenten aufforderte.[20] Die rechtlichen Verhältnisse im frühneuzeitlichen Genf weisen bereits darauf hin, dass die praktische Umsetzung der Ehe- und Zuchtvorstellungen Calvins mit innerpolitischen Machtkonstellationen von Territorien und Städten korrelierte, in denen der Calvinismus als neue Glaubensdoktrin eingeführt worden war. Nicht selten blieb das Verhältnis von weltlicher und geistlicher (Straf-)Gewalt ambivalent, vor allem, was die Frage der gerichtlichen Zuständigkeit und die Geltung normativer Ansprüche betraf. Als Gegenstand von sowohl weltlichen als auch kirchlichen Verordnungen, Gerichtsprozessen und Traktaten stellte die Ehe ein wichtiges Feld dar, auf dem einerseits die Abgrenzungskonflikte, andererseits aber auch die als notwendig erachtete Zusammenarbeit zwischen weltlichen und geistlichen Autoritäten zum Ausdruck kamen.

18 Luther, Von Ehesachen (wie Anm. 10), 206.

19 Inst. IV,12,8. Vgl. Hans-Jürgen Goertz, Art. Kirchenzucht (Reformationszeit), in: TRE 19 (1990), 173–183 (bes. Kap. 3.3.2); Robert M. Kingdon, Art. Kirche und Obrigkeit, in: Herman J. Selderhuis (Hg.), Calvin Handbuch, Tübingen 2008, 349–355, hier 351. Als weltlich-geistliche Mischbehörde wurde das Konsistorium schließlich auch in der modifizierten Genfer Kirchenordnung 1561 festgeschrieben; vgl. Ordonannces ecclésiastiques (1541/1561), bearb. v. Peter Opitz, in: Calvin-Studienausgabe, Bd. 2: Gestalt und Ordnung der Kirche, hg. v. Eberhard Busch u.a., Neukirchen-Vluyn 1997, 227–279, hier bes. 233f.255.

20 Vgl. Volker Reinhardt, Die Tyrannei der Tugend. Calvin und die Reformation in Genf, München 2009, 147f.

3. Die Ordnung der Ehe in der Grafschaft Lippe: Normativer Rahmen und gerichtliche Praxis

3.1 Institutioneller Hintergrund

Für Matrimonialsachen in der Grafschaft Lippe war überwiegend ein geistliches Gericht zuständig, das vom Landesherrn der Grafschaft Lippe, Simon VI. (1554–1613), um 1600 eingesetzt worden war, kurz bevor er öffentlich zum reformierten Glauben übertrat.[21] Vor der Einführung der Reformation hatten die für die Grafschaft zuständigen bischöflichen Gerichtsbehörden die Jurisdiktion in geistlichen Angelegenheiten, so auch der Ehesachen, inne. Dies änderte sich mit der zweiten lutherischen Kirchenordnung des Jahres 1571, die bereits die Einrichtung eines zentralen geistlichen Gerichts forderte. Zur organisierten Institution wurde das Konsistorium jedoch erst um 1600, als Graf Simon eine eigene Konsistorialordnung erließ, die von reformierten Theologen begutachtet worden war.[22] Ähnlich wie z.B. auch im reformierten Genf blieb das Konsistorium in Lippe eine geistlich-weltliche Mischbehörde, in der Theologen und rechtsgelehrte Laien im Namen des Landesherrn die Verhandlungen vorbereiten, durchführen und zu einem Abschluss bringen sollten.

Zusätzlich wurden in den 1620er Jahren im Auftrag des Landesherrn in einzelnen Kirchspielen der Grafschaft Presbyterien installiert, deren vorderste Aufgabe die Kontrolle über das Überhand nehmende „fluchen, schwere(n) Unzucht, ehebruch und [...] andere boßheiten“ sein sollte.[23] Die Arbeit der Presbyterien wurde wiederum an die Zuständigkeit des Konsistoriums gekoppelt, insofern als nur das Konsistorium in letzter Instanz über „unbusferti-

21 Den Übergang zum reformierten Glauben bekräftige der Graf zu ersten Mal öffentlich im Sommer 1605, als er den Superintendenten des Amts Detmold anwies, das Abendmahl in der Detmolder Kirche auf reformierte Weise zu feiern; vgl. Friedrich Wiehmann, Das Zeitalter der Reformation, in: Volker Wehrmann (Hg.), Die Lippische Landeskirche 1684–1984, Detmold 1984, 15–94, hier 75. Zur Arbeit des lippischen Konsistoriums im 17. und 18. Jahrhundert am Beispiel des Amts Detmold vgl. die jüngst erschienene Studie von Marion Lischka, Liebe als Ritual (wie Anm. 7).

22 Consistorial-Ordnung von 1600, in: Landesverordnungen der Grafschaft Lippe, Bd. 1, Lemgo 1779, 325–351. Das Konsistorium hatte bereits vor 1600 getagt, ohne sich dabei jedoch an einer festen Verfahrensordnung zu orientieren; vgl. Wiehmann, Zeitalter (wie Anm. 21), 74f.

23 Presbyterialakten des Amtes Detmold, StA Detmold, Sign. L 69 Nr. 25 (22.10.1624). Zur Einführung von Presbyterien im Jahre 1624 vgl. Adolf Neuser, Die Kirchenordnung von 1684, in: Volker Wehrmann (Hg.), Die Lippische Landeskirche 1684–1984, Detmold 1984, 95–112, hier 102.

ge" Sünder die Exkommunikation verhängen durfte.[24] Ehe- und Sittendelikte wurden in Lippe jedoch nicht nur vor dem Konsistorium und Presbyterium verhandelt, sondern auch vor weltlichen Gerichten: den für die verschiedenen Städte und Ämter zuständigen landesherrlichen Gogerichten.[25] Die Konsistorialakten und „Wrugeregister" (Rügeregister) der Gogerichte zeigen, dass die Zuständigkeitsbereiche in der Praxis nicht immer klar voneinander abzugrenzen waren.

3.2 Grundlagen des Eherechts

Auch der Ordnungsrahmen schafft hier wenig Klarheit: In und zwischen den verschiedenen Kirchen- und Polizeiordnungen der Grafschaft Lippe lassen sich zahlreiche Divergenzen und Unstimmigkeiten aufdecken, vor allem in Bezug auf die Frage nach der Legitimität der in der Volkskultur auch weiterhin üblichen eheeinleitenden Sexualität. Zusätzlich verfügten auch die Städte der Grafschaft über ihre eigenen Verordnungen, die nicht notwendig mit den gesetzlichen Bestimmungen des Landesherrn konform gehen mussten. In der wohlhabenden Salinenstadt Salzuflen etwa, Anfang des 17. Jahrhunderts die größte Stadt der Grafschaft nach Lemgo,[26] war für die Behandlung von Ehesachen zum einen die lutherische Kirchenordnung von 1571, später die reformierte Kirchenordnung von 1684 rechtsweisend.[27] Zum anderen galten die landesherrlichen Polizeiordnungen aus den Jahren 1583, 1604 und 1620 sowie die Polizeiordnung der Stadt Salzuflen, die der Rat bereits Mitte des 16. Jahrhunderts erlassen hatte, die 1620 aber zusätzlich – wohl auch als Reaktion auf die landesherrliche Polizeiordnung von 1620 – in neuer, hochdeutscher Fassung erschien.[28]

24 Lippische, Spiegelbergische und Pyrmontische Kirchenordnung von 1571, in: Landesverordnungen der Grafschaft Lippe, Bd. 1, Lemgo 1779, 1–172, hier 17ff. Eine besondere Mittlerfunktion zwischen den Presbyterien und dem Konsistorium hatte ab 1684 der Superintendent als leitender Geistlicher eines der drei lippischen Verwaltungsbezirke; vgl. Lippische Kirchen-Ordnung von 1684, in: Landesverordnungen der Grafschaft Lippe, Bd. 1, Lemgo 1779, 498–684, hier 551.

25 Exemplarisch: Frank, Dörfliche Gesellschaft (wie Anm. 7); vgl. auch Heidemann, Gerichtswesen (wie Anm. 7), 134f.

26 Martin Kuhlmann, Bevölkerungsgeographie des Landes Lippe (Forschungen zur deutschen Landeskunde 76), Remagen 1954, 108.131ff.

27 Die Kirchenordnung von 1571 blieb auch nach der Einführung des Reformiertentums um 1600 zunächst in Kraft.

28 Alte Policey-Ordnung 1583, StA Detmold, Sign. D 71 Nr. 105; Gräffliche Lippische Policey Ordnung 1604, StA Detmold, Sign. D 71 Nr. 75; Policei-Ordnung von 1620, in: Landesverordnungen der Grafschaft Lippe, Bd. 1, Lemgo 1779, 358–389; Polizeiordnung der Stadt Salzuflen 1550, Stadtarchiv Bad Salzuflen, Sign. A Nr. 241, ff. 137–142; Polizei-

Sowohl die Kirchenordnung von 1571 als auch die landesherrlichen Polizeiordnungen verlangten im Sinne Luthers und Calvins neben der kirchlichen Einsegnung vor allem die elterliche Zustimmung zur Ehe. Eine heimliche Verlobung wurde für ungültig erklärt. Dagegen war die Praxis der eheeinleitenden Sexualität in der Kirchenordnung von 1571 – ganz im Sinne Luthers – nicht explizit verboten. Mit Verweis auf Hebr 13,4 („Die Ehe soll in Ehren gehalten werden bei allen und das Ehebett unbefleckt; denn die Unzüchtigen und die Ehebrecher wird Gott richten") sollte nach der lippischen Kirchenordnung „das Ehebette unbefleckt gehalten, und allem ungöttlichen Wesen gewehret" werden.[29] Fraglich bleibt jedoch, wo genau hier die Grenze zwischen Unzucht und Ehebruch verlief und ob sich die entsprechende Bestimmung in der lutherischen Kirchenordnung nur gegen den Ehebruch als Unzüchtigkeit in einer bereits anerkannten Ehe oder auch gegen den vorehelichen Beischlaf richtete.

In der landesherrlichen Polizeiordnung von 1620 hingegen war – eher im Sinne Calvins – neben dem heimlichen Verlöbnis auch der außereheliche Geschlechtsverkehr in jeglicher Form verboten und wurde mit Geldbußen bestraft. Sollte jedoch „neben der ehelichen Verlöbnis auch die fleischliche Vermischung gestanden, oder gebührlich bewiesen, so wird zu Verhütung großerer Aergernis mit der Ehe verfahren, und der Eltern Consens ausgestelt [...]".[30] Laut Polizeiordnung, die sich auf ähnliche Bestimmungen in Verordnungen der Jahre 1583 und 1604 stützte, war also einerseits die elterliche Zustimmung zur Ehe notwendig, die jedoch andererseits durch ein heimliches Verlöbnis mit darauffolgendem Beischlaf substituiert werden konnte. Wenn also die Ehe nach dem Vollzug der *copula carnalis* kirchlich vollzogen wurde, musste das Brautpaar zunächst nicht mit einer Ahndung rechnen. Zwei eigentlich ausdrücklich verbotene Handlungen (heimliches Verlöbnis und Geschlechtsverkehr vor der Ehe) konnten somit in gegenseitiger Ergänzung die Rechtswirksamkeit einer gültigen Ehe nicht in Frage stellen.[31]

Die reformierte Kirchenordnung von 1684 hingegen erklärte eine Ehe, die ohne Wissen der Eltern mit dem Beischlaf besiegelt worden war, prin-

ordnung der Stadt Salzuflen 1620, Stadtarchiv Bad Salzuflen, Sign. A Nr. 241, ff. 145–154/161. Zu den frühneuzeitlichen Verordnungen der Stadt Salzuflen vgl. Nicolas Rügge, Krise und Behauptung. Salzuflen vom Dreißigjährigen Krieg bis zum Siebenjährigen Krieg, in: Franz Meyer (Hg.), Bad Salzuflen. Epochen der Stadtgeschichte, Bielefeld 2007, 115–148, hier 122.

29 Kirchenordnung 1571 (wie Anm. 24), 97.

30 Polizeiordnung 1620 (wie Anm. 28), 360f.

31 Vgl. auch Lischka, Liebe als Ritual (wie Anm. 7), 56.

zipiell für ungültig. Sie bewertete ein solches Verhalten als „Hurerei", das vom Gogericht und Presbyterium gleichermaßen bestraft werden sollte.[32] Sollte der Geschlechtsverkehr auf ein öffentliches Verlöbnis – also mit Zustimmung der Eltern – folgen, sollte dies wohl bestraft und vor der Gemeinde öffentlich bekannt werden, die Ehe wurde hier aber nicht explizit für ungültig erklärt.[33] Die reformierte Kirchenordnung gab dem Elternkonsens also eine ausnahmslos rechtsverbindliche Bedeutung und unterstrich damit noch einmal den protestantischen Charakter des lippischen Eherechts. Als Antwort auf die Rechtsprobleme formloser Ehen in katholischen Gebieten einerseits und auf die protestantischen Ehereformen andererseits hatte das Konzil von Trient 1563 das Dekret Tametsi erlassen, das die Konsenserklärung der Brautleute an die kirchliche Trauung band, aber letztlich keine elterliche Zustimmung zur Ehe der Kinder verlangte.[34] Die lippische Kirchenordnung von 1684 stellte daher eine deutliche Abgrenzung zum nachtridentinischen kanonischen Sponsalienrecht dar, aber auch zur landesherrlichen Polizeiordnung von 1620, die gleichzeitig in Kraft blieb.

Die Polizeiordnungen stellten darüber hinaus einen akribischen Strafkatalog für all jene „Unpflichten" auf, die nicht mit einer ehelichen Zusage verbunden waren. Sollte ein Paar, das bei unzüchtigem Verhalten ertappt worden war, im Nachhinein heiraten, fiel die Geldstrafe allerdings wesentlich geringer aus.[35] Ähnlich lauteten wiederum die weltlichen Bestimmungen der Stadtverordnung in Salzuflen aus dem Jahr 1620, die dem Brautvater eine Strafe von 10 Reichstalern auferlegten, falls sich herausstellen sollte, dass die Braut bei der Hochzeit keine Jungfrau mehr war.[36] Gleichzeitig aber hatten die landesherrlichen Polizeiordnungen auch Entschädigungsregelungen zum Inhalt: Die landesherrlichen Polizeiordnungen verlangten für den Fall, dass ein Beklagter die geschwängerte Frau nicht heiraten sollte, die Auszahlung einer Steuer, um den Ehrverlust der Frau in Grenzen zu halten.[37] Einerseits wurde also Unzucht mit Schwängerungs-

32 Kirchenordnung 1684 (wie Anm. 24), 572.578.

33 Kirchenordnung 1684 (wie Anm. 24), 578.

34 Zur Entwicklung vgl. Witte, Sakrament (wie Anm. 9), 52ff.; Reinhard Lettmann, Die Diskussion über die klandestinen Ehen und die Einführung einer zur Gültigkeit verpflichtenden Eheschließungsform auf dem Konzil von Trient (Münstersche Beiträge zur Theologie 31), Münster 1966.

35 Vgl. Polizeiordnung 1620 (wie Anm. 28), 361. Die Strafzahlungen sollten sich im Falle einer Heirat von 10 auf 5 Reichstaler reduzieren.

36 Polizeiordnung Salzuflen 1620 (wie Anm. 28), f. 150; vgl. auch Polizeiordnung Salzuflen 1550 (wie Anm. 28), f. 141, die die gleiche Strafe gefordert hatte.

37 Polizeiordnung 1583 (wie Anm. 28), f. 5r; Polizeiordnung 1604 (wie Anm. 28), f. 12; Polizeiordnung 1620 (wie Anm. 28), 361.

folge kriminalisiert, andererseits sollten wiederum die geschwängerten Frauen entschädigt werden und Geld erhalten – vor allem dann, wenn sich herausstellen sollte, dass ihnen zuvor die Ehe versprochen worden war. Differenziert wurde hier also augenscheinlich zwischen Delikten der eheeinleitenden Sexualität, die laut der landesherrlichen Polizeiordnung von 1620 vor dem Konsistorium verhandelt werden sollten, und denen der einfachen Unzucht bzw. Unpflicht, die das Gogericht zu bestrafen hatte. Was Unpflichten mit und was Unpflichten ohne begleitende Ehezusage waren, ließ sich in der Praxis jedoch nicht immer leicht feststellen, zumal es im Interesse einer Partei liegen konnte, ein Verlöbnis mit darauffolgendem Beischlaf abzustreiten, um eine Ehe und damit einhergehende Verpflichtungen zu verhindern, oder umgekehrt den außerehelichen Geschlechtsverkehr als Eheversprechen auszugeben, etwa um einem Ehrverlust oder der Bestrafung wegen Unzucht zu entgehen. Das Delikt der außerehelichen „fleischlichen Vermischung" konnte also sowohl vor dem weltlichen Gogericht als auch vor dem Konsistorium verhandelt werden.

Fälle von Unzucht konnten als sittenwidrige Vergehen schließlich auch von den Ältesten und Geistlichen der lippischen Kirchspiele verhandelt werden. Nach den Kirchenordnungen von 1571 und 1684 sollte die Kirche alle „Sünder", die Ehebruch, Blutschande oder Hurerei begangen hatten, auf die Kirchenbuße vorbereiten.[38] Bis 1684 war allerdings unklar, ob die Kirchenzucht als geistliche Bußzucht der weltlichen Strafe vor- oder nachgelagert war oder sie teilweise ersetzen konnte. Erst aus der Kirchenordnung von 1684 geht deutlich hervor, dass zunächst das Presbyterium alle „in Ehesachen vorfallende erhebliche Streitigkeiten" verhandeln sollte, bevor es die Fälle, die sich nicht durch „gütliche friedliebend Christliche Zusprache" im Vorfeld klären ließen, zur Schlichtung an das Konsistorium verwies.[39]

Es gab also mehrere Institutionen, die sich mit Ehesachen zu befassen hatten, wobei die gerichtlichen Zuständigkeiten in diesem Bereich nicht immer klar waren. Unklar war schließlich auch die normative Definition von Ehe sowie sexueller Devianz und entsprechend ambivalent das Strafmaß: Je nach Auslegung der Normen und Interpretation der Delikte konnten die Sank-

38 Kirchenordnung 1571 (wie Anm. 24), 18ff.; Kirchenordnung 1684 (wie Anm. 24), 551f. Frank, Dörfliche Gesellschaft (wie Anm. 7), 320, geht irrtümlich davon aus, dass das Konsistorium zur Aufrechterhaltung von Sitte und Zucht Kirchenstrafen verhängte. Zwar sollte das Konsistorium in eher seltenen Fällen die Exkommunikation aussprechen, die Kirchenzucht aber übernahmen die Presbyterien. Das Konsistorium hingegen befasste sich in erster Linie mit Ehe- und Entschädigungsklagen auf der Grundlage einer Zivilgerichtsordnung.

39 Kirchenordnung 1684 (wie Anm. 24), 575.

tionen ausgleichend und moderat sein, verbunden mit der Chance auf eine Wiederherstellung der sozialen Ehre (etwa durch eine Entschädigungszahlung), oder punitiver Art sein, das heißt stigmatisierend und dauerhaft ausgrenzend bis hin zum Landesverweis.[40]

4. Soziale und gerichtliche Praxis

Vor dem Hintergrund der normativen und institutionellen Vielfalt stellt sich nun die Frage, wie die Gerichte und die Untertanen in der Praxis mit diesen Ambivalenzen umgingen. Aus den Akten des geistlichen Gerichts geht hervor, dass das Konsistorium in der Regel die per accusationem durchgeführten Eheklagen und Entschädigungen behandelte, zumal sich das Verfahren laut Konsistorialordnung an den Grundsätzen des römisch-kanonischen Zivilprozesses orientierte.[41] In der Praxis nahm das Konsistorium eine Untersuchung ehebezogener Konflikte aber auch auf der Grundlage einer Inquisition, d.h. auf Meldung lokaler Amtsträger, vor. Das Gogericht hingegen befasste sich in erster Linie mit Unzuchtsfällen, die meist durch Pastoren oder Amtsleute vor Ort gemeldet und anschließend *ex officio* untersucht wurden.[42] Die Pastoren wandten sich in der Regel an den vom Landesherrn eingesetzten Stadtrichter von Salzuflen, der wiederum dem zuständigen Vogt die Klage anzeigte. Der Vogt dokumentierte alle Anzeigen, die in den Bereich der niederen Strafgerichtsbarkeit fielen, in einem Wrugeregister, auf dessen Grundlage der landesherrliche Gorichter zweimal im Jahr vor Ort sein Urteil fällte und die Höhe der Strafzahlungen festlegte.[43]

40 Zum „Janusgesicht" der frühneuzeitlichen Strafjustiz vgl. Joachim Eibach, Versprochene Gleichheit – verhandelte Ungleichheit: Zum sozialen Aspekt in der Strafjustiz der frühen Neuzeit, in: Geschichte und Gesellschaft 35/4 (2009), 488–533, hier 510.

41 Konsistorialordnung 1600 (wie Anm. 22). Lischka konnte nachweisen, dass sich das Konsistorium auch im 18. Jahrhundert vermehrt mit Eheklagen auseinandergesetzt hat (Lischka, Liebe als Ritual [wie Anm. 7], hier bes. 39). Die Annahme Franks, dass sich zu dieser Zeit die „Einflussmöglichkeiten dieser Institution [in der Sittengerichtsbarkeit] auf Ermahnungen und die Weiterleitung an weltliche Gerichte beschränkten", wird damit hinfällig (Frank, Dörfliche Gesellschaft [wie Anm. 7], 320).

42 Anzeigen von beteiligten Parteien lagen hingegen häufig in den Deliktbereichen der leichten Körperverletzungen und Injurien vor; vgl. Register des Gogerichts der Stadt Salzuflen, StA Detmold, Sign. L 89 A.

43 Ein Teil der Strafzahlungen bei Unzuchtsdelikten floss in die Armenkassen, den Rest teilte sich der Richter in der Regel mit dem Stadtrat. Zur Praxis der lippischen Gogerichte am Beispiel des Gogerichts der Vogtei Heiden vgl. Frank, Dörfliche Gesellschaft (wie Anm. 7), 169ff.

Dennoch wäre es zu einfach, das Gogericht allein als Strafinstanz und das Konsistorium als Mediator zu beschreiben, zumal auch das Konsistorium nachweislich Geldstrafen verhängte und das Gogericht auch für Alimentationen und Entschädigungen sorgte. Auch deswegen behandelten beide Gerichte zum Teil die gleichen Fälle, jedoch nicht notwendig mit gleicher Urteilsfindung. In einem Fall von 1619 etwa klagte die Dienstmagd Adelheid Alberding beim Konsistorium gegen ihren ehemaligen Hausherrn, den Kaufmann Johann Schincken, auf Entschädigung eines nicht vollzogenen Eheversprechens ebenso wie auf Alimentierung ihres gemeinsamen Kindes, die laut Polizeiordnung von 1604 eigentlich vor dem Gogericht verhandelt werden sollten.[44] Aus dem Gegenbericht des Angeklagten geht hervor, dass der Beklagte sich bereits vor dem Gogericht wegen Unzucht verantworten und dafür zehn Taler Brüchte zahlen musste. Johann Schincken wurde außerdem verpflichtet, das gemeinsame Kind für eine Dauer von drei Jahren zu unterhalten. Das Konsistorium wiederum verlangte in seinem Urteil, dass Johann Schincken an Adelheid Alberding eine Abfindung von weiteren 20 Thalern als Entschädigung für ihre Defloration zahlte, und verordnete darüber hinaus eine zusätzliche Strafzahlung wegen „der getriebenen Ergerlichen Unzucht“. Die Urteile der beteiligten Institutionen mussten also nicht notwendig identisch sein. Beide Gerichte konnten vielmehr ein selbständiges Urteil fällen.

Die Gerichtsakten liefern also einerseits Antworten auf die Frage nach dem Umgang und dem Verhältnis zwischen den am Eherecht beteiligten Institutionen. Zum anderen gehen aus den Akten auch Informationen zu den juristischen Beteiligungsmöglichkeiten der Untertanen hervor. Im oben genannten Fall hatte Adelheid Alberding die Möglichkeit, ihren vermeintlichen Verlobten sowohl vor dem Gogericht als auch vor dem Konsistorium zur Rechenschaft zu ziehen. Darüber hinaus hatten die Untertanen etwa im Falle eines gebrochenen Eheversprechens die Möglichkeit, die Presbyter und Prediger ihres Kirchspiels als Mediatoren einzuschalten. Obwohl erst die reformierte Kirchenordnung des Jahres 1684 die Einrichtung von Presbyterien explizit anordnete, belegen Presbyterialprotokolle, dass einige Presbyterien in der Grafschaft bereits 1624 im Auftrag des Grafen Simon installiert worden waren.[45] Ebenso belegen die Protokolle, dass im Rahmen der Presbyterialversammlungen vor 1684 offenbar auch Ehesachen ohne die akti-

44 Akten des geistlichen Gerichts, StA Detmold, Sign. L 85 Nr. 140; Polizeiordnung 1604 (wie Anm. 28), ff. 14–15.

45 Kirchenordnung 1684 (wie Anm. 24), 539; Ministerial- und Presbyterialangelegenheiten, StA Detmold, Sign. L 69 Nr. 25.

ve Beteiligung des Konsistoriums oder des Gogerichts verhandelt und zu einem Abschluss gebracht werden konnten – auch unter der Einberufung von Zeugen. Erst in strittigen Fällen verwiesen sie die Ehesache an das Konsistorium. In der Kirchenordnung von 1684 wurde also offenbar nur das rechtlich fixiert, was schon länger bewährte Praxis gewesen war.

In einem Fall aus dem Jahre 1687 etwa zeigte Elisabeth Halberstern aus Salzuflen dem zuständigen Superintendenten an, dass der Bürger Ebers Krückemeyer ihr die Ehe versprochen und sie geschwängert, sein Versprechen letztlich aber nicht eingehalten habe.[46] Der Superintendent schaltete daraufhin gemäß der neuen Kirchenordnung von 1684 das Presbyterium in Salzuflen ein, das jedoch auch nach einer mehrmaligen Anhörung beider Parteien keine Einigung erzielen konnte, zumal einerseits der Beklagte sämtliche Vorwürfe zurückwies, und andererseits nachfolgend zwei weitere Frauen behaupteten, mit dem Beklagten verlobt und von ihm geschwängert worden zu sein. Als der Beklagte schließlich ins benachbarte Herford floh, verwies der Superintendent den Fall auch auf Bitten der ersten Klägerin Elisabeth Halberstern an das Konsistorium, das den Stadtrat in Herford aufforderte, den Beklagten Krückemeyer in Haft zu nehmen.

Die Untertanen hatten also je nach Interesse und Bedarf die Möglichkeit, unterschiedliche Gerichte anzurufen, um ihre Rechte zu verhandeln. Auf institutioneller Ebene konnte die vielfältige Rechtslandschaft der Grafschaft jedoch auch Konflikte hervorrufen, etwa wenn Gerichte und Presbyterien sich in ihren Kompetenzen bedroht sahen. In den Konsistorialakten finden sich mehrere an den Landesherrn gerichtete Beschwerdeschriften, in denen die Superintendenten der Grafschaft bemängelten, es würden zu viele „Geistliche oder Consistorial Sachen an weltliche Gerichte gezogen".[47] Auch die Tatsache, dass es für die Aufgaben und Kompetenzen der Presbyterien bis 1684 keine klaren rechtlichen Vorgaben gab, führte zu zahlreichen Klagen innerhalb der Kirche. Prediger aus der Grafschaft haben den Landesherrn wiederholt auf die Notwendigkeit einer eigenen reformierten Kirchenordnung mit einer klaren Regelung des presbyterialen Zuständigkeitsbereichs hingewiesen und gleichzeitig die fortwährenden „Unordnungen bei Hochzeiten" angeprangert.[48] Es gab auf Seiten der Geistlichkeit also offenbar das Bedürfnis nach einer sachlichen Abgrenzung und Differenzierung der geistlichen und weltlichen Kompetenzbereiche. Es lassen sich daneben aber auch Beispiele für eine Kooperation zwischen beiden Gerichten

46 Akten des geistlichen Gerichts, StA Detmold, Sign. L 85 Nr. 2449.
47 Vgl. Consistorial Gravamina des Jahres 1652, StA Detmold, L 65 Nr. 34.
48 Vgl. Visitationsberichte 1652, 1656, StA Detmold, L 65 Nr. 34.

finden: So bestätigen sowohl die Presbyterial- und Konsistorialakten als auch die Wrugeregister des Gogerichts, dass die Gerichte schon aus Gründen der wechselseitigen Informationsversorgung in strittigen Fragen aufeinander verwiesen, Fälle teils gemeinsam bearbeiteten oder an die jeweils andere Institution abgaben.

5. Fazit und Perspektiven

Der Konfessionswechsel in der frühen Neuzeit vollzog sich bekanntlich nicht ohne Brüche und Widersprüche, die auch und gerade in der territorialen Rechtssphäre zum Tragen kamen. Obwohl die weltlichen und geistlichen Amtsträger und Institutionen in großen Linien die gleichen Interessen verfolgten – nämlich heimliche Verlobungen, illegitime Kinder und deren Versorgung aus der Armenkasse zu verhindern – so bedeutete dies nicht, dass Landesherr, Kirche und Magistrat hierzu auch konsistente Regeln aufstellten, die von den Untertanen gleichermaßen befolgt wurden. Es ist inzwischen nicht weiter überraschend, dass heimliche Verlöbnisse und Praktiken der eheeinleitenden Sexualität auch nach der Reformation ein wichtiger Teil der Volkskultur blieben. Eine Reihe von historischen Forschungen hat vor allem in den 1990er Jahren die Kontinuität dieser kulturellen Praxis für zahlreiche Territorien des deutschen Reiches belegt, die im 16. oder im frühen 17. Jahrhundert zum reformierten Glauben übergetreten waren.[49] Vor dem Hintergrund mangelnder rechtlicher Eindeutigkeit und sozialer Devianz aber stellt sich gerade die Frage, wie eine grundsätzliche gesellschaftliche Akzeptanz für die politische, d.h. auch Recht setzende Herrschaft hergestellt werden konnte. Die Legitimation der Landesherrschaft hing auch davon ab, inwieweit es der Obrigkeit gelang, genügend Raum für die Austragung von Konflikten zu schaffen. Denn letztlich war es auch die normative und institutionelle Vielfalt gewesen, die den Untertanen einen größeren Spielraum

49 Für Emden vgl. exemplarisch Heinz Schilling, Frühneuzeitliche Formierung und Disziplinierung von Ehe, Familie und Erziehung im Spiegel calvinistischer Kirchenratsprotokolle, in: Paolo Prodi (Hg.), Glaube und Eid. Treueformeln, Glaubensbekenntnisse und Sozialdisziplinierung zwischen Mittelalter und Neuzeit, München 1993, 199–235. Für Pfalz-Zweibrücken vgl. Frank Konersmann, Disziplinierung und Verchristlichung von Sexualität und Ehe in Pfalz-Zweibrücken im 16. und 17. Jahrhundert, in: Blätter für Pfälzer Kirchengeschichte und religiöse Volkskunde 58 (1991), 11–41. Für die Kurpfalz vgl. Joel F. Harrington, Reordering marriage and society in Reformation Germany, Cambridge 1995. Für Hessen vgl. Uwe Sibeth, Eherecht und Staatsbildung. Ehegesetzgebung und Eherechtsprechung in der Landgrafschaft Hessen (-Kassel) in der frühen Neuzeit (Quellen und Forschungen zur Hessischen Geschichte 98), Darmstadt 1994.

zur Verhandlung ihrer Interessen verschaffte. In der Phase des Übergangs zum Reformiertentum standen in der Grafschaft Lippe unterschiedliche Normen lutherischer, reformierter und säkularer, d.h. rein ordnungspolitischer Prägung, nebeneinander, ohne dass sie sich notwendig exklusiv zueinander zu verhielten. Hier herrschte also eine gewisse Toleranz gegenüber einer normativen Vielfalt und Deutungsoffenheit vor, die nicht zuletzt zur Integration unterschiedlicher gesellschaftlicher Traditionen und Wertvorstellungen beitrug und die Konfliktregelung vor Gericht offener und flexibler, aber auch komplexer werden ließ. Trotz einer beginnenden Ausdifferenzierung der lippischen Gerichtslandschaft führte der Rechtspluralismus zu einer gewissen Offenheit und Durchlässigkeit auch innerhalb der weltlichen und geistlichen Zuständigkeitsbereiche, was einerseits zu einer kooperativen Verschränkung beider Sphären, andererseits aber auch zu Abgrenzungskonflikten führte. Die Rechtskultur in der Zeit der konfessionellen Übergänge wurde in Lippe vorrangig von einer gerichtlichen Praxis bestimmt, die flexibel genug war, um auf die territorialen Veränderungen im Staats- und Gesetzeswesen reagieren zu können. Als Desiderat wäre deshalb eine genauere Untersuchung dieser gerichtlichen Praxis, so vor allem der Vermittlungsprozesse und Konflikte zwischen den verschiedenen Institutionen und Amtsträgern einerseits und zwischen den Untertanen und den beteiligten Gerichten andererseits, wünschenswert.

Auswirkungen der Reformation und des reformierten Pietismus auf das Verhältnis zwischen Kirche und Obrigkeit am Beispiel der niederländischen Stadt Kampen

von Frank van der Pol

Im Rahmen des umfassenderen Themenfeldes „Kirche, Theologie und Politik im reformierten Protestantismus“ konzentriert sich mein Teilbeitrag auf die Auswirkungen der Reformation und des reformierten Pietismus auf das Verhältnis zwischen Kirche und Obrigkeit in den Niederlanden am Beispiel der Stadt Kampen. Die Analyse beschränkt sich zwar *lokal* auf die hinsichtlich ihrer reformatorischen Vergangenheit junge, historisch hingegen schon recht alte Hansestadt Kampen in der Provinz Overijssel. In vielen frühmodernen niederländischen Städten zeigten sich jedoch parallele Entwicklungen. Kampen dient somit als Modell, wobei es uns primär um die Frage nach den politischen Auswirkungen der reformierten Identität geht.

1. Eine wachsende reformierte Überzeugung[1]

In den Niederlanden war die Auseinandersetzung zwischen Protestantismus und Katholizismus in militärischer wie in politischer Hinsicht prägend. Die Konfessionalisierung führte zu einem tiefgreifenden Wandel der kirchlichen Verhältnisse, zu einem Religionsstreit, der zugleich ein Unabhängigkeitskrieg gegen Spanien war. Die ersten Signale reformatorischer Kritik in Kampen kamen von Geistlichen, von gebildeten Laien, darunter auch kapitalkräftigen Kaufleuten, von Mitgliedern der Schifferzunft und von Menschen aus der einfachen Bürgerschaft. Mitte der sechziger Jahre fand in großem Umfang die Infiltration mit offiziell verbotener Lektüre statt. Da der Magistrat in dieser Sache praktisch keine strenge Kontrolle ausübte, gab er weiteren Angriffen auf das kirchliche System Raum.

Anfang September 1566 – also im Jahr des Bildersturmes und der Freiluftpredigten in Holland – reichten kritische Bürger in Kampen als Grup-

1 Vgl. Frank van der Pol, De reformatie te Kampen in de zestiende eeuw, Kampen 1990.

pe eine Petition für die Zuweisung eines Kirchenraumes für Gottesdienste nach der *Confessio Augustana* ein. Angesichts der parallelen Entwicklungen in den beiden Nachbarstädten Deventer und Zwolle und der Unterstützung seitens der Stände der Provinz Overijssel war die gesetzliche Zuweisung eines Kirchengebäudes für Gottesdienste nach der *Confessio Augustana* seit September 1566 möglich. Der Magistrat machte Zugeständnisse, um radikale Aktionen zu verhindern.

Bald nachdem sich diese für Protestanten so hoffnungsvolle Perspektive gezeigt hatte, mussten die reformatorisch gesinnten Kreise wegen des spanischen Regimes wieder in den Untergrund gehen, bis Kampen vor Wilhelm von Oranien (1533–1584) kapitulieren musste. Bei der Übergabe der Stadt wurde erneut die freie Abhaltung von Gottesdiensten nach dem Augsburger Bekenntnis zugesagt. Innerhalb von drei Monaten trat die Stadt jedoch wieder ins spanische Lager über, so dass viele Reformierte ins Exil gingen. Sie lernten die ausländischen Exulantenkirchen und die Kirchen in den aufständischen Provinzen, insbesondere in Holland, kennen. Hier festigte sich ihre wachsende reformierte Überzeugung.

Nach ihrer Rückkehr aus der Verbannung steuerten die Exulanten ihre Erfahrungen für den Aufbau des reformierten Lebens in Kampen bei. Die politischen Verhältnisse und ein langwieriger Aufenthalt im Exil hatten ihre kirchliche und theologische Identität weiter geformt. Von einem kirchlichen Leben entsprechend der *Confessio Augustana* war nun nicht mehr die Rede. Hierfür wurde vielmehr eine konfessionelle Einheit unter Bindung an das *Niederländische Glaubensbekenntnis (Confessio Belgica)* und den *Heidelberger Katechismus* formuliert. Die drei größten Städte in der Provinz hatten schon bald ein reformiertes Konsistorium. Der ehemalige Rektor der Lateinschule wurde der erste reformierte Pastor in Kampen und legte das Fundament für ein reformiertes kirchliches Leben in der Provinz Overijssel. Im Anschluss an Bestimmungen verschiedener Nationalsynoden entwickelte man mehrere Initiativen, um die Reformation fortzuführen.

2. *Rathaus und Konsistorium*

Zwischen Rathaus und Konsistorium bestand ein intensives Verhältnis. Einige Magistratsmitglieder erhielten einen Sitz im Konsistorium, so dass die städtische Obrigkeit und der Kirchenrat sich zum Teil aus denselben Personen zusammensetzten. Die für reformierte Gottesdienste eingerichteten Kirchen blieben öffentliche Gebäude, und die gesamte Kirchenstiftung wurde weiterhin im Auftrag der städtischen Obrigkeit von weltlichen Kirchenvorstehern und Verwesern durch die Stadtregierung verwaltet. An der personellen Besetzung des Amtes eines Kirchenvorstehers veränderte die Reformation nichts. Auch die Stadtorganisten blieben im Amt. Dass verschiedene kirchliche Kosten der Stadt in Rechnung gestellt wurden, kam auch nach der Reformation genauso vor. Die seelsorgerlichen Aufgaben der Pastoren umfassten auch die Begleitung Gefangener und zum Tode Verurteilter in der Stadt. Die früher durch den Magistrat Privatpersonen auferlegte Verpflichtung, bei der Abfassung ihres Testaments der Kirche einen bestimmten Betrag zu schenken, blieb auch nach der Reformation bestehen. Auch die Einbeziehung reformierter Pfarrer als Verfasser oder Zeugen von Testamenten bewies diese Kontinuität. Im Verhältnis zwischen städtischer Obrigkeit und Kirche bewirkte der Übergang zur Reformation keine grundlegenden Veränderungen. Der Magistrat behielt seine Schirmherrschaft über die öffentliche Kirche bei, die er bereits unter den vorreformatorischen Verhältnissen innehatte.

In der Gemeindeleitung wusste der Kirchenrat eine gewisse Selbständigkeit gegenüber der städtischen Obrigkeit zu wahren. Die Wahl und die Examination von Pastoren trugen einen kirchlichen Charakter, doch war die obrigkeitliche Approbation für die Ernennung von Pastoren erforderlich. Ebenso wie zuvor die katholischen Pfarrer wurden nunmehr die reformierten Pastoren vom Magistrat als Stadtbeamte betrachtet. Ein Berufener erhielt seine Ernennungsurkunde aus den Händen des Magistrats. Darin war seine Position dergestalt umschrieben, als sei er ein städtischer Beamter. Für die Gehälter der Pastoren war die Kirche vom Magistrat abhängig.

Für die reformierten Prediger ließ der Magistrat eine Bibliothek einrichten, die diese für ihre Amtsaufgaben nutzen konnten. Mit dieser Anschaffung stellte die Obrigkeit den Predigern eine große Auswahl exegetischer, homiletischer, dogmatischer und kirchenrechtlicher Literatur zur Verfügung. Damit konnten sie sich im Anschluss an das, was in anderen Zentren der städtischen Reformation, insbesondere in Genf und Zürich, gelesen wurde, auf ihre Predigten und ihre übrigen Amtsaufgaben vorbereiten.

Die bürgerliche Obrigkeit rief regelmäßig Fasten- und Bettage aus. Die städtische Armenfürsorge wurde in den neunziger Jahren des 16. Jahrhunderts für kurze Zeit in die Hand der reformierten Diakonie gelegt. Dies geschah jedoch unter dem ausdrücklichen Vorbehalt, dass dabei keine religiösen Unterschiede gemacht werden dürften. Um 1600 wurde das Diakonenamt von der städtischen Obrigkeit in den Rahmen der bürgerlichen Armenfürsorge integriert. Es kam also zu einer Art Einkapselung der kirchlichen Diakonie durch die bürgerliche Obrigkeit.

Bezüglich der Eheschließungen erachtete die reformierte Kirche eine angemessene Beaufsichtigung durch die Obrigkeit für notwendig. Da mit der

Reformation die kirchliche Rechtspflege gemäß dem kanonischen Recht entfiel, war eine neue Rechtsgebung für die Eheschließung notwendig. Die reformierte Kirche trat für eine Neuregelung ein, derzufolge neben der Obrigkeit die Kirche ein entscheidendes Mitspracherecht bei den Angelegenheiten der Eheschließung haben sollte. Eine solche Regelung kam jedoch *nicht* zustande. Der Magistrat sah die kirchliche Eheschließung in der reformierten Kirche als legitim an; außer im Rahmen eines Gottesdienstes in der Kirche war die Eheschließung aber auch im Rathaus möglich.

Auch in Bezug auf die geistlichen Besitztümer sahen die Reformierten ihr Ideal größtenteils *nicht* verwirklicht. Klostergüter wurden von der Stadt inventarisiert und unter die Aufsicht städtischer Verwalter gestellt. Der Magistrat war jedoch für eine Verwendung dieser Besitztümer *ad pias causas* offen.

3. Auswirkungen der Zusammenarbeit von Kirche und Obrigkeit auf Schule und Bildung[2]

Die reformierte Identität erlangte im Bildungsdenken eine zentrale Bedeutung. Zu Beginn der neunziger Jahre erklärte die Provinzialsynode der Kirchen in Overijssel, dass diese bei den Obrigkeiten darauf drängen müssten, dass hinsichtlich der Schulen eine gute Ordnung eingehalten werde. Mit den anderen Kirchen in der Provinz war die Kirche von Kampen davon überzeugt, dass für die Ausbildung zu weltlichen und kirchlichen Ämtern reformierte höhere und niedere Bildungsanstalten nötig waren. Sie drängten bei der provinzialen Obrigkeit darauf, dass diese den Beschluss zur Gründung einer reformierten akademischen Bildungsanstalt tatsächlich ausführte. Die Stadtverwaltung von Kampen hatte zu diesem Zweck Deventer „Geld für die Gründung eines *collegium studiosorum*" in jener Stadt geschickt. Der Kirchenrat von Deventer bat ein Jahr später erneut um die Fortführung dieser Pläne und verband damit das Gesuch um die Einrichtung einer guten Bibliothek und einer provinzialen reformierten Druckerei.

Noch in seinem ersten Jahr richtete der neue reformierte Rektor in Kampen gemeinsam mit dem ersten reformierten Pastor an den Kamper Magistrat eine Aufforderung zum „Studium der Frömmigkeit" *(ad studium pie-*

2 Vgl. Frank van der Pol, Voraussetzungen konfessioneller Theologenausbildung in den Niederlanden: Auswirkungen der Reformation auf Schule und Bildung in Kampen, in: Herman J. Selderhuis / Markus Wriedt (Hg.), Konfession, Migration und Elitenbildung. Studien zur Theologenausbildung des 16. Jahrhunderts (Brill's Series in Church History 31), Leiden/Boston 2007, 171–207.

tatis), eine Bittschrift zur Reformation der Schule. Der Magistrat bestimmte, dass der Schulrektor darauf zu achten habe, dass in den Schulen nichts gegen die reformierte Religion gelehrt würde. Dem städtischen Rektor wurde auch die Sorge für den sonntäglichen Kirchgang der Schüler anvertraut.

Die verschiedenen Aktivitäten zur Reformation der Schule in Kampen wurden in mehreren Schulordnungen für die Lateinschule zusammengefasst. Zuvor hatten die provinzialen Kirchen geäußert, dass für eine echte Reformation der Schulen die Einführung einer allgemeinen Schulordnung nützlich sei. Diese Dokumente kamen in enger Abstimmung zwischen Magistrat und Predigern zustande. Die Stadtverwaltung hielt die Schulen instand, stellte Dozenten an und bezahlte diese aus der Stadtkasse oder aus den säkularisierten geistlichen Gütern.

Im Hinblick auf den Unterricht ist Folgendes festzustellen:

1. Die Reformation des Schulunterrichts ging von den Kirchen und ihren Predigern aus. Ein Programm für die örtliche Schulreformation wurde auf nationalen und provinzialen kirchlichen Versammlungen entwickelt. Die örtlichen Prediger setzten sich bei den lokalen und regionalen Obrigkeiten für die Durchführung dieses Programms ein. Sie sprachen die christlichen Obrigkeiten amtshalber darauf an.

2. Die Lateinschule ging als Stadtschule mit reformiertem Charakter weiterhin von der christlichen Obrigkeit aus, die Schulen anderer Kirchen verbot.

3. Der Unterricht wurde nicht der reformierten Kirchenleitung anvertraut. Die städtische Obrigkeit formulierte ihre Schulbeschlüsse, Zielsetzungen und Arbeitsweisen wohl in enger Absprache mit der reformierten Kirche. Die Schulaufsicht blieb ebenso wie früher auch kirchlichen Amtsträgern (jetzt den Predigern) gemeinsam mit weltlichen Aufsehern übertragen. Eine gemischte Kommission aus Kirche und Obrigkeit kontrollierte den gesamten Unterrichtsvorgang. Die Prediger waren abwechselnd bei den Examina zugegen.

4. Die Kirche wachte über den konfessionellen Charakter des Schulunterrichts. Sie achtete darauf, dass die Schullehrer Glieder der reformierten Kirche waren, und bat die Obrigkeit um ihre Mitwirkung bei der verpflichtenden Unterzeichnung des reformierten Bekenntnisses durch die Lehrkräfte.

5. In enger Absprache von Obrigkeit und Kirche wurde der Unterricht an der Lateinschule in Form von Schulordnungen standardisiert. Die Zusammenarbeit von Kirche und Obrigkeit hatte die Einrichtung einer Lateinschule zur Folge, die zweckmäßig zur Ausbildungsvorbereitung für den zukünftigen reformierten Prediger fungieren konnte.

Jetzt kann die kirchliche und politische Festigung der reformierten Identität bis zum Ende des 16. Jahrhunderts formuliert werden. Die sich konstituierende protestantische Tradition in Kampen verstand die Botschaft des Evangeliums anfangs im Sinne eines konfessionellen Entwurfs der *Confessio Augustana*. Der Schlussstein war die kirchliche Bindung an das *Niederländische Glaubensbekenntnis* und den *Heidelberger Katechismus*. Als niederländische Stadtpfarrer im späten 16. Jahrhundert repräsentierten die Kamper Prediger den biblischen Humanismus reformierter Prägung. Sie respektierten Luther als Galionsfigur der Reformation, bedienten sich selbständig der Schriftauslegung Calvins und bezogen Inspiration von den Zürcher Theologen. Dies alles war dem intensiven Zusammenwirken von Kirche und Obrigkeit zu verdanken.

Die reformierte Kirche betrachtete das Verbot nicht-reformierter Gottesdienste als eine prinzipielle Angelegenheit. Zur Erhaltung der in ihren Augen wahren Religion schaltete sie die bürgerliche Obrigkeit ein. Die öffentliche und geheime Abhaltung römisch-katholischer und täuferischer Gottesdienste wurde durch wiederholte Veröffentlichungen verboten. Kampen war eine Stadt, in der die reformierte Kirche das Übergewicht hatte. Innerhalb des städtischen Lebens gab es jedoch mehr Freiheit für Andersdenkende, als nach dem Religionsgesetz eigentlich zugebilligt war. Dies war die Folge einer Religionspolitik, die der Magistrat bezüglich abweichender Auffassungen das ganze 16. Jahrhundert hindurch verfolgte. Vor der Reformation gab der Magistrat zwar die Religionsdekrete der Zentralregierung in Brüssel bekannt, in der Praxis aber herrschte ein großes Maß an Toleranz vor. Der Magistrat wollte seine eigenen Rechte und Privilegien gegenüber den Eingriffen der Zentralregierung verteidigen. Diese politische Linie wurde nach der Reformation ununterbrochen fortgesetzt. Auch wenn aus kirchlichen Kreisen auf Maßnahmen gegen „papistische und mennistische (täuferische) Verwegenheit“ gedrängt wurde, führte dies nur selten zu konkreten Eingriffen.

4. Das Verhältnis von Kirche und Obrigkeit nach einem Kamper Prediger aus der zweiten Hälfte des 17. Jahrhunderts

Für die zweite Hälfte des 17. Jahrhunderts wählen wir für das Verhältnis zwischen Kirche und Obrigkeit den Standpunkt eines örtlichen reformierten Predigers zum Ausgangspunkt, nämlich des reformierten Pietisten Dr. Simon Oomius (1630–1706). Er ist 28 Jahre lang als Pastor in Kampen wirksam gewesen. In seinem Buch *Schriftuerlijcke Prognosticatie*[3] weist der Prediger die Obrigkeit auf ihre Berufung hin, die wahre, reformierte Religion zu beschützen und die Blüte der reformierten Kirche zu fördern. Sie sei verpflichtet, jeder falschen Religion mit Sanktionen entgegenzutreten. Dem Standpunkt Oomius' gemäß wurde die *römisch-katholische* Religion mehrmals in Kampen verboten. Das geschah schon im 16. Jahrhundert. Als Argument führte der Magistrat unter anderem an, dass die Priester und Pfaffen doch nichts anderes vorhätten als die Grundfesten des Staats, der teuer erkauften Freiheit, der wahren Religion und des wahren Gottesdienstes, wenn irgend möglich, ganz über den Haufen zu werfen.[4] Auch wird die Bestimmung wiederholt, dass römische Katholiken keine Zunftmeister sein könnten.

Die reformierte Kirche betrachtete die *Taufgesinnten* als eine gefährliche Sekte, die von der Obrigkeit bekämpft werden müsse. Die Haltung der Stadtverwaltung gegenüber den Taufgesinnten wurde jedoch allmählich großzügiger. Mitte des 17. Jahrhunderts konnten ihre Ehen auch im Rathaus geschlossen werden, und es musste der reformierte Kirchenrat dafür nicht mehr hinzugezogen werden.[5] Im Laufe des Jahrhunderts zeichnete sich – gegen den Willen der reformierten Kirche – auch hinsichtlich der *Lutheraner* eine Entwicklung in der Richtung einer bürgerlichen Toleranz ab. Die erste mehr oder weniger erlaubte lutherische Kirche in der Stadt datiert aus der Zeit nach dem Westfälischen Frieden (1648). Aber noch kurz vor der Ankunft von Oomius in Kampen hatte die reformierte Kirche sich dagegen verwehrt, dass die lutherische Gemeinschaft das Aufgebot für Ehen verkünden und diese schließen dürfe. Ein Bürgermeister-Ältester bat den Magistrat dringend, den lutherischen Pastor in diesem Punkt zu „begrenzen". Von der Stadtverwaltung forderte der Kirchenrat, für die Zukunft zu garantieren, dass diesbezüglich die rechte Ordnung gewahrt bleiben müsse.[6]

Die Kirche machte den Kamper Magistrat verantwortlich für die Wahrung der Sonntagsruhe und der öffentlichen Moral. Wiederholt publizier-

3 Simon Oomius, Schriftuerlijcke Prognosticatie, ofte voorbeduydtselen van Godts naerderende oordeelen over landen en luyden, Amsterdam 1666.

4 Gemeente Archief Kampen, Oud-Archief, Inventarnummer 245, p. 151v., 152r.: Publikation 22.6.1586. Vgl. Simon van Heenvliedt (= Oomius), Theologico-Politica Dissertatio, ofte discours over dese vrage: of den Pausgesinden in dese Vereenighde Nederlanden, niet en behoorde toegestaen te worden d'openbare exercitien van hare Religie, in enighe openbare Kercken, of Capellen van eenige Steden, of tenminsten in einige privato-publijcke plaetsen, Utrecht 1662 (Nachdruck Rumpt 2004).

5 Henri Lenferink (Hg.), Geschiedenis Kampen, Bd. I, Kampen 1993, 203f.

6 Gemeente Archief Kampen, Archief Hervormde Gemeente Kampen, Inventarnummer 13 (14.6.1676).

te die Stadtverwaltung Bestimmungen über den Erhalt der wahren Religion, die Sonntagsheiligung und die christliche Gestaltung des öffentlichen Lebens. Noch Ende des 17. Jahrhunderts stellten die provinziale Ritterschaft und die Provinzialstädte auf Antrag der kirchlichen Abgeordneten einen Tag fest, an dem gegen das Fluchen und falsche Schwören gepredigt werden müsse.[7]

Nach seiner *Schriftuerlijcke Prognosticatie* veröffentlichte Oomius fünf politische Abhandlungen: zwei Kriegsposaunen, eine Trostposaune, eine Triumphposaune und eine Friedensposaune, die allesamt aus Anlass der politischen und militärischen Ereignisse des Jahres 1672 geschrieben wurden.[8] Dieses Jahr ist in der niederländischen Geschichte als das Katastrophenjahr bekannt. Die Republik wurde auf dem Seeweg von England, von Frankreich aus dem Süden und im Osten durch ein Bündnis der Bistümer Münster und Köln angegriffen.

Oomius bietet in seinen Posaunen eine religiöse Interpretation der politischen Wirklichkeit. In der *Oorloghs-bazuyne* stellt er den Kampf gegen Engländer, Franzosen und die Bistümer Köln und Münster als eine Fortsetzung des früheren Unabhängigkeitskrieges gegen Spanien dar. Oomius zufolge sind die Niederlande unter dem Segen Gottes durch Leib und Leben teuer erkauft worden. Er hält seinen Lesern den Aufstand gegen Spanien und die Entstehung des niederländischen Staatswesens vor. Der Freiheitskampf, der ein Jahrhundert zuvor begonnen habe, sei vor allem *religionis causa* geführt worden. Wilhelm von Oranien und dessen Nachfolger betrachtet er als von Gott gesandte Retter der Nation vor dem Papst und dessen antichristlicher Macht. Gottes Gesetz habe die Niederlande erhoben, so wie einst die Bundeslade im Hause Obeds Edom. Jetzt müsse erneut für Gottes Wort, die Kirche und die Religion gekämpft werden. Das Volk müsse sich erneut unter dem Banner eines Oraniers, nunmehr Wilhelms III., scharen. Der *Verbi Divini Minister* ruft alle Bürger dazu auf, für das Land und die Religion zu kämpfen,

7 Gemeente Archief Kampen, Archief Classis Kampen, Inventarnummer 2: Akten der Synoden von Overijssel, Synode Zwolle 1691, Sessio 2, Art. 8.

8 Oorloghs-bazuyne I, geblaesen ter opweckinge van alle ingesetenen in de nogh overige provincien, steden en sterckten van Nederlandt, om onder de baniere van [...] Willem de III [...] kloeckmoedighlick te veghten tegen onse tegenwoordige vijanden, Bd. I, Amsterdam 1672; Troost-bazuyne, geblaesen ter aenmoediginge van alle bekommerde ingeseten in het Vereenighde ende nu seer vernederde Nederlandt, Amsterdam 1673; Oorloghs-bazuyne II, Amsterdam 1673; Triumph-bazuyn, geblaesen bij gelegentheyt van de [...] overwinningen [...] onder het hooghwijs beleydt van onse [...] veldtheer Willem de III [...] met aenwijsinge der middelen [...] om de verkregen victorien nogh verder voort te setten, Bd. II, Amsterdam 1674; Vrede-basuyn, geblasen soo bij gelegentheyt der aengenaeme vrede [...] gemaeckt tot Westmunster den 19. Febr. 1674, als der verwonderlicke verlatinge der overheerde steden, sterckten en de provincien van desen staet door de vijanden, Amsterdam 1674.

denn die reformierte Religion sei in Gefahr. Der Prediger ruft die Gläubigen zur Bereitschaft auf, für die Kirche, die wahre Religion, das Vaterland, die Freiheit und Sicherheit zu sterben.[9] Sein (von der Anhänglichkeit an das Haus Oranien-Nassau gefärbtes) Nationalbewusstsein ist durch eine religiöse Identität motiviert. Gott habe die wahre Religion als ein Palladium zum Erhalt und zum Schutz des Staates gegeben. Der Staat müsse die Religion in doppelter Hinsicht verteidigen: politisch-militärisch und durch den Schutz der reformierten Kirche, der sich unter anderem dadurch manifestiere, dass er die römisch-katholische Religion nicht zulasse.[10] Die Republik heißt bei Oomius die Herberge für die Kirche. Der Staat fungiere als Herbergsvater, beschütze die Kirche und die wahre Religion. Insbesondere aufgrund ihrer Herbergsfunktion müssten die Untertanen den Staat tapfer verteidigen, wie einst im Kampf gegen Spanien. Kirche und Staat sind nach der Sichtweise des Predigers sehr eng miteinander verbunden.

Der Pfarrer aus Kampen vergleicht die Niederländische Republik wiederholt mit dem Israel des Alten Bundes. Über den Feind wird gesagt: „Sie wollen das niederländische Israel mit vollem Mund aufessen."[11] Mit lobenden Worten über Israel wird die erhabene und blühende Position der Niederlande beschrieben. Das Titelblatt stellt die Niederlande und Gottes Volk nebeneinander: „Sei stark, ja, lass uns stark sein für unser Volk und für die Städte unseres Gottes" (2Sam 10,12). Mit demselben Bibelvers schließt Oomius seine Abhandlung auch ab.[12] Den Angriff der Feinde auf die Republik bezeichnet er als Angriff auf „die schöne Wohnung Gottes". Sollten die Niederlande sich besiegen lassen, so wird für zutreffend erklärt, was in 1Kön 9,7 über das alttestamentliche Israel ausgesagt wird, dass es zum Spott und Sprichwort werden soll unter allen Völkern.[13] Der gerechte Krieg für das Vaterland und die Religion diene Oomius zufolge dem Wiederaufbau der Mauern Jerusalems. Zusätzlich führt er allerlei Warnungen für Israel an, die den Niederlanden vorgehalten werden. Provinzen und Städten, die sich ergeben wollten, werde es ebenso ergehen wie den Israeliten, die Samuel um einen König baten. Oomius bietet eine Theologie von Gott, den Niederlanden und dem Haus Oranien-Nassau.[14]

9 Oomius, Oorloghs-bazuyne (wie Anm. 8), 24–34.46.62. Der Prediger zitiert dazu Mt 16,25: „Denn wer irgend sein Leben erretten will, wird es verlieren; wer aber irgend sein Leben verliert um meinetwillen, wird es finden."

10 Oomius, Oorloghs-bazuyne (wie Anm. 8), 33.

11 Oomius, Oorloghs-bazuyne (wie Anm. 8), 55.

12 Oomius, Oorloghs-bazuyne (wie Anm. 8), Titelblatt und 111.

13 Oomius, Oorloghs-bazuyne (wie Anm. 8), 57.60.

14 Vgl. auch Anm. 18.

Einige Jahre später wird die *Triumph-bazuyn* publiziert.[15] Die politisch-militärische Wirklichkeit ist darin erneut eng mit der spirituellen Wirklichkeit verwoben: Gott habe die Niederlande gesegnet, genauso wie er Israel gesegnet habe. Noch ein Beispiel für eine Parallele zwischen dem einstigen Israel und den Niederlanden in der Zeit von Oomius: Esra habe ein Fasten ausgerufen, auf dass die Israeliten sich vor Gott demütigten, „und so sind auch in den Vereinten Niederlanden Bettage abgehalten worden".[16] Es sei mit dem Gebet im Herzen und dem Schwert in der Hand gekämpft worden. Nicht unser Streit, sondern Gottes Streit sei es gewesen, schreibt der Prediger. Genauso sei es ihm zufolge auch im Achtzigjährigen Krieg gegen Spanien gegangen. In diesem Krieg habe Gott einen kräftigen Sturmwind gegeben, der die Befreiung der holländischen Stadt Leiden nach sich zog. Und durch ein Wunder von Wind und Wasser sei die Armada, die unbesiegbare spanische Flotte, untergegangen. Gottes Odem habe sie zerstreut.[17]

Das Gottesbild in den politischen Traktaten von Oomius ist klar umrissen: Gott lässt sich in der niederländischen Geschichte in seinem Handeln zugunsten der Reformierten erkennen. Der Pfarrer ist auch von der Kontinuität zwischen der Vergangenheit und der Gegenwart überzeugt. Gott entscheide sich immer noch für die Niederlande, unter der Bedingung, dass diese sich völlig von seinem Segen abhängig wüssten. Daher habe die Obrigkeit die Pflicht, die wahre Religion unter allen Einwohnern zu fördern.

15 Triumph-bazuyn erschien 1674, zwei Jahre nach Oorloghs-bazuyne. Drei Siege des Admirals Michiel de Ruyter gegen die verbündete englische und französische Flotte resultierten schließlich im Zweiten Frieden von Westminster (1674). Zur selben Zeit wurde auch mit den deutschen Bistümern Frieden geschlossen (der Friede von Köln). Der erlangte Sieg musste noch gegen die Franzosen durchgesetzt werden.

16 Oomius, Triumph-bazuyn, (wie Anm. 8), 47.

17 So wie in Ägypten jedes Haus geheult habe, trauere auch ganz Spanien um seine Toten. Genauso sei es bei anderen Siegen gegen Spanien gewesen: Bei der Befreiung von Oostende, Maastricht, 's-Hertogenbosch und Hulst. Die Niederlande dürften mit David singen: „Dein Weg, o Gott, ist ein heiliger Weg. Gott ist groß und tut Wunder. Dein Arm hat dein Volk befreit. Als das Wasser dich sah, begann es zu beben" (vgl. Ps 77,14–20). Gott habe den Niederlanden mit seinen Naturwundern beigestanden (Oomius, Triumph-bazuyn [wie Anm. 8], 3f.). Oomius verbindet beispielsweise auch die günstigen Witterungsverhältnisse bei der Schlacht um 's-Hertogenbosch mit dem Wunder der stillstehenden Sonne in Gibeon während der Schlacht, die Josua und die Israeliten führten, und mit dem Wunder der Sonnenuhr in der Zeit König Hiskias. Er bringt die biblischen Berichte mit konkreten historischen Ereignissen in der niederländischen Geschichte in Zusammenhang. Mehr über den Wunderglauben bei Oomius und anderen reformierten Geschichtsschreibern im 17. und 18. Jahrhundert: Roel Kuiper, Het wonderwerk in de historie. Anti-cartesianisme in de gereformeerde geschiedschrijving van de zeventiende en achttiende eeuw, in: Documentatieblad Nadere Reformatie 15 (1991), 14–31, hier 23–26.

Außerdem müsse sie alle Untertanen zur wahren Bekehrung und zur Gottseligkeit aufrufen. Amtspersonen komme darin eine Vorbildfunktion zu. Genauso wie Prinz Wilhelm von Oranien gewesen sei, als 1574 die spanische Flotte im Anzug war. Er habe sich allein in ein stilles Kämmerlein zurückgezogen, ebenso wie die Herren der Generalstände es bei der Schlacht um Flandern Anno 1600 getan haben. Die Obrigkeit solle Gott um seine Hilfe bitten und öffentlich zeigen, dass sie allein auf Gott vertraue; nicht auf den eigenen Wohlstand, nicht auf starke Städte und Festungen, nicht auf die Zahl und die Tapferkeit der Soldaten, nicht auf den eigenen Verstand oder die Ratsherren, nicht auf Prinzen und Honoratioren. Nur dann wird das Vaterland Leben und Glück erlangen, weil Gott am meisten jenen zugeneigt sei, die ihm am meisten dienen.[18]

Gott segne das Vaterland letztlich um der Kirche willen. Und wir lesen in der *Triumph-bazuyn* erneut, dass die reformierte Religion das Palladium von Troja genannt werde, das Holzbild der Pallas, das Schutz gegen den Feind geboten habe.[19] Auch der zentrale Gedanke, dass Gott im 16. Jahrhundert die Niederlande und den Prinzen von Oranien erwählt habe, kehrt wieder, und zwar in einem Krieg, der im tiefsten Grunde *religionis causa* geführt worden sei. Gott mische sich auf dem politischen Kampfschauplatz ein, und zwar nicht nur damals, sondern genauso in der Republik des 17. Jahrhunderts unter dem Banner Wilhelms III. (1650–1702).

In seinen Publikationen, so lässt sich zusammenfassend sagen, beantwortet der reformierte Pietist die Frage nach den gesellschaftlichen und politischen Auswirkungen der reformierten Identität. Das Denken und der Glaube des Einzelnen und die Ordnung der gesamten gesellschaftlichen Wirklichkeit werden von ihm erörtert. In Bezug auf Kirche, Theologie und Politik macht der Prediger deutlich, dass der Radius der reformierten Identität sich bis in die politischen Zusammenhänge hinein erstreckt. Obrigkeit und Untertan, Staatsgewalt, Bevölkerung, Stadt und Bürgerschaft werden dazu aufgerufen, wahrhafte Christen zu sein und ihre militärisch-politische Verantwortung wahrzunehmen.

18 Oomius, Triumph-bazuyn (wie Anm. 8), 45.55.

19 Oomius, Triumph-bazuyn (wie Anm. 8), 47. Hier wird erneut (ebenso wie in Oorloghsbazuyne [wie Anm. 8], 33) die reformierte Religion als das eigentliche Palladium des niederländischen Staates bezeichnet. Wenn die wahre Religion erhalten bleibe, würden Oomius' Überzeugung nach die verbliebenen Städte und Festungen nicht besiegt werden können; ja, dann erobere man sogar die vom Feind eingenommenen Orte wieder zurück. Triumph-bazuyn (wie Anm. 8), 50 beschreibt die Vorbildfunktion von Amtspersonen.

5. Schlussfolgerung

Dieser Forschungsbeitrag zeigt zum Thema „Kirche, Theologie und Politik im reformierten Protestantismus“ für die niederländische Modellstadt Kampen im 16. und 17. Jahrhundert einen sehr engen Zusammenhang an zwischen dem reformierten Glauben und der politischen Identität. Die reformierte Kirche und ihre Prediger erhoben für die reformierte Religion den Anspruch auf eine verankerte Position in der Stadt und im Staat. Unter Darstellung einer religiös interpretierten Nationalgeschichte und unter Betrachtung der aktuellen Situation des Krieges wurde von den Reformierten eine ideologische Führung der Gesellschaft propagiert. Die Geschichte wird bewusst zur Unterrichtung der zeitgenössischen Leser exemplarisch und situationsbezogen abgefasst. Den Obrigkeiten, Hauptmännern und Soldaten, ja allen Bürgern wurde vom reformierten Prediger eine spezifische Verantwortung zugewiesen. Man war der Überzeugung, dass der Respekt vor der reformierten Religion der Gesellschaft einen inneren Zusammenhang und Zusammenhalt bringt. Im Gegensatz dazu ging man davon aus, dass die Vernachlässigung der reformierten Religion und der daraus abgeleiteten sittlichen und moralischen Richtlinien sowie die Vernachlässigung ihrer gesellschaftlichen und politischen Werte Gottes Gericht über die Stadt und das Vaterland bringen würden. Die politische Bewusstseinsform wurde durch eine profilierte religiöse Identität motiviert. Bezüglich des Verhältnisses zwischen Kirche und Obrigkeit war man der Auffassung, dass man dem reformierten Glauben in der Gesellschaft den ihm gebührenden Platz geben müsste und aus ihm seine konkrete Verantwortung bis in den politischen und militärischen Bereich hinein ableiten sollte.

Der Berliner Hof und die Theologische Fakultät Halle

Konfessionelle Aspekte eines spannungsvollen Verhältnisses (1690–1790)

von Veronika Albrecht-Birkner

Im Jahre 1699 erschien unter dem Titel „Besser Kein Christ, als Ein Pietist" eine anonyme Druckschrift, in der dem interessierten Leser über die Pietisten Folgendes erklärt wurde: „Er wird auch / auser / was im Churfürstenthum Brandenburg seyn möchte / unter andern Herrschafften nicht eben so viel und hohe Favoriten dieser Secten antreffen. Weiß er aber auch / daß es bey denen Vornehmen in hochgemeldten Churfürstlichen Landen eine politiq ist / daß sie so stille sitzen / und die Pietisten immer nach ihrem Gefallen hausen lassen? Sie thun es / weil die hohe Landes=Herrschafft sie duldet / und solches vielleicht deswegen / weil sie noch immer eine Vereinigung der Reformirten und Lutherischen Kirchen durch diese Leute geschmiedet zu werden hoffen mögen [...]."[1]

Eine steile These, könnte man meinen, geschrieben in der Freude am Polemisieren – „Elenchus" / Streitkultur war das, derer man sich hier bediente. Freilich: Dass die Hohenzollern seit der Konversion des Kurfürsten Johann Sigismund vom lutherischen zum reformierten Bekenntnis im Jahre 1613, der der allergrößte Teil der Untertanen nicht gefolgt war, in der Tat ein vehementes Interesse an einer Annäherung von Lutheranern und Reformierten hatten, war ein offenes Geheimnis. Aber warum sollten ausgerechnet die seit den Leipziger Auseinandersetzungen um August Hermann Francke und andere junge Magister als Pietisten verschrienen religiösen Neuerer dabei helfen können?

1 [Anonym], Besser Kein Christ / als Ein Pietist / das ist: Christliches Bedencken über eine vorgelegte sonderbahre Frage / gestellet von einem / welcher der wahren Lutherischen Kirchen von gantzem Herzen aufrichtig zugethan ist. Im Jahr 1699, [10f.].

1. Die Gründung der Universität Halle und die Erwartungen des Berliner Hofs an die Pietisten

Die Spurenlese beginnt im Jahr 1689 und bei einem Mann, dem die spätere Geschichtsschreibung nicht das Etikett „Pietist", sondern „Frühaufklärer" angehängt hat: bei dem Juristen Christian Thomasius.[2] Thomasius verband mit August Hermann Francke, dass er in Leipzig am Ende der 1680er Jahre unangenehm aufgefallen war – nicht als Pietist, sondern als Akademiker mit besonderem Talent für das Überschreiten von Konventionen. Als solcher hatte er auch seine Sympathien für die Pietisten, die jedenfalls im Bereich von Frömmigkeit und kirchlichem Leben ebenfalls kräftig an Konventionen rüttelten. Es war Thomasius, der zuerst das Interesse des brandenburgischen Herrscherhauses weckte. Er wurde gebraucht in einer etwas heiklen Angelegenheit – und zwar in Sachen eines Rechtsgutachtens für die Ehe zwischen dem lutherischen Herzog Moritz Wilhelm von Sachsen-Zeitz und der reformierten Halbschwester Friedrichs III. von Brandenburg, das er 1689 erwartungsgemäß befürwortend tatsächlich erstellt hat. Dies zog für ihn neue Anfeindungen in Leipzig nach sich, aufgrund derer er sich im März 1690 durch ein Schreiben des Herzogs von Sachsen-Zeitz wiederum bei Friedrich III. von Brandenburg empfehlen ließ. Weil Thomasius „in Religions=Sachen moderatere und gelindere opinionen" als die Leipziger habe, hieß es hier, werde er „verunglimpffet" und sei gezwungen, Leipzig zu verlassen; er sei willens, sich unter den Schutz des brandenburgischen Kurfürsten zu begeben.[3] Der brandenburgische Kurfürst verweigerte dies nach dieser Vorgeschichte nicht und lud Thomasius ein, seinen Lebensmittelpunkt ins Brandenburgische zu verlegen.

Thomasius nahm dieses Angebot gerne an und entging damit nicht nur der drohenden Verhaftung in Leipzig, sondern vollzog auch einen bedeutenden beruflichen Karriereschritt: Er wurde erster Juraprofessor an der seit 1691 in Gründung befindlichen Universität Halle. In seinem Antwortschreiben erwähnte er – bestimmt nicht zufällig – allerdings noch den Vorwurf der Leipziger gegen ihn, dass er sich habe „gelüsten laßen, in einem Collegio de praejudiciis die so genanten Pietisten wieder etliche Prediger zu

2 Vgl. zum Folgenden Udo Sträter, Spener und August Hermann Francke, in: Dorothea Wendebourg (Hg.), Philipp Jakob Spener – Leben, Werk, Bedeutung (Hallesche Forschungen 23), Tübingen 2007, 89–104, v.a. 94–100.

3 Herzog Moritz Wilhelm von Sachsen-Zeitz an Friedrich III. von Brandenburg, 18.3.1690 (Geheimes Staatsarchiv Preußischer Kulturbesitz = GStA PK HA I, Rep. 52, Nr. 159 n1 [1531, 1690–1698], Bl. 178), zitiert bei Sträter, Spener (wie Anm. 2), 95.

Leipzig zu defendiren"[4]. Da der brandenburgische Kurfürst noch nicht wissen konnte, was „Pietisten" sind, lieferte Thomasius ihm vorsichtshalber gleich eine Definition: Es handle sich bei diesen Leuten um „gelehrte Magistri und Studiosi Theologiae [...], die das Theologische Schulgezänck laßen, und vielmehr nach dem exempel und der Lehre herrn D. Speners Collegia Biblica und Pietatis halten, und so wohl sich alß andere in Ubung des wahren Christenthums und zuförderst der friedfertigen Liebe des Nechsten zuerbauen und auffzumuntern suchen [...]."[5]

Wir können davon ausgehen, dass diese von Thomasius gelieferte Definition wesentlich dazu beigetragen hat, dass nicht nur er, sondern auch Pietisten wie Francke oder Paul Anton an die junge Universität Halle berufen wurden und hier insbesondere die Theologische Fakultät in entscheidendem Maß prägten. Denn: Theologen, die den Schwerpunkt statt auf polemische Auseinandersetzung auf Frömmigkeitspraxis und Friedfertigkeit legten, konnten dem brandenburgischen Herrscherhaus in seiner konfessionell schwierigen Lage nur willkommen sein. War es schon nicht möglich, einfach eine rein reformiert ausgerichtete Universität zu gründen, so doch eine, die den Reformierten nicht (wie Wittenberg und Leipzig) dezidiert feindlich gegenüberstand. Freilich war der erste nach Halle berufene Theologe nicht Francke, sondern Joachim Justus Breithaupt, der in kirchenleitendem Amt in Erfurt stand, dort aber auch in schwere pietistische Auseinandersetzungen verwickelt war. Breithaupt galt als friedliebender Theologe vermutlich bereits durch Helmstedt und Kiel als seine Studienorte – beide Fakultäten, die im Gegensatz zu Leipzig oder Wittenberg keinen dezidiert lutherisch-orthodoxen Standpunkt vertraten. Übrigens erklärt sich auch die 1691, also quasi zeitgleich zu den ersten Berufungen an die Universität Halle, erfolgte Berufung Philipp Jakob Speners, des Begründers des lutherischen Pietismus, zum Konsistorialrat und Propst an St. Nikolai in Berlin mit der von den Pietisten erwarteten konfessionellen Friedfertigkeit.

Primarius der Theologischen Fakultät Halle sollte zunächst aber nicht Breithaupt, sondern der Jenaer Theologe Johann Wilhelm Baier werden – Jena war ebenfalls keine dezidiert lutherisch-orthodoxe Fakultät. Gemeinsam mit Breithaupt entwarf er Fakultätsstatuten, die – und das verwundert angesichts der konfessionellen Interessen des brandenburgischen Herrscherhauses nicht – den reformierten Hofpredigern zur Begutachtung vor-

4 Thomasius an Friedrich III. von Brandenburg, 25.3.1690 (GStA PK HA I, Rep. 52, Nr. 159 n1 [1531, 1690–1698], Bl. 170–173, hier 172[r]), zitiert bei Sträter, Spener (wie Anm. 2), 96.

5 GStA PK HA I, Rep. 52, Nr. 159 n1 (1531, 1690–1698), Bl. 172[v].

gelegt wurden. Hier entstanden dann auch gleich die ersten Konflikte, denn Breithaupt und Baier hatten in den Statuten die Bindung nicht nur an die Confessio Augustana von 1530, sondern auch an die lutherische Konkordienformel von 1577 verankern wollen. Dies wies namentlich der reformierte Hofprediger Benjamin Ursinus empört zurück und empfahl dem Kurfürsten, die Statuten autoritativ zu erlassen. Baier solle er besser wieder ziehen lassen, dann werde Gott ihm „schon andere, Gottsfürchtige, Christliche, fromme, friedliebende, Lutherische Theologos zu weisen wißen".[6] Dass Baier schon ein halbes Jahr später seinen Dienst an der Universität Halle tatsächlich quittierte, hatte auch mit diesen Erfahrungen zu tun. Als 1695 der Eisenacher Hofprediger Paul Anton als zweiter Theologieprofessor nach Halle berufen werden sollte, wurde zuvor intern der Hallesche reformierte Hofprediger Jakob Merchier befragt, was er von dieser Berufung hielte.[7] Merchier berichtete, er habe Anton in Frankreich kennengelernt, als dieser als Reiseprediger dort war. Er habe an ihm „eine feine erudition, ein gutes judicum so der Theologischen materien wichtigkeit zu unterscheiden wuste, eine Christl. moderation, ein gutherziges mitleiden gegen unsere dort [in Frankreich, d. Vf.n] verfolgte glaubens=genoßen, und sonst so viel ich habe urtheilen können, eine auffrichtige frömmigkeit gefunden".[8] Über die Fähigkeit zum Dozieren könne er nichts sagen – aber das war eben auch nicht so wichtig wie die anderen Informationen über Anton.

Die ihnen nachgesagte konfessionelle Friedfertigkeit war aber nur ein Teil dessen, was die Pietisten für den brandenburgischen Hof attraktiv machte. Hinzu kam, dass sie als Lutheraner in mehrfacher Hinsicht – liturgisch und theologisch – explizit Kritik am Luthertum übten. Ein solcher Kritikpunkt war die Privatbeichte, mit der zahlreiche Anhänger des von Francke geprägten Pietismus erheblich haderten. Das spektakulärste Beispiel in dieser Hinsicht wurde bekanntlich der Berliner Pfarrer Johann Caspar Schade, der mit Francke und Anton zu den Pionieren der pietistischen Bewegung in Leipzig gehört hatte. Im Hintergrund der Auseinandersetzungen um Schades Amtsenthebung 1697/98 in Berlin spielte die Hauptrolle ebenfalls ein refor-

6 Ursinus an Friedrich III. von Brandenburg, 30.8.1694 (GStA PK HA I, Rep. 52, Nr. 159 N 3a [1686–1698], Bl. 1–11 u. 18–20), zitiert bei Sträter, Spener (wie Anm. 2), 99, Anm. 39.

7 Vgl. GStA PK HA I, Rep. 52, Nr. 159 N 3a (1686–1698), Bl. 263 u. 319f., und Martin Gabriel, Die reformierte Gemeinde am Dom zu Halle von ihren Anfängen bis zur Mitte des achtzehnten Jahrhunderts (1688–1750). Ein Beitrag zur Geschichte der reformierten Gemeinden in Mitteldeutschland, Diss. theol. masch. [mit Dokumentenband], Halle/Saale 1957, 78.

8 GStA PK HA I, Rep. 52, Nr. 159 N 3a (1686–1698), Bl. 319v.

mierter Hofprediger, nämlich Daniel Ernst Jablonski.[9] In einem internen Schreiben an den Geheimen Rat Paul von Fuchs (der für die Etablierung der Pietisten in Halle eine zentrale Rolle spielte) vom 3. April 1697 plädierte er dafür, Schade nicht seines Pfarramtes zu entheben, und begründete sein Votum so: „Es scheint Gott selbst lenke die Hertzen Unsrer Evangelischen Mitbrüder die noch übrige Reliquien des Pabstums vollends von sich auszufegen. Die itzt den beichtpfennig und den beichtstuhl abgeschaffet wünschen, werden, wenn dieses erlanget, auch an die Oblaten kommen, und rechtes Brodt nebst brechung des Brodtes, eingeführet zu sehen sich bemühen wodurch denn die lutherische Kirche durch ihre eigene Glieder reformirete und ein gewünschtes actreminement zur längste verlangten Kirchenvereinigung erlanget werden kan."[10] Es sei insofern sehr unklug, gegen Pietisten wie Schade vorzugehen, könne es dann doch im Nachhinein heißen, „die Mark Brandenburg habe sich selbst reformiren wollen, man habe aber die reformation gehemmet, und die reformatores aus dem Land gewiesen".[11]

Die Pietisten, so wird es hier ganz deutlich, wurden wahrgenommen als Lutheraner, die sich aus freien Stücken der reformierten Tradition annäherten und einer Vereinigung der protestantischen Konfessionen insofern kräftig entgegenarbeiteten – weshalb auch schon in den frühen 1690er Jahren das Verbot der Kanzelpolemik gegen die Reformierten auf sie ausgedehnt wurde. In einem weiteren Schreiben an Paul von Fuchs vom 1. Juni 1697 äußerte Jablonski sogar den Eindruck, dass Theologen wie Schade oder Spener „fast nur nomine von denen Reformirten hierinen unterschieden" seien.[12] In einem Brief an Gottfried Wilhelm Leibniz vom 6. August 1698 führte Jablonski einen Katalog mit Namen von Männern an, die sich aus seiner Sicht nach einer Vereinigung mit den Reformierten sehnen würden.[13] Es handelte sich hier ausschließlich um Namen von Theologen, die dem von Spener und Francke geprägten Pietismus nahestanden – darunter zentral die

9 Vgl. Claudia Drese, Der Berliner Beichtstuhlstreit oder Philipp Jakob Spener zwischen allen Stühlen?, in: Pietismus und Neuzeit 31 (2005), 60–97, v.a. 88–93.

10 Jablonski an von Fuchs, Berlin 3.4.1697 [Entwurf] (Staatsbibliothek Preußischer Kulturbesitz = SBB-PK, Nachlass Francke, Kaps. 11/2, 962–964, hier 963), zitiert bei Drese, Der Berliner Beichtstuhlstreit (wie Anm. 9), 90.

11 Ebd.

12 Jablonski an von Fuchs, 1.6.1697 [Entwurf] (SBB-PK, Nachlass Francke, Kaps. 11/2, 968f., hier 968), zitiert bei Drese, Der Berliner Beichtstuhlstreit (wie Anm. 9), 91.

13 Jablonski an Leibniz, 6.8.1698 [Entwurf] (SBB-PK, Nachlass Francke, Kaps. 11/2, 998–1001, hier 1000), vgl. Drese, Der Berliner Beichtstuhlstreit (wie Anm. 9), 92, Anm. 137.

„bey der Universität Halle“ selbst tätigen, „die vortreffl[ichen] Leüte, D. Breithaupt, Herr[n] Lic. Anton, und Francken“.[14]

Dabei ist Francke, der in Halle 1698 von der Philosophischen in die Theologische Fakultät aufrückte, und der von ihm geprägte hallische Pietismus im Blick auf theologische Anleihen bei der reformierten, insbesondere auch bei der puritanischen Tradition unter den Pietisten offensichtlich am weitesten gegangen. Ich nenne einige zentrale Aspekte:

– die von Spener nicht geteilte Bekehrungserfahrung, die ihre Vorbilder deutlich im Puritanismus hatte[15];

– die für lutherische Verhältnisse stark betonten und in Franckes Gemeinde in Glaucha bei Halle in teils rigider Form durchgeführten Kirchenzuchtmaßnahmen (Ausschluss größerer Teile der Glauchaer Gemeinde vom Abendmahl)[16];

– die in diesem Zusammenhang erfolgte starke Aufwertung der Adiaphora, z.B. in Gestalt der Ablehnung des Tanzens[17];

– ein mit der lutherischen Tradition kaum zu vereinbarender Hang zu perfektionistischen Lehren[18];

14 Ebd.

15 Vgl. Markus Matthias (Hg.), Lebensläufe August Hermann Franckes (Kleine Texte des Pietismus 2), Leipzig 1999.

16 Vgl. Veronika Albrecht-Birkner, Francke in Glaucha. Kehrseiten eines Klischees (1692–1704) (Hallesche Forschungen 15), Tübingen 2004.

17 Vgl. August Hermann Francke, Vorrede, in: [Johann Konrad Kesler / Johann Hieronymus Wiegleb], Gründ- und ausführliche Erklärung der Frage: Was von dem Weltüblichen Tantzen zu halten sey? In zwey Tractätlein verfasset [...], hg. v. August Hermann Francke, Halle 1697 (erneut abgedruckt in: August Hermann Francke, Werke in Auswahl [Texte zur Geschichte des Pietismus 2/1], Berlin 1969, 383–391); August Nitschke, Gymnastik, Fechten und Tanz im 18. Jahrhundert. Die Ausbildung des Körpers auf den Schulen von August Hermann Francke, in: Josef N. Neumann / Udo Sträter (Hg.), Das Kind in Pietismus und Aufklärung. Beiträge des Symposions vom 12.–15. November 1997 in den Franckeschen Stiftungen zu Halle (Hallesche Forschungen 5), Tübingen 2000, 333–347; Veronika Albrecht-Birkner, Glücks Verhältnis zu Philipp Jakob Spener und August Hermann Francke, oder: War Glück Pietist?, in: Christiane Schiller / Māra Grudule (Hg.), „Mach dich auf und werde licht – Celies nu, topi gaišs“. Zu Leben und Werk Ernst Glücks (1654–1705). Akten der Tagung anlässlich seines 300. Todestages vom 10.–13. Mai 2005 in Halle (Saale) (Fremdsprachen in Geschichte und Gegenwart 4), Wiesbaden 2010, 57–78, v.a. 63–66. Noch 1755 versuchte Franckes Sohn Gotthilf August Francke sich im Sinne der hallisch-pietistischen Tradition vehement gegen die von Berlin verordnete Anstellung eines Tanzmeisters im Pädagogium Regium, der Eliteschule in den Franckeschen Anstalten, zu wehren (vgl. Archiv der Franckeschen Stiftungen = AFSt/W Rep. 1, VIII/II/3).

18 Vgl. Veronika Albrecht-Birkner / Udo Sträter, Die radikale Phase des frühen August Hermann Francke, in: Wolfgang Breul [u.a.] (Hg.), Der radikale Pietismus. Perspektiven der Forschung (Arbeiten zur Geschichte des Pietismus 55), Göttingen 2010, 57–84, v.a. 59–65.

– der ab 1699 vollzogene Verzicht auf den Exorzismus bei der Taufe unter Berufung auf das für die Mark Brandenburg am 16. September 1664 erlassene Toleranzedikt, nach dem Pfarrer den Exorzismus bei der Taufe auf Wunsch der Eltern weglassen durften[19];

– die Abschaffung der Messgewänder[20] und die Entfernung von bildlichem Schmuck aus der Glauchaer Kirche[21];

– die Betonung, dass die wunderbare wirtschaftliche Erhaltung der Franckeschen Anstalten ein sichtbarer Erweis des hier wirkenden göttlichen Segens sei[22];

– die Nähe zu chiliastischen Lehren[23].

Die mit Pietisten besetzte Theologische Fakultät Halle musste für die konfessionellen Interessen des Berliner Hofs also der ideale Partner sein – mehr noch als der in wesentlich größerer Distanz zur reformierten Tradition stehende Spener als Vater- und Gründerfigur des lutherischen Pietismus. Dass Francke es faktisch andersherum sah, nämlich dass er berechtigt und in der Lage sei, die reformierte Obrigkeit in den Dienst des hallischen Pietismus zu stellen, war nur eine Frage der Perspektive. Jedenfalls hatte sich um 1700 das etabliert, was seit Carl Hinrichs entsprechend betiteltem Buch von 1971 als das Bündnis von „Preußentum und Pietismus" in die Geschichtsschrei-

19 Vgl. Spener an Francke, 11.7.1699, Francke an Spener, 15.7.1699, und Spener an Francke, 10.4.1700, in: Philipp Jakob Spener, Briefwechsel mit August Hermann Francke 1689–1704, hg. v. Johannes Wallmann / Udo Sträter in Zusammenarbeit mit Veronika Albrecht-Birkner, Tübingen 2006, 614–618.728–731, hier 615.617.729; Albrecht-Birkner, Francke in Glaucha (wie Anm. 16), 60.66–71.

20 Vgl. Albrecht-Birkner, Francke in Glaucha (wie Anm. 16), 60.66–71; Spener an Francke, 10.4.1700, in: Spener, Briefwechsel (wie Anm. 19), 728–731, hier 729f. Spener äußerte sich zu diesen von Francke vorgenommenen Änderungen in den Kirchenzeremonien sehr kritisch und befürchtete heftige Reaktionen in Berlin, obwohl die „sache an sich selbs den Reformirten nicht unangenehm" (730).

21 Vgl. Albrecht-Birkner, Francke in Glaucha (wie Anm. 16), 60.66.

22 Dieses Programm hatte schon die „Fußstapfen" als früheste Darstellung der Geschichte der Anstalten bestimmt. Vgl. August Hermann Francke, Die Fußstapffen Des noch lebenden und waltenden liebreichen und getreuen GOTTES / Zur Beschämung des Unglaubens / und Stärckung des Glaubens / Durch den Ausführlichen Bericht Vom Wäysen-Hause / Armen-Schulen / und übriger Armen-Verpflegung Zu Glaucha an Halle [...], Glaucha 1701ff.; vgl. Udo Sträter, August Hermann Francke und seine „Stiftungen" – einige Anmerkungen zu einer sehr bekannten Geschichte, in: Paul Raabe [u.a.] (Hg.), Vier Thaler und sechzehn Groschen. August Hermann Francke. Der Stifter und sein Werk (Kataloge der Franckeschen Stiftungen 5), Halle/Saale 1998, 15–31.

23 Vgl. Albrecht-Birkner/Sträter, Die radikale Phase (wie Anm. 18), v.a. 74–79; Spener an Francke, 19.10.1695, in: Spener, Briefwechsel (wie Anm. 19), 402–412. Spener betonte hier, dass der Kurfürst mit Franckes Nähe zum Chiliasmus kein Problem haben werde, „weil der Reformirten Lehrer soviele der meinung zugethan" seien (409).

bung eingegangen ist.[24] Und es begründete sich aus der Perspektive des Berliner Hofs offensichtlich in erster Linie aus der Erwartung, dass von den Pietisten einer neuer Schub der Annäherung der protestantischen Konfessionen zu erwarten sei.

2. Ankunft in der Realität oder: Hallesche Pietisten und Reformierte im Kampf um die Gunst des Berliner Hofs

Um zu verstehen, was sich seit der Ankunft der Pietisten in Halle tatsächlich vollzog, muss man sich zunächst klar machen, dass sich die Stadt Halle seit dem Ende des 16. Jahrhunderts zu einer Hochburg des Konkordienluthertums entwickelt hatte.[25] Entsprechend groß waren konfessioneller Argwohn und Abneigung gegen die Reformierten. Dies betraf auch die seit dem Anschluss des Herzogtums Magdeburg an Kurbrandenburg 1680 nach dem Modell der Hofgemeinde entstandene, am Dom angesiedelte reformierte Gemeinde, in der sich seit den 1680er Jahren französische, Pfälzer und Schweizer Emigranten sowie Flüchtlinge aus Anhalt zusammengefunden hatten.

Zu ersten Spannungen zwischen der reformierten Gemeinde und der in Gründung befindlichen Universität kam es bereits im Frühjahr 1692 – und zwar anlässlich der Tatsache, dass die Universität angewiesen worden war, in der reformierten Domkirche ihre Universitätsgottesdienste abzuhalten. Das war von Seiten des Berliner Hofs naheliegend – entsprach es doch der engen Verbindung von Universität und reformierter Tradition, die man sich wünschte. Der reformierte Hofprediger Merchier lehnte dies jedoch vehement ab. Aus seiner Sicht wäre die Abhaltung des akademischen Gottesdienstes im Dom nur eine weitere und vor allem exponierte Gelegenheit für die Lutheraner, die Reformierten von der Kanzel zu verunglimpfen. Denn natürlich nahm Merchier die an die Universität berufenen Theologen nicht als Reformiertenfreunde, sondern als das wahr, was sie hinsichtlich ihrer Bekenntnisbindung waren: Lutheraner. In seinem Beschwerdeschreiben an den Kurfürsten behauptete Merchier zur Untermauerung seiner Argumentation sogar, dass Francke und Breithaupt in Wittenberg studiert hätten. Und Spener, so meinte er weiter, würde sich ungeachtet aller kurfürstlichen Edik-

24 Carl Hinrichs, Preußentum und Pietismus. Der Pietismus in Brandenburg-Preußen als religiös-soziale Reformbewegung, Göttingen 1971.

25 Vgl. zum Folgenden Gabriel, Die reformierte Gemeinde (wie Anm. 7), 71–82.

te nicht scheuen, gegen die reformierte Lehre zu schreiben und zu reden.[26] Merchier lehnte es 1692 auch ab, dass die Leichenpredigt für Veit Ludwig von Seckendorf im Dom gehalten wurde, was in den Augen Franckes und Breithaupts besonders schwer wiegen musste, denn dieser hatte als Vorsitzender einer Untersuchungskommission inzwischen die ersten Streitigkeiten zwischen ihnen und der Halleschen lutherisch-orthodoxen Stadtgeistlichkeit erfolgreich geschlichtet.[27] Als der Theologe Baier zu Weihnachten 1694 das erste akademische Programm der Universität Halle vorlegte, fasste Merchier die seiner Ansicht nach von Baier den Reformierten darin unterstellten Lehren zusammen und sandte das Papier mit der Forderung nach Bestrafung des Verfassers an den Kurfürsten.

Die Weichen für das Verhältnis von reformierter Gemeinde und Theologischer Fakultät in Halle waren also bereits in der Gründungsphase der Universität am Beginn der 1690er Jahre ungünstig gestellt. Die Pietisten wurden von den Reformierten vor Ort von Vornherein als zu bekämpfende Lutheraner wahrgenommen. Die Halleschen Lutheraner wollten mit ihnen aber ebenfalls nichts zu tun haben, weil ihnen schon der Ruf vorausgeeilt war, dass sie dem Luthertum durch Neigung zu Schwärmerei, Separatismus und perfektionistischen Lehren längst nicht mehr treu waren. Augenfällig wurde diese doppelte Ablehnung darin, dass der Rektor des lutherischen Stadtgymnasiums die nun verordnete Verlegung des akademischen Gottesdienstes in die zu seinem Gymnasium gehörige sog. Schulkirche ebenso vehement ablehnte. Obwohl ihm der Magistrat dabei zur Seite stand, hatte er in Berlin (obwohl er dort persönlich vorsprach) allerdings die schlechteren Karten. Der Universitätsgottesdienst fand fortan in der Schulkirche statt.

Die Spannungen zwischen Reformierten und Pietisten in Halle und das damit verbundene Ringen beider um die Gunst des Berliner Hofs erreichten am Beginn des 18. Jahrhunderts insofern noch einmal eine neue Qualität, als sich die Reformierten in neuen Institutionen etablierten. Hauptinitiator dieser Entwicklung war Merchiers Nachfolger Friedrich Wilhelm von Scharden, seit 1702 Konsistorialrat und erster Hofprediger in Halle. Dabei ging es offensichtlich um den Versuch, eine Konkurrenz zu den in enger Verbindung mit der Theologischen Fakultät und mit Hilfe massiver Unterstützung durch die Berliner Regierung inzwischen gewachsenen

26 Gabriel, Die reformierte Gemeinde (wie Anm. 7), 76, Anm. 152.

27 Vgl. Veronika Albrecht-Birkner, August Hermann Francke in Glaucha und die Hallesche Stadtgeistlichkeit. Beobachtungen zu einem spannungsvollen Verhältnis (1692–1700), in: Sabine Kramer / Karsten Eisenmenger im Auftrag der evangelischen Marktkirchengemeinde zu Halle (Hg.), Die Marktkirche Unser Lieben Frauen zu Halle, Halle 2004, 39–46.

Franckeschen Anstalten aufzurichten. Diese betraf insbesondere die Einrichtung eines Reformierten Gymnasiums als Alternative zum Pädagogium Regium, der Eliteschule Franckes. Jedenfalls schreibt Scharden in seiner Chronik der reformierten Gemeinde, man habe das Gymnasium gründen wollen, „damit nemlich die auswärtigen Reformati ein Collegium, dem Sie ihre Kinder anvertrauen könten, wißen, und nicht nötig haben möchten, selbige in das Paedagogium Glauchanum zu schicken, welches vielen inconvenientien unterworffen wäre [...]".[28] Letztlich hatte man aber offenbar durchaus eine Hohe Schule nach dem Vorbild der Genfer Akademie im Blick.

Der erste Schritt gelang 1709, als die 1700 gegründete reformierte Lateinschule in den Status eines Gymnasium illustre et regium erhoben wurde, verbunden mit der Zusage konkreter Einkünfte. Dies war kein Zufall, sondern ganz offensichtlich Ausdruck einer Sympathiebekundung durch den Berliner Hof, dessen Verhältnis zu Francke sich zu eben diesem Zeitpunkt deutlich abgekühlt hatte.[29] Die eigentliche Gründung des reformierten Gymnasiums erfolgte 1711[30], nachdem bereits 1710 der in Bencken bei Basel geborene Johann Huldreich Heyden zum ersten Professor der Theologie und

28 Von Scharden, Nachrichten über die hallesche Domgemeinde, niedergeschrieben für die Nachfolger 1726/27 (Domarchiv Halle 110/1), zitiert nach Gabriel, Die reformierte Gemeinde (wie Anm. 7), 95.

29 Der Hintergrund waren Spannungen zwischen der streng lutherischen dritten Gemahlin des Königs, Sophie Luise, und diesem selbst. Sie war überzeugte Lutheranerin und neigte offenbar zunehmend dazu, der reformierten Konfession und konkret ihrem Mann den Besitz der Wahrheit abzusprechen. In eben dieser Situation hielt Francke sich 1709 für längere Zeit in Berlin auf, wo er das Armenwesen neu ordnen sollte – und dies in enger Kooperation mit der Königin. Er erlangte ihre besondere Gunst und durfte im Königshaus auch predigen. Zugleich zog er heftige Antipathien der Reformierten, und letztlich offenbar auch des Königs selbst, auf sich. Er musste seinen Berliner Auftrag abbrechen und wurde sogar der Stadt verwiesen. Vgl. Gustav Kramer, August Hermann Francke. Ein Lebensbild, Bd. 2, Halle 1882 (Neudr. Hildesheim 2004), 129–137; Walther Koch, Hof und Regierungsverfassung König Friedrichs I. von Preußen (1697–1710) (Untersuchungen zur deutschen Staats- und Rechtsgeschichte, Alte Folge 136), Aalen 1991 (= Neudr. der Ausgabe Breslau 1926), 83.91–98.

30 Vom 7.1.1711 datiert die „Verfassung des Königlichen Gymnasii illustris der Reformirten in Halle [...]" (Gabriel, Die reformierte Gemeinde [wie Anm. 7], 97f.). Die endgültige Bestätigung erhielt das Gymnasium am 25.1.1712 (98). Bereits 1712 wurde am Gymnasium eine zweite Professur errichtet – und zwar für Kirchengeschichte, damit „die alhier in der Theologia Studirende Jugend auch von einem Reformirten in Historia Ecclesiastica angeführet würden" (Domarchiv Halle, 601/4, zitiert nach Gabriel, Die reformierte Gemeinde [wie Anm. 7], 99). Die Gesamteinnahmen des Gymnasiums beliefen sich auf ca. 3.000 Taler im Jahr. Die Bezüge der Professoren lagen bei 500 und 300 Talern und somit über dem, was im Durchschnitt ein Professor an der Universität erhielt (ebd.).

Ephorus des Gymnasiums berufen worden war. Für die theologische Fakultät wurde die Lage bedrängend, als von Berliner Seite dann auch noch die Anordnung folgte, dass Heyden zumindest nominell Mitglied der Theologischen Fakultät werden und außer am Gymnasium hier auch Vorlesungen halten sollte.[31] Es kam zu heftigen Auseinandersetzungen, die direkt über den Berliner Hof liefen und mehr als zwei Jahre andauerten.[32]

Die Fakultät versuchte, sich dadurch aus der Affäre zu ziehen, dass sie zwischen dem Rang eines Professors und einer Stelle an der Fakultät unterschieden wissen wollte – ersteres wollte sie Heyden zugestehen, letzteres nicht. Die Forderung rundheraus abzulehnen, konnte man sich aus politischen Gründen ja nicht leisten. So versicherte man zunächst: „[...] was hiebey unsere Theol. Facultaet betrift, so weiß Gott, der Hertzens=Kündiger, und können wir es auch vor dessen heiligen Augen auf unser Pflicht und Gewissen versichern, daß wir hierunter von widrichen [!] Passionen frey sind und unser Hertz in Liebe und Friedfertigkeit, welche ein gut Gewissen erfordert, wie zu jederman, so auch zu jedweden von der Reformirten Kirche geneigt finden."[33] Man wusste wohl, dass es hier in erster Linie um konfessionelle Fragen ging, und dass in solchen mit dem Berliner Hof nicht zu scherzen war. In einem beikommenden Papier unter dem Titel „Ob es der Friedrichs=Universitaet zuträglich sey, daß nebst den Evangelisch-Lutherischen Theologis auf derselben auch einem Evangelisch-Reformirten Theologo ein Locus in Corpore Academico assignieret werde" heißt es sogar: „Weil denn aber der christlichen Vereinigung beyderseits Evangelischen, nebst dem publiquen Unterscheid gewißer Dogmatum, nichts mehr entgegen stehet, als Hefftigkeit und Bitterkeit der affecten in Worten und Schrifften", so würden die Professoren der Universität Halle, insbesondere die Theologen, „an ihrem Theile einer christlichen Vereinigung keineswegs hinderlich, sondern, so viel von ihnen nach der erkandten Wahrheit immer mehr hat geschehen können, vielmehr beförderlich gewesen seyn."[34]

Dieses vorausgeschickt, wagte man es, eine Anstellung Heydens aus konfessionellen Gründen abzulehnen. So heißt es weiter, es sei der Universität „nicht zuträglich", wenn ein reformierter Theologe der Akademie assigniert

31 Vgl. Gabriel, Die reformierte Gemeinde (wie Anm. 7), 80; Universitätsarchiv (= UA) Halle, Rep. 27, Nr. 1091–1092. Schon 1705 hatte den drei lutherischen Kollegen ein reformierter Kollege beigesellt werden sollen, was wohl durch Carl Hildebrand von Canstein verhindert worden ist (vgl. Gabriel, Die reformierte Gemeinde [wie Anm. 7], 104, Anm. 87).

32 Vgl. Gabriel, Die reformierte Gemeinde (wie Anm. 7), 104–115.

33 Die Theologische Fakultät an die Oberkuratoren der Universität Halle, 7.10.1711, zitiert nach Gabriel, Die reformierte Gemeinde (wie Anm. 7), Dokumentenband, 56f., hier 57.

34 Gabriel, Die reformierte Gemeinde (wie Anm. 7), Dokumentenband, 58f., hier 58.

werden würde, „da zumal weder die Reformirte Kirche ins gemein, noch der Reformirte Theologus insonderheit den allergeringsten Vortheil davon haben, hingegen der Universitaet damit empfindlich geschadet und unser Amt und Arbeit an der Jugend niedergeschlagen und weit und breit verwerflich werden müße."[35] Das Problem sei nämlich, dass das gemeinsame Sitzen in der Akademie v.a. von den benachbarten lutherischen Universitäten „für ein Zeichen einer unter ihnen aufgerichteten Vereinigung in Glaubens-Sachen, oder der zwischen beyderseits Kirchen noch bishero strittigen puncten" gehalten werden würde.[36] Insofern müsse man davon ausgehen, dass das damit verbundene Aufsehen der Universität keiner der beiden Kirchen zuträglich wäre. Einer Vereinigung würde man keineswegs näher kommen, sondern sich im Gegenteil weiter von ihr entfernen. Vor allem käme es zu einer Abwanderung zahlreicher Studenten. Insbesondere Eltern, die darauf Wert legten, dass die Hallesche Fakultät „pure Lutherana sey", würden ihre Kinder von Halle abziehen.[37] Das reformierte Presbyterium konterte: Der völlig unbegründete Verdacht „eines Calvinismi oder Syncretismi" werde den Flor der Universität ebenso wenig hindern wie seiner Zeit „der Ruff und Verdacht des so genandten Pietismi".[38]

Die Streitfrage wurde tatsächlich zugunsten der Reformierten entschieden, aber nur für kurze Zeit, denn beim Antrittsbesuch Friedrich Wilhelms I. am 12. April 1713 in Franckes Waisenhaus gelang es, das Ruder erneut zugunsten der Theologen herumzureißen. Dabei zeigt ein im Nachgang zu diesem Besuch von Francke an den König geschriebener Brief, wie gut er das konfessionelle Klavier inzwischen zu spielen gelernt hatte. Dankend für des Königs Gewogenheit, betonte er, dass der König, wenn er Franckes Anliegen nachkäme, „ein ungemein großes Vertrauen gegen Sich von dem allergrößesten Theil dero Unterthanen als Evangelisch=Lutherischen erhalten, und vieler collisionen unter den verschiedenen Partheyen in Dero Regierung überhoben seyn werden, wenn nemlich Ew[re] Majest[aet] gegen beyde Dero [Konfessionen, d. Vf.n] höchste Gnade besonders blicken laßen, und nicht verhängen, daß ein Theil sich beschweren könne, daß ihm nicht das Seinige gelaßen: woraus denn auch weiter dieses erfolgen wird, daß Ew[re] Majest[aet] die algemeine Liebe von der gantzen Lutherischen Kirche in gantz Teutschland, Dennemarck, Schweden etc. erlangen, folglich die capablesten und besten Leute sich in Dero Lande zur guten und beständigen Aufnah-

35 Ebd.

36 Gabriel, Die reformierte Gemeinde (wie Anm. 7), Dokumentenband, 58f.

37 Gabriel, Die reformierte Gemeinde (wie Anm. 7), 108.

38 Das reformierte Presbyterium an den Geheimen Rat von Prinzen, 6.9.1712, zitiert nach Gabriel, Die reformierte Gemeinde (wie Anm. 7), 112.

me derselbigen ziehen werden, wodurch doch denen von Reformirter Confession gar nichts abgehet, und der Weg zu einer Christlichen Vereinigung der Gemüther immer beßer gebahnet wird."[39] Warum, so dachte sich Francke offenbar, zur Aufnahme Reformierter nicht auch ein Zustrom von Lutheranern nach Brandenburg? Endgültig geklärt wurde die Sache bei Franckes Besuch in Berlin anlässlich der Bestattungsfeiern für Friedrich III.[40] Schardius schreibt in seinen Nachrichten über die reformierte Gemeinde lakonisch, Heyden sei 1712 „Sessio in Subselliis Academicis zuerkennet worden, Hr. Professor Francke aber hatt anno 1713 solches wiederumb übern Haufen zu werfen gewust".[41] Gabriel urteilt, dass sich das reformierte Gymnasium von diesem Schlag nicht mehr erholte und fortan ein Schattendasein neben den Stiftungen und dem Pädagogium führte.

Das Tauziehen zwischen Pietisten und Reformierten um die Gunst des Königshauses war damit aber noch nicht endgültig entschieden. Vielmehr bahnte sich in demselben Jahr (1713) ein neuer Konflikt an, der lange schwelte, aber schließlich zu einem wirklich nachhaltigen Prestigeverlust der Theologischen Fakultät bei Hofe führte. Dabei ging es in diesem Fall tatsächlich ‚nur' um Geld. Ins Spiel kam hier eine dritte für die Halleschen Theologen relevante Institution neben der Fakultät und den Franckeschen Anstalten: das Theologische Seminar.[42] Das Theologische Seminar war bereits 1691 als Annexum der Universität gegründet worden. Dabei war zugesagt worden, „alle Prediger und Schulbediente in Unsern Provincien, die der Evangelisch-Lutherischen Religion zugethan seyn" und das Seminar durchlaufen hätten, bei Berufungen zu bevorzugen.[43] Faktisch handelte es sich hier um einen Stipendienfond, der – da es sich um an die Universität Halle verlegte Einkünfte eines Klosters handelte – aber auch mit dem Gedanken eines Zusammenlebens von Stipendiaten in einer Art klösterlicher Gemeinschaft verbunden wurde. Insbesondere sah dies Breithaupt so, der zusammen mit seiner Berufung zum Professor der Theologie auch diejenige zum Direktor des Seminars erhalten hatte. Bis zu seinem Tod 1732 hat er dieses Direktorat auch ausgeübt. Regelmäßig wurden bis zu 150 Studenten finanziell unterstützt. Bereits ab 1697 hatte es Auseinandersetzungen mit der Philosophischen Fakultät gegeben, weil an diese Teile der Einkünfte abgegeben

39 A.H. Francke an Friedrich Wilhelm I., 15.4.1713 (GStA PK HA I, Rep. 52, Nr. 131 b 2, 1698–1755, Bl. 306r–309v, hier 309r–v).
40 Vgl. Gabriel, Die reformierte Gemeinde (wie Anm. 7), 113.
41 Ebd.
42 Vgl. zum Folgenden Gabriel, Die reformierte Gemeinde (wie Anm. 7), 118–124.
43 Kurfürstliches Reskript vom 27.8.1691, zitiert nach Wilhelm Schrader, Geschichte der Friedrichs-Universität zu Halle, Bd. 2, Berlin 1894, 359.

werden sollten. Aus diesen ging die Theologische Fakultät 1713 aber siegreich hervor.

Mitten in den noch laufenden Auseinandersetzungen mit der Philosophischen Fakultät – am 4. Februar 1713 – beantragte Heyden, dass 30 Studierende des reformierten Gymnasiums Benefecia aus dem Theologischen Seminar erhalten sollten.[44] Diesem Wunsch wurde von königlicher Seite umgehend und nahezu vollständig entsprochen.[45] Die Theologische Fakultät wehrte sich vehement, machte aber einen Vorschlag zur Güte: Francke bot an, den reformierten Studenten jährlich 160 Taler aus der Waisenhauskasse zu zahlen, und der König genehmigte das.[46] Faktisch kam es aber nicht zu dieser Zahlung – zunächst, weil die Reformierten kein Geld von Francke, sondern eben aus dem Seminarfond haben wollten, dann, weil Francke das einmal abgelehnte Geld nicht mehr zahlen wollte.[47] Die ‚Siege' des Jahres 1713 hatten seinem Selbstbewusstsein offenbar erheblichen Auftrieb gegeben. Erst 1715 wurde der König angesichts dieser ungeklärten Lage deutlich: Die Theologische Fakultät werde doch „so raisonnable sein und nicht praetendiren, dass Wir die Religion, zu welcher Wir selbst uns bekennen, u. deren Verwandte schlechter als die Ihrigen tractiren u. beyde Religions-Verwandte nicht zum wenigsten gleicher Gnade und Wohlthaten geniesen lassen sollen."[48] Die reformierten Studenten bräuchten mehr als die angebotenen 160 Taler – und zwar aus dem Seminarfond. Man warte auf Franckes Erklärung, die hoffentlich so ausfallen werde, dass „man dabei acquiesciren könne u. nicht etwa einiger wider die Reformirte Religion hegender Widerwille oder über dieselbe affectirende praerogative darauss zu verspüren seyn möge".[49]

Dass die hier in Gestalt Franckes agierende Theologische Fakultät den Ernst der Lage an dieser Stelle offensichtlich nicht begriff, hat den Fortgang der Geschichte des Theologischen Seminars und auch die Stellung der Hal-

44 Vgl. Adolf Wuttke, Zur Geschichte des theologischen Seminars der Universität Halle. Aus den Acten des Facultätsarchivs. Oster-Programm der Universität Halle für das Jahr 1869, 5.

45 Königliches Reskript vom 11.3.1713 (GStA PK HA I, Rep. 52, Nr. 159 N 3 a, 1686–1698; UA Rep. 27, Nr. 1173 [Abschrift]).

46 Vgl. A.H. Francke an den König, 7.4.1713 (GStA PK HA I, Rep. 52, Nr. 131 b 2, 1698–1755, Bl. 270–273), und die Theologische Fakultät an den König, 7.4.1713 (GStA PK HA I, Rep. 52, Nr. 131 b 2, 1698–1755, Bl. 275f.; Entwurf im UA Rep. 27, Nr. 750, Nr. 7).

47 Vgl. die reformierte Gemeinde an die zur „untersuchung der Hillerslebischen Revenüen denominirte HErren Commissarii", 11.9.1719 (UA Rep. 27, Nr. 1173 [Abschrift]; Wuttke, Zur Geschichte [wie Anm. 44], 6).

48 Königliches Reskript vom 15.8.1715, zitiert nach Wuttke, Zur Geschichte (wie Anm. 44), 6.

49 Ebd.

leschen Theologischen Fakultät gegenüber dem Berliner Hof nachhaltig beeinflusst. Francke erklärte die vom Hof bestätigten Forderungen der Reformierten nämlich für völlig unbillig und dem Stiftungszweck des Seminars widersprechend, ihre Erfüllung sogar für dem Ruf der Universität mit einer rein lutherischen Fakultät schädlich.[50] Zahlungen erfolgten offenbar überhaupt nicht. Dass dies dem brandenburgischen Herrscherhaus nun doch zu viel des lutherischen Selbstbewusstseins war, verwundert nicht. Dennoch fehlte von Berliner Seite zu diesem Zeitpunkt offenbar das Interesse daran, die Sache stringent zu verfolgen. Erst 1719 kam es für die Theologische Fakultät im Ergebnis einer von der reformierten Seite nun durchgesetzten Untersuchungskommission in der Angelegenheit zu Konsequenzen. Breithaupt reiste noch nach Berlin, um die Lage zu entschärfen, erreichte aber eher das Gegenteil. Durch Umwandlung des Klosters in ein königliches Amt wurde die Stiftung aufgehoben und der Fakultät statt der laufenden Einkünfte ein Betrag ausgezahlt, der sie auf Jahrzehnte mit stark reglementierten Geldanlagevorgängen (vor allem in Form von Grundstückspacht) belastete. Nun warnte Francke davor, sich dieser Anordnung zu widersetzen, denn er fürchtete, der König werde dann „noch weit größere Ungnade nicht nur auf den Herrn Abt [Breithaupt, d. Vf.n], sondern auch auf die gantze Facultaet wegen solcher proposition werfen".[51] Es waren diese eher marginal erscheinenden Auseinandersetzungen mit den Halleschen Reformierten um das Theologische Seminar, durch die die Theologische Fakultät beim Berliner Hof in offenbar nicht unerheblichem Maße an Image verloren hat. Sie hatte gewissermaßen den Bogen ihrer wirtschaftlichen Ansprüche in konfessioneller Hinsicht überspannt.

3. Die konfessionelle Verortung der Theologischen Fakultät Halle in der zweiten Hälfte des 18. Jahrhunderts

Das Changieren der Theologischen Fakultät Halle zwischen den protestantischen Konfessionen beschränkte sich nicht auf die Kernzeit ihrer rein pietistischen Besetzung, also auf die 1690er bis 1730er Jahre. Vielmehr lässt sich einerseits eine weitergehende Abgrenzung gegen eine lutherische Orthodoxie nachweisen, wie man sie insbesondere an der Universität Wittenberg verkörpert sah. Andererseits spielte in der Auseinandersetzung mit dem Berliner Hof Friedrichs II. und dem 1750 installierten Oberkonsistorium eben-

50 Ebd.
51 Votum Franckes vom 14.3.1720 (UA Halle Rep. 27, Nr. 752 [unpaginiert]).

so wie in den fakultätsinternen Debatten zwischen Aufklärern und Spätpietisten der Rekurs auf die Identität als lutherische Fakultät eine wachsende Rolle. Beides kann ich hier nur beispielhaft belegen.

Mein erstes Beispiel betrifft die anfänglichen Diskussionen um die Nachfolge für den 1749 verstorbenen Benedikt Gottlob Clauswitz. Faktisch wurde der Nachfolger erst 1753 berufen – es war Johann Salomo Semler, der dafür sorgte, dass die Theologische Fakultät Halle schließlich nicht nur als Hochburg des Pietismus, sondern auch der theologischen Aufklärung Geschichte schrieb.[52] Sie sind insofern besonders aufschlussreich, als deutlich nach dem Tod der ersten Pietistengeneration in Halle, dem 1740 erfolgten Machtwechsel zu Friedrich II. in Berlin und der ebenfalls 1740 vollzogenen Rückkehr des einflussreichen Philosophen Christian Wolff nach Halle für die Theologische Fakultät eine Konstellation entstanden war, in der sie ihre Identität grundsätzlich neu klären musste.

Das Brisante an den Diskussionen um die Nachfolgeregelung für Clauswitz war, dass es ausgerechnet der alte Pietistengegner Wolff war, der als Kanzler der Universität Halle von Seiten der Berliner Regierung um einen Personalvorschlag gebeten wurde.[53] Damit war die von Berlin angestrebte Marschrichtung klar: Ein Pietist sollte es jedenfalls nicht wieder werden. Wolff schlug den Erlanger Theologieprofessor Johann Martin Chladenius vor – ein Mann, der in seinem hermeneutischen Ansatz Wolff rezipierte. Was Wolff übersehen hatte (oder auch nicht), war, dass Chladenius aus einer Wittenberger Theologenfamilie stammte und auch selbst dort studiert hatte. Deshalb votierte Johann Heinrich Callenberg: „Chladenius ist ein Wittenberger. [...] Daß derselbe den dortigen und zugleich seinen Väterlichen lehrbegrif eingenommen und beybehalten werde, ist nicht unwahrscheinlich".[54] Dabei habe dieser Lehrbegriff „selbiger Universität die bekante Decadence zugezogen, nachdem man sich dadurch bey der Protestantischen Kirche überhaupt, und besonders bey der EvangelischLutherischen, in den grösten Miscredit gesetzet hat."[55] Franckes Sohn Gotthilf August meinte, allein die Nachricht, dass ein „Wittenbergisch gesinnter Theologus" nach Halle gekommen sei, würde viele Auswärtige veranlassen, ihre Kinder zum Studium nicht mehr

52 Zu Semler vgl. v.a. Gottfried Hornig, Johann Salomo Semler. Studien zu Leben und Werk des Hallenser Aufklärungstheologen (Hallesche Beiträge zur europäischen Aufklärung 2), Tübingen 1996.

53 Vgl. das entsprechende Reskript vom 7.8.1749 (GStA PK HA I, Rep. 52, Nr. 159 N 3 a, 1726–1757, Bl. 239 [Entwurf]).

54 Votum Callenbergs vom 6.2.1750 (GStA PK HA I, Rep. 52, Nr. 159 N 3 a, 1726–1757, Bl. 250r).

55 Ebd.

nach Halle, sondern an die Universität Jena zu schicken.[56] Auf den Punkt brachte es Johann Georg Knapp: Es sei nicht erweisbar, dass Chladenius den Wittenbergischen Lehrbegriff „und die daraus geflossene wiedrige Gesinnung und Hefftigkeit zuförderst gegen die gesamte reformirte Kirche und hiernechst gegen die hiesige Universitaet, wie auch besonders die Theologische Facultaet, und ihren, den Bekenntnißen der Lutherischen Kirche gemäßen Lehr-Begriff" aufgegeben habe.[57] Durch Chladenius würden die Studenten „nach und nach mit solchen Grund-Sätzen eingenommen werden, welche [...] in Stande sind, Ew[rer] Königlichen Majestät höchsten Absicht zu wieder, mit der Zeit Teils das friedliche Betragen beyder protestantischen Kirchen in Ew[rer] Königlichen Majestät Staaten zu beeinträchtigen, Teils auf der Universität unter Lehrenden und Lernenden allerley nachtheilige Irrungen zu veranlaßen."[58]

So gelang es der Fakultät, sich mit dem Argument der Reformiertenfeindlichkeit eines Personalvorschlags zu erwehren, der ihr faktisch wohl eher wegen der Nähe zu Wolff als wegen der Wittenberger Herkunft Sorgen bereitete – nur dass man gegen einen Anhänger Wolffs als solchen nicht hätte argumentieren können. So konnte man, ohne auch nur ansatzweise von der Wahrung pietistischer Tradition sprechen zu müssen, gegen eine Gefährdung derselben hier erneut die ureigensten konfessionellen Interessen des Hofes ins Feld führen. Strukturell sind die Argumente vergleichbar denen, mit denen man sich 1713 gegen die Einstellung eines reformierten Kollegen gewandt hatte: In beiden Fällen wurde eine Existenzbedrohung nicht nur der Fakultät, sondern der gesamten Universität beschworen.

Semler, der aus der Sicht der Berliner Regierung dann zweifellos als Hoffnungsträger konfessioneller Toleranz nach Halle berufen wurde, hat sich bereits in den 1750er Jahren mit Vehemenz als bekennender Lutheraner dargestellt. In den schweren Auseinandersetzungen zwischen ihm und seinen immer noch durchgängig pietistisch gesonnenen Fakultätskollegen nach Baumgartens Tod (1757) machte er diesen indirekt den Vorwurf, die lutherische Tradition durch spiritualistische Lehren zu gefährden. Er verteidigte explizit die lutherische Rechtfertigungs- und Abendmahlslehre ebenso wie den Eid auf die Konkordienformel.[59] Dabei ist freilich zu beachten, dass

56 GStA PK HA I, Rep. 52, Nr. 159 N 3 a, 1726–1757, Bl. 252v.

57 Votum Johann Georg Knapps vom 7.2.1750 (GStA PK HA I, Rep. 52, Nr. 159 N 3 a, 1726–1757, Bl. 265–268, hier 265v).

58 GStA PK HA I, Rep. 52, Nr. 159 N 3 a, 1726–1757, Bl. 266v.

59 Zu Semlers „Luthernachfolge" vgl. v.a. Gottfried Hornig, Die Anfänge der historisch-kritischen Theologie. Johann Salomo Semlers Schriftverständnis und seine Stellung zu Luther (FSThR 8), Göttingen 1961, 149–175.

sich seine Kollegen ebenfalls darauf beriefen, die besseren Lutheraner und somit die wahren Verteidiger des Christentums zu sein – ihrerseits gegen die Gefahr von Rationalismus und Pelagianismus, mit der sie Semler in Verbindung brachten.

Die Berufung auf Luther wurde in der zweiten Hälfte des 18. Jahrhunderts überhaupt zum entscheidenden Argument in der Verteidigung der pietistischen Tradition. In exemplarischen Predigerbiografien, die in großer Zahl in den 1770er Jahren erschienen, werden die Halleschen Pietisten der ersten Generation durchgängig als Leute dargestellt, denen es insbesondere um die Reinhaltung lutherischer Lehre gegangen sei.[60] So heißt es in einer Francke-Biografie aus dem Jahr 1777, es habe diesem „nichts so sehr am Herzen" gelegen, „als die Lehre von der evangelischen Glaubensgerechtigkeit zu treiben, unverfälscht fortzupflanzen und erhalten zu helfen".[61] Eher hagiografische Darstellungen zeichneten die Ankunft pietistischer ‚Neuzugänge' im Himmel gern als Aufnahme in den Kreis von Luther, Arndt, Spener sowie A.H. und G.A. Francke. Als 1775 zur Debatte stand, den Universitätsgottesdienst aufzugeben, verteidigte Gottlieb Anastasius Freylinghausen – ein Enkel A.H. Franckes – dessen Fortführung als lutherische Einrichtung mit direktem Verweis insbesondere auf die Wittenberger Universität: „Nicht nur unsre Vorfahren, sondern der Hof selbst" habe, so schrieb er, „auf eine Universitaets-Kirche ab initio gesehen, wie alle Lutherische Universitaeten (forte ad exemplum Lutheri zu Wittenberg) dergleichen haben."[62]

Im Jahre 1779, als die protestantische Welt bereits durch grundsätzliche Infragestellungen des christlichen Lehrbestandes erschüttert worden war, stand auch die Theologische Fakultät Halle vor einer neuartigen Herausforderung. Nahezu verzweifelt versuchte sie, sich einer vom Berliner Minister für Kirchen- und Schulsachen Carl Abraham Freiherr von Zedlitz massiv geförderten Berufung Carl Friedrich Bahrdts zu ihrem Mitglied zu erwehren. Bahrdt vertrat rationalistische Positionen und war als schillernde, um nicht zu sagen zwielichtige Figur bekannt.[63] In dieser Situation rekurrierte die Fakultät nun vollkommen einhellig auf ihre lutherische Lehrgrundlage.

60 Vgl. z.B. Nachrichten von dem Charakter und der Amtsführung rechtschaffener Prediger und Seelsorger, 6 Bde., Halle 1775–1779.

61 Nachrichten von dem Charakter und der Amtsführung rechtschaffener Prediger und Seelsorger, Bd. 4, Halle 1777, 12.

62 Votum Freylinghausens [Ende Dez. 1775] (UA Rep. 27, Nr. 1301 [unpaginiert]).

63 Zu Bahrdt vgl. u.a. Gerhard Sauder / Christoph Weiß (Hg.), Carl Friedrich Bahrdt (1740–1792) (Saarbrücker Beiträge zur Literaturwissenschaft 34), St. Ingbert 1992. Bis heute fällt die Sicht auf Bahrdt in eine dezidiert positive und eine dezidiert negative Einschätzung auseinander.

Es ginge nicht an, schrieb sie, dass ein Mann wie Bahrdt „seinen Lehrstuhl neben dem unsern und vornemlich diejenigen zu Zuhörern haben solte, welche von uns als allerhöchstverordneten Lehrern der Gottesgelahrtheit zum Dienst der *lutherischen* evangelischen Kirchen zubereitet werden, da von uns hier und auswärts erwartet wird zur Aufrechterhaltung der reinen in der Augsburgischen Confession enthaltenen Lehre und besonders (selbst nach den statutis der theol[ogischen] Fac[ultät]) Art[ikel] n[ummer] IV, der von Christi Erlösung und unsrer Rechtfertigung alles nur mögliche zu thun und einem besorglichen Eintrag so viel an uns, vorzubeugen eifrig bemühet zu seyn".[64] In seiner 1779 verfassten Antwort auf Bahrdt betonte Semler, er habe Bahrdt persönlich zu verstehen gegeben, „daß es hier, (wo eine lutherische der augspurgischen Confeßion zugethane Universität ist,) grosse Schwierigkeiten eines steten und erleichterten Aufenthalts [für Bahrdt, d. Vf.n] geben würde, auch was das vorhabende Lesen betrift".[65] Sich selbst bezeichnete Semler in dieser Schrift als „ein ehrlicher treuer lutherischer Professor, der seinen Eid zu bereuen oder zu brechen gar keine Ursache hat; es mag manchem lieb seyn oder nicht".[66]

Im Jahre 1787 hat Minister Zedlitz auch noch einmal den Versuch unternommen, das reformierte Gymnasium enger an die Universität zu binden: Im Vorlesungskatalog sollten auch die reformierten theologischen Collegia angezeigt werden.[67] Diesen letztmaligen Vorstoß in Richtung einer Gleichsetzung der Professoren des reformierten Gymnasiums mit denen der Universität lehnte diese allerdings auch jetzt vehement ab. Zedlitz setzte dennoch durch, dass die Vorlesungen der reformierten Professoren in einer eigenen Rubrik unmittelbar nach den Vorlesungen der Philosophischen Fakultät angekündigt wurden – allerdings nur für kurze Zeit, denn dann wehte aus Berlin selbst schon längst ein anderer Wind.

In offensichtlicher Renitenz gegenüber seit den 1770er Jahren aus Berlin ergangenen Studienreformanweisungen, die verstärkt auf die Vermittlung unionistischen Gedankenguts setzten, haben die Halleschen Theologieprofessoren (v.a. Semler und Johann Ludwig Schultze) auch in den 1780er Jahren noch fast jährlich selbstständige Vorlesungen über die symbolischen Bücher (Bekenntnisschriften) angeboten. Auch Nösselts 1786–1789 erschie-

64 Die theologische Fakultät Halle an von Zedlitz, 4.7.1779 (SBB-PK, Nachlass Francke, Kaps. 24,2/121: 9 [Entwurf]).

65 Johann Salomo Semlers Antwort auf das Bahrdische Glaubensbekenntnis, Halle 1779, Nachricht an den Leser, 4.

66 Johann Salomo Semlers Antwort auf das Bahrdische Glaubensbekenntnis, Halle 1779, Vorrede, 6v.

67 Vgl. Zedlitz an die Universität, 11.12.1787 (UA Halle Rep. 3, Nr. 616, Bl. 170).

nene enzyklopädische *Anweisung zur Bildung angehender Theologen* enthielt einen Abschnitt zur symbolischen Theologie. Insofern verwundert es nicht, dass die studienreformerischen Maßnahmen, die ab den 1790er Jahren im Kontext von Johann Christoph von Woellners neuer Betonung der Bekenntnisbindung standen, im Sinne von Kooperationsbereitschaft im Kampf gegen renitente Studenten in Halle durchaus begrüßt wurden.

Umso mehr musste es die Halleschen Theologieprofessoren treffen, dass sie, die sich als treue Lutheraner verstanden, unter Woellner unter das Verdikt fielen, nicht mehr Theologie, sondern Neologie (Neologie als Schimpfwort = „neue Lehre") zu treiben. Angesichts einer in diesem Sinne agierenden „Geistlichen Examinationskommission" schrieb Johann August Nösselt 1792 resigniert: Ich erkenne, „daß meine historischen Kenntnisse und Begriffe, die ich von dem, was wirklich Evangelisch lutherische Lehre ist, habe, in mehreren Einsichten sehr von den Begriffen gedachter Commission verschieden sind; daß sie sich nicht begnügte, die Uebereinstimmung mit unserer Kirche in die Uebereinstimmung mit den symbolischen Büchern und den Grundlehren derselben zu setzen, sondern auch lehren, oder [...] Vorstellungen davon, gelehret wissen will, die niemals durch eine öffentliche Vorschrift in dieser Kirche bestimmt gewesen sind".[68]

4. Fazit

Die Theologische Fakultät Halle war und blieb jenseits aller von Seiten des Berliner Hofs erhofften Relativierungen konfessioneller Positionen in starkem Maße der lutherischen Tradition verpflichtet. Sowohl Pietisten als auch Aufklärer enttäuschten damit die im Rahmen der Berliner Berufungspolitik in sie gesetzten Erwartungen hinsichtlich einer tatsächlichen Bereitschaft, sich der reformierten Konfession zu öffnen. Am ehesten lässt sich eine solche Öffnung, jedenfalls im Blick auf theologische Inhalte, noch in der ersten Generation hallischer Pietisten feststellen. Dies ging aber keineswegs mit einer Annäherung an die reformierte Kirche und ihre Gemeinde in Halle einher. Im Gegenteil bestand hier von Anfang an ein sehr gespanntes Verhältnis. Dies nährte sich aber auch durch die Abneigung der Reformierten gegen die Pietisten, insofern sie diese ohne weitere Differenzierungen als Lutheraner wahrnahmen – und mit diesen hatte man gerade in Halle ausschließlich schlechte Erfahrungen gemacht.

68 Nösselt an die Geistliche Examinationskommission, 10.8.1792 (UA Halle Rep. 27, Nr. 1111, Bl. 19r [Entwurf]).

Gleichwohl darf nicht übersehen werden, dass sich die Pietisten als Lutheraner von einem Luthertum Wittenbergischer Prägung unterschieden wissen wollten – was schon deshalb auf der Hand lag, weil sie von diesem heftig bekämpft wurden. So gesehen nahmen die Halleschen Theologen mindestens bis in die Mitte des 18. Jahrhunderts hinein durchaus eine mittlere Position innerhalb des Luthertums ein. Heißt das aber, dass sie sich jemals auch als wirklich konfessionsvermittelnd verstanden haben? Die mir bislang vorliegenden Quellen lassen diesen Schluss meines Erachtens nicht zu. Eher vermitteln sie den Eindruck, dass insbesondere Francke es bis spätestens 1713 gelernt hatte, auf dem konfessionellen Klavier bewusst und ausschließlich mit dem Ziel zu spielen, die Halleschen Interessen durchzusetzen.

In der zweiten Hälfte des 18. Jahrhunderts spielte der Rekurs auf die lutherische Identität in noch wachsendem Maße eine Rolle – in der Abwehr rationalistischer Positionen auch vollkommen einhellig zwischen Aufklärern und Spätpietisten. Da Wittenberg als Gegner inzwischen praktisch ausgefallen war, konnte man hier auch auf weitergehende Differenzierungen verzichten. Erst in der Ära Woellner machten die Halleschen Theologen erneut die Erfahrung, dass Luthertum nicht gleich Luthertum ist.

Historische Grundlinien und europäische Perspektiven des Verhältnisses von Kirche und Staat in der reformierten Theologie[1]

von Matthias Freudenberg

Derzeit bestimmen mindestens drei Faktoren das laut einer Studie der Gemeinschaft Evangelischer Kirchen in Europa (GEKE) „schwierige Verhältnis"[2] zwischen Kirche und Staat: erstens die Nachwirkungen der politischen Wende in Mittel- und Osteuropa, zweitens die Globalisierung ökonomischen und politischen Handelns und drittens der Prozess der europäischen Integration.

Hat die reformierte Theologie in diesen Diskursen öffentliche Relevanz? Wenn unter Relevanz eine direkte Einflussnahme auf politische Prozesse verstanden wird, ist Skepsis angebracht. Manche gut gemeinte, aber nicht immer die Erkenntnis fördernde Stellungnahme – etwa zur Frage der gerechten Gestaltung der Globalisierung – bleibt in ihrer Wirkung begrenzt. Täuscht der Eindruck, dass die wirklich prophetischen und öffentlich relevanten Worte dann gesprochen wurden, wenn der Staat aufhörte, Rechtsstaat zu sein, und die Integrität der Kirche in Gefahr war – so wie sich 1934 die kirchliche Situation für die Synodalen von Barmen darstellte? Im Folgenden soll aufgezeigt werden, welche theologischen Einsichten die vielgestaltige reformierte Theologie für die Ausgestaltung des Verhältnisses von Kirche und Staat bereithält.

1. Grundlinien in der reformierten Theologie

Karl Barth zog 1938 das ernüchternde Fazit: „Das Interesse dieser Frage [nach dem menschlichen Recht im Bezug zum göttlichen Recht] fängt dort an, wo das Interesse der [...] reformatorischen Theologie aufhörte oder doch

1 Überarbeitete und ergänzte Fassung eines Beitrags in: Öffentliche Relevanz der reformierten Theologie, hg. v. Michael Beintker / Sándor Fazakas (Studia Theologica Debrecinensis, Sonderheft 2008/[2]2011), 59–68.

2 So die Formulierung im Untertitel der Studie der Gemeinschaft Evangelischer Kirchen in Europa (GEKE): Kirche – Volk – Staat – Nation. Ein Beitrag zu einem schwierigen Verhältnis, hg. v. Wilhelm Hüffmeier (Leuenberger Texte 7), Frankfurt a.M. 2002.

erlahmte."[3] Ganz so sprach- und ideenlos war die reformierte Theologie allerdings nicht.[4] Mindestens vier Grundlinien lassen sich konstatieren.

1.1 Differenz

Die Reformierten legen Wert auf die Unterscheidung von Kirche und Staat, stellen dieser aber noch weitere Argumentationslinien zur Seite. Das Verhältnis beider Größen lässt keine Indifferenz zu, sondern zielt auf gegenseitige Bezogenheit. Die Behauptung von Friedrich Wilhelm Graf, dass „die reformierte Ethik des Politischen immer zur theokratischen bzw. christokratischen Sakralgestaltung des Gemeinwesens" tendiert, bedient ein Klischee.[5] So wenig Genf eine Theokratie war, so wenig waren Kirche und Staat voneinander getrennt. Johannes Calvin liegt daran, den Einfluss des Petit Conseil, sofern es um die inneren Angelegenheiten der Kirche geht, zu begrenzen und das Verhältnis von Kirche und Staat als ein Positives zum gegenseitigen Nutzen zu beschreiben.[6] Die in ihren Aufgaben unterschiedenen Institutionen sind folglich zur Zusammenarbeit bestimmt. Die Unterschiedenheit der Aufgabenbereiche schließt Grenzgänge ein, die das öffentliche politische Engagement der Christenbürger ausdrücklich in Anspruch nimmt. Der durch Christus geschehenen Befreiung des Menschen aus seiner Selbstabschließung gegenüber Gott und der Öffentlichkeit des Evangeliums entspricht die Freigabe aller Lebensbereiche, um sie – mit Dietrich Bonhoeffer gesprochen – in „echter Weltlichkeit" zu gestalten.[7] Ähnlich votiert auch die Leuenberger Konkordie (1973): „Diese Botschaft [der Rechtfertigung] macht die Christen frei zu verantwortlichem Dienst in der Welt. [...] Sie erkennen, dass Gottes fordernder und gebender Wille die ganze Welt umfasst. Sie treten ein für irdische Gerechtigkeit und Frieden zwischen den einzelnen Menschen und unter

3 Karl Barth, Rechtfertigung und Recht (ThSt[B] 104), Zürich [3]1984, 5.

4 Ausführlich dazu Matthias Freudenberg, Das Verhältnis von Kirche und Staat nach den reformierten Bekenntnissen des 16. Jahrhunderts, Communia Viatorum 40 (1998), 228–255; vgl. auch Eberhard Busch, Church and Politics in the Reformed Tradition, in: Donald K. McKim (Hg.), Major Themes in the Reformed Tradition, Grand Rapids/MI 1992, 180–195.

5 Friedrich W. Graf, Der Protestantismus. Geschichte und Gegenwart, München 2006, 44.

6 Johannes Calvin, Institutio Christianae Religionis (1559), Buch IV, Kap. 3 (= Inst. IV,3); ders., Ordonnances ecclésiastiques (1561), in: Calvin-Studienausgabe, Bd. 2: Gestalt und Ordnung der Kirche, hg. v. Eberhard Busch u.a., Neukirchen-Vluyn 1997, 227–279, hier 275: „Zwar sind Regierungsgewalt und Obrigkeit [...] und die geistliche Herrschaft [...] untrennbar miteinander verbunden. Dennoch sind sie nicht miteinander vermischt, und der, der alle Herrschaftsgewalt besitzt, [...] hat beides voneinander unterschieden."

7 Dietrich Bonhoeffer, Ethik, hg. v. Ilse Tödt u.a. (DBW 6), Gütersloh [2]1998, 404.

den Völkern."[8] Ein Rückzug der Christen in ein frommes Ghetto und eine der Welt entfremdete Spiritualität verträgt sich nicht mit dem Anspruch des Evangeliums, dass in seiner Kraft Christen Salz der Erde sind. Aus der Unterscheidung von Kirche und Staat erwächst der Gedanke, die Welt wertzuschätzen, aber nicht zu sakralisieren bzw. religiös aufzuladen. Diese Freiheit zur „Weltlichkeit" steht unter dem Vorzeichen des Anfänglichen und Fragmentarischen, weil Gott es ist, der den Menschen vollendet und ganz macht.

1.2 Vorsehung

Calvin versteht den Staat weniger als Anordnung denn als Einrichtung des vorsehenden und die Welt begleitenden Handelns Gottes. Indem er und andere mit der Vorsehung argumentieren, sprechen sie dem Weltlichen eine eigene Dignität zu, die freilich ausdrücklich nicht mit einer Eigengesetzlichkeit gleichzusetzen ist. Die geschaffene Welt ist die Welt *Gottes*, der diese würdigt, „Schauplatz der Herrlichkeit Gottes" zu sein.[9] Laut Heidelberger Katechismus regiert Gott nicht nur den Himmel, sondern auch „die Erde mit allem, was darin ist".[10] Gott stellt den Menschen mit der staatlichen Administration ein Hilfsmittel zur Verfügung, um ihnen Schutz zu gewähren und zu fördern. Calvin spricht die Repräsentanten des Staates als Diener Gottes an: Sie werden ihrer Aufgabe gerecht, *wenn und insofern* sie sich als Gottes Diener verstehen und das friedliche Zusammenleben gewährleisten. Der Staat und sein Recht dürfen nicht mit Gottes Willen identifiziert werden, als ob Gott sein Recht an Menschen abgetreten habe. Den Dienern Gottes ist aufgetragen, der freien Predigt des Evangeliums Raum zu geben, damit die Kirche in der Verkündigung das tut, was der Staat von seiner Funktion und Aufgabe her nicht tun kann.[11]

8 Leuenberger Konkordie (1973), Art. 11, in: Reformierte Bekenntnisschriften. Eine Auswahl von den Anfängen bis zur Gegenwart, hg. v. Georg Plasger / Matthias Freudenberg, Göttingen 2005, 246–258, hier 251.

9 Johannes Calvin, De aeterna praedestinatione Dei, in: CO 8,294; vgl. ders., Commentarius in Gen 2,8, in: CO 23,37: „Warum den Flug in die Luft nehmen und den festen Boden verlassen, der doch der Schauplatz der Ehre Gottes ist? [...] Es ist gewiss wahr: Unser ewiges Erbteil ist im Himmel, und darauf sollen wir uns richten. Aber doch muss zugleich der Fuß fest auf der Erde stehen, ist sie doch die Stätte, auf der wir nach Gottes Anordnung eine Zeitlang weilen."

10 Heidelberger Katechismus (1563), Frage 26, in: Reformierte Bekenntnisschriften (wie Anm. 8), 151–186, hier 159.

11 Calvin mahnt zudem die grundsätzliche und nur im Fall der Tyrannei begrenzte Gehorsamspflicht der Bürger an; vgl. Huldrych Zwingli, Von Klarheit und Gewißheit des Worts Gottes, in: Z I,345f.

In Zürich verfolgt Huldrych Zwingli mit der Zusammenschau von göttlicher und menschlicher Gerechtigkeit noch deutlicher als Calvin die Absicht, die Beziehungen von Kirche und Staat als gemeinschaftliches Wirken auszulegen. Er vermeidet eine klare Grenzziehung zwischen „politia" und „ecclesia" und entwirft ein Einheitsmodell, in dem beide, Kirche und Staat, auf das göttliche Gebot bezogen sind. Zwingli konnte sagen: „regnum Christi est etiam externum"[12] und den Staat dazu anhalten, in seiner legislativen und judikativen Funktion die göttliche Gerechtigkeit zur Geltung zu bringen.[13] Umgekehrt erhält der Staat in äußeren und inneren Angelegenheiten der Kirche eine Entscheidungsbefugnis und ein Wächteramt, das die Unterscheidung von Kirche und Staat in zuweilen problematischer Weise in Frage stellt – der Auftakt des Zürcher Staatskirchentums. Dieser Gefährdung der Integrität der Kirche durch staatliche Einwirkungen sind reformierte Kirchen zeitweise erlegen, wenn etwa dem Staat die Sorge für Gottesdienst und Lehre übertragen wird oder in Umkehrung von Apg 5,29 die Staatsräson vor dem Gottesgehorsam steht.

1.3 Relativität

Eine weitere reformierte Grundlinie ist die Betonung der Relativität des Staates. Als Instrumentarium von Gottes Vorsehung und als kreatürlich-menschliche Institution steht der Staat unter dem Vorzeichen, dass er sich vor dem in der Kirche geglaubten und bekannten dreieinigen Gott verantworten muss. Irdische Machtansprüche werden relativiert, jede religiöse Sanktionierung staatlicher Gewalt einschließlich der Identifizierung mit Gottes Autorität wird negiert. Dieses ideologiekritische Moment begegnet bereits im Reimpsalter, in dem irdische Macht vor dem Angesicht Gottes hinterfragt und die Solidarität mit den unter den Mächtigen Leidenden bekundet wird. Und Calvin meldet etwa in seinem Danielkommentar von 1561[14], in dem er sich scharf mit der tyrannischen Monarchie auseinandersetzt, das Anliegen des 1. Gebotes an: Wo die freie Souveränität des dreieinigen Gottes in den Mittelpunkt rückt, werden andere Machtansprüche relativiert und begrenzt. In einer solchen Atmosphäre, in der die Relativität staatlicher

12 Huldrych Zwingli, Brief an Ambrosius Blarer vom 4.5.1528, in: Z IX,454.

13 Huldrych Zwingli, Von göttlicher und menschlicher Gerechtigkeit, in: Z II,520.

14 Johannes Calvin, Praelectiones in librum prophetiarum Danielis (1561), in: CO 40,517ff.; 41,1ff.; vgl. Eberhard Busch, Gemeinschaft in Freiheit. Impulse für die demokratische Lebensform, in: ders., Gotteserkenntnis und Menschlichkeit. Einsichten in die Theologie Johannes Calvins, Zürich 2005, 139–170, hier 161.

Macht betont wird, können schließlich – freilich in einem komplizierten und vielfach gebrochenen Prozess – auch demokratische Gedanken wachsen. Die konsequenteste Relativierung staatlicher Macht formuliert der in zahlreichen reformierten Texten rezipierte Satz aus Apg 5,29: „Man muss Gott mehr gehorchen als den Menschen." Gott mehr zu gehorchen als den Menschen bedeutet, dass der Bürgergehorsam seine Grenze findet am Gehorsam gegenüber Gott und dem Anspruch seines Wortes.[15] Im Bewusstsein, dass der Staat nicht nur durch bürgerlichen Ungehorsam, sondern durch die Gewalt seiner Repräsentanten gefährdet sein kann, erklärt Calvin: „Wenn sie etwas gegen Gott befehlen, dann ist dem nicht stattzugeben noch zählt es, und wir dürfen hier in keiner Weise auf die Würde, die dem Magistrat zukommt, Rücksicht nehmen."[16] Das rührt an die Frage des Widerstandsrechts, wenn bürgerliche Rechte, der Schutz der Schwachen und die Gottesverehrung tangiert werden.[17] Calvin äußert sich eher zurückhaltend: Solcher Widerstand müsse ein legitimer Rechtsakt sein durch von Gott berufene „öffentliche Erretter", um „das [...] unterdrückte Volk zu befreien".[18] Der Kirche aber steht – sine vi sed verbo – allein das Wort zur Verfügung. Selbst die für das Widerstandsrecht häufig in Anspruch genommene Confessio Scotica (1560) argumentiert behutsam: Es sei die der zweiten Gebotstafel entnommene Pflicht, die Tyrannei niederzuhalten („tyrannidem opprimere"), und zwar nicht durch Aufstand und Revolution, sondern durch Repräsentanten des Volkes.[19]

1.4 Konformität des Rechts

Schließlich begegnen wir in der reformierten Theologie immer wieder dem Bestreben, nach Konformität – nicht zu verwechseln mit Identität! – des der Korrektur bedürftigen menschlichen Rechts mit dem göttlichen Recht zu suchen.[20] Zwingli gibt der menschlichen Gerechtigkeit ihre Ausrichtung von der verkündigten göttlichen Gerechtigkeit her: Die Verkündigung

15 Vgl. Lebendiges Bekenntnis. Die „Grundlagen und Perspektiven des Bekennens" der Generalsynode der Niederländischen Reformierten Kirche 1949, hg. v. Otto Weber, Neukirchen [2]1959, 62.
16 Inst. IV,20,32.
17 Inst. IV,20,29.
18 Inst. IV,20,30.
19 Confessio Scotica (1560), Art. 14, in: Reformierte Bekenntnisschriften (wie Anm. 8), 124–150, hier 135.
20 Vgl. Huldrych Zwingli, Von göttlicher und menschlicher Gerechtigkeit, in: Z II,471–525.

bezeugt Gott, der der Welt zugewandt ist, und nennt Unrecht beim Namen, weil Gottes Wort selber dem Unrecht widerstreitet. Göttliches Recht zielt auf menschliches Recht, da ihre Konformität eine dem Gottesgedanken selber innewohnende Absicht ist. Kirche und Staat auf diese Konformität anzusprechen, ist der Sinn des prophetischen Wächteramtes: nicht als direkte politische Einflussnahme, sondern als Zeugnis der Gemeinde vom Gotteswort, das im Kern auf menschliches Wohlergehen zielt.[21] Der Grundbegriff, nach dem die bürgerlichen Gesetze festzulegen sind und an dem sie sich messen lassen müssen, ist nach Calvin die „aequitas", also das Tun dessen, was recht und billig ist.[22] Die 5. These der Barmer Theologischen Erklärung (1934) benennt neben dem Frieden das Recht als erste Aufgabe des Staates; beide sind nach Eberhard Jüngel „Zumutung[en] aus dem Evangelium".[23]

2. Zur ideologiekritischen Funktion der Rede von der Königsherrschaft Christi

Im 20. Jahrhundert wird die bei Calvin[24] bereits angedeutete Königsherrschaft Christi weiter theologisch profiliert und zu einer ideologiekritischen Kategorie erhoben. Jesus Christus regiert als der eine Herr der verschiedenen Bereiche geistlichen und weltlichen Lebens. Dem Staat wird nach der 5. These der Barmer Theologischen Erklärung jeder Anspruch auf eine totale Ordnung abgesprochen. Die Kirche wird an ihre Aufgabe gewiesen, „an Gottes Reich, an Gottes Gebot und Gerechtigkeit und damit an die Verantwortung der Regierenden und Regierten" zu erinnern.[25] Ausdrücklich spricht das Bekenntnis der Freien reformierten Synode Barmen vom Januar 1934 die Weltlichkeit der Kirche an, deren Dienst darin besteht, Gottes Wort und seinem Geist zu gehorchen und den Staat fürbittend und an Gottes Reich erinnernd zu begleiten.[26] Daran knüpft Barth in seinen Vorträ-

21 Vgl. dazu in diesem Band den Beitrag von Ulrich Gäbler, Huldrych Zwinglis politische Theologie, oben S. 9–26.

22 Inst. IV,20,16.

23 Barmer Theologische Erklärung (1934), These 5, in: Reformierte Bekenntnisschriften (wie Anm. 8), 239–245, hier 244; vgl. Eberhard Jüngel, Mit Frieden Staat zu machen. Politische Existenz nach Barmen V (KT 84), München 1984, 57.

24 Inst. II,15; Genfer Katechismus (1545), Fragen 37 und 42, in: Reformierte Bekenntnisschriften (wie Anm. 8), 57–106, hier 64f.

25 Barmer Theologische Erklärung (1934), These 5, in: Reformierte Bekenntnisschriften (wie Anm. 8), 239–245, hier 244.

26 Bekenntnis der Freien reformierten Synode Barmen (1934), Abschnitt III,1–2, in: Reformierte Bekenntnisschriften (wie Anm. 8), 239–245, hier 234f.

gen *Rechtfertigung und Recht* (1938) und *Christengemeinde und Bürgergemeinde* (1946) an: Kirche und Staat sind als konzentrische Kreise auf das Zentrum Jesus Christus bezogen. In der Verkündigung werden der für das Reich Gottes gleichnisfähige und gleichnisbedürftige Staat an seinen Grund erinnert und Analogien zum Reich Gottes entworfen.[27]

Ebenfalls in den dreißiger Jahren rekurriert der reformierte Ethiker Alfred de Quervain (1896–1968) immer wieder auf die Königsherrschaft Christi.[28] Er belässt es nicht dabei, die Aufgabe des Theologen allgemein als Prediger des Evangeliums zu beschreiben, sondern er sieht den Theologen als Zeugen der Botschaft von Jesus Christus als König und Haupt der Gemeinde. Die Rede von der Königsherrschaft Christi hat bei de Quervain die Funktion, den Zusammenhang von Evangelium und Gebot, von Soteriologie und Ethik so auszusagen, dass die Ethik der Soteriologie nicht untergeordnet, sondern zugeordnet wird. Was die Gemeinde als rettendes Handeln Gottes an sich wahrnimmt, das schließt nicht erst in einem zweiten Schritt ihre ethische Stellungnahme und ein entsprechendes Handeln in sich. Die soteriologische Funktion der Metapher Königsherrschaft Christi verdeutlicht de Quervain u.a. anhand der Auferstehung Jesu Christi, in der dieser sich als Sieger über Tod, Sünde, Gesetz und Gewalten erwiesen hat. Die Rückseite dieser Botschaft weist hinüber in die Ethik, indem die Christen als die angesprochen werden, die „mit Christus gesiegt haben" und gerade als solche in der vergehenden Welt ihre Verantwortung wahrnehmen.[29] In Christi Regieren hat die Kirche nicht nur ihren Existenzgrund, sondern auch das Kriterium ihres Handelns. Die Königsherrschaft Christi hat folglich in der Praxis der Kirche ihre Pointe und ihr Ziel.[30] De Quervain belässt es aber nicht bei der Ortsbestimmung „Kirche" für Christi Regieren, sondern kann auch von einer universalen kosmischen Königsherrschaft Christi sprechen. Auch diese gründet in Christi Sieg über die Mächte und Gewalten, unter denen er die diffusen Kräfte des politischen und sozialen Lebens – auch die für Offenbarungen gehaltenen Schöpfungsordnungen – ver-

27 Karl Barth, Rechtfertigung und Recht. Christengemeinde und Bürgergemeinde (ThSt[B] 104), Zürich [3]1984, 54.65f.

28 Zu Alfred de Quervain vgl. Werner Göllner, Die politische Existenz der Gemeinde. Eine theologische Ethik des Politischen am Beispiel Alfred de Quervains, Frankfurt a.M. 1997, hier bes. 114–137; Hans Scholl, Alfred de Quervain – ein reformierter Ethiker im Kirchenkampf, in: Reformierte Kirchenzeitung 129 (1988), 79–83.112–116.

29 Alfred de Quervain, Osterpredigt 1938 über 1Kor 15,52–58, in: Der ewige König. Festpredigten (TEH 58), München 1938, 44.

30 Vgl. Alfred de Quervain, Die Herrschaft Christi über seine Gemeinde und die Bezeugung dieser Herrschaft in der Gemeinde, in: EvTh 5 (1938), 45–57.

steht.[31] Wenn es also wahr ist, dass der Vater alles durch Christus regiert, dann können die Ordnungsgestalten des politischen Lebens nicht an Christus vorbei, sondern nur von seinem Werk her begründet werden. Eine entsprechende christozentrische Spitze kennzeichnet daher de Quervains politische Ethik: Der Christ ist berufen, unter dem Haupt Christi über alle Gewalten zu herrschen und seinen Nächsten in einem neuen Leben zu dienen.[32] Aus dem neuschaffenden Handeln Gottes gewinnt die theologische politische Ethik ihre Richtung, die zur Urteilsbildung anleiten soll – die Korrespondenz mit der 3. These der Barmer Theologischen Erklärung, die vom gegenwärtigen Handeln Christi an seiner Gemeinde und der diesem Handeln entsprechenden Botschaft in Wort und Tat spricht, liegt auf der Hand. In dieser Lesart eröffnet die Metapher von der Königsherrschaft Christi einen gleichsam *parakletischen Raum* der ethischen Urteilsbildung und stellt die *Grundregel* des politischen Handelns zur Verfügung. Indes ist sie kein theologisches Axiom, von dem aus sich sozialethische Handlungsanweisungen direkt deduzieren lassen.[33] Die christliche Gemeinde lebt von keinem Prinzip – und sei es von einem christologischen –, sondern vom aktuellen Handeln ihres Hauptes.

Bei der Argumentation mit der Königsherrschaft Christi ist zudem ihr eschatologischer Sinnzusammenhang zu beachten. Christus ist der eine König, dem nach Barth alle Gewalten und so auch die absolutistischen „herrenlosen Gewalten“ dienen werden.[34] Entsprechend hat schon der Heidelberger Katechismus formuliert: „Christus ist dazu in den Himmel erhöht worden, dass er sich dort erweise als das Haupt seiner Kirche, durch das der Vater alles regiert.“[35]

Seit Beginn der Neuzeit wird danach gefragt, wie die Königsherrschaft Christi in der Spannung von Himmelfahrt und Parusie befreiende Wirkungen haben kann. Wie kann in der unerlösten Welt die noch bestrittene und verborgene Herrschaft des Gekommenen Gestalt gewinnen?[36] Die Ant-

31 Alfred de Quervain, Vom rechten Verständnis der christlichen Freiheit und von der Bewährung dieser Freiheit im bürgerlichen Leben, Berlin 1935, 21ff.

32 De Quervain, Vom rechten Verständnis (wie Anm. 31), 31.

33 Dies im Widerspruch zur Kritik an der Metapher der Königsherrschaft Christus durch Martin Honecker, Weltliches Handeln unter der Herrschaft Christi. Zur Interpretation von Barmen II, in: ZThK 69 (1972), 89.

34 Vgl. Karl Barth, Das christliche Leben. Die Kirchliche Dogmatik IV/4, Fragmente aus dem Nachlaß, hg. v. Hans-Anton Drewes / Eberhard Jüngel (Karl Barth-Gesamtausgabe, Abt. II), Zürich 1976, 365–399.

35 Heidelberger Katechismus (1563), Frage 50, in: Reformierte Bekenntnisschriften (wie Anm. 8), 151–186, hier 165.

36 Vgl. Heidelberger Katechismus (1563), Frage 123, in: Reformierte Bekenntnisschriften (wie Anm. 8), 151–186, hier 184.

worten darauf sind allerdings gelegentlich vollmundige Normierungen, die die Gefährdung kirchlicher Überheblichkeit nicht immer vermeiden. Bereits Ernst Wolf hat vor der „Klerikalisierung der Welt“ gewarnt.[37] Die ideologische Anfälligkeit der eigentlich ideologiekritischen Kategorie der Königsherrschaft Christi wirkt sich gelegentlich als moralische Bevormundung aus.[38] Einige Bekenntnisse aus der reformierten Ökumene tendieren dazu, nicht nur nach Gottes Willen in der Welt zu fragen, sondern diesen mit den eigenen und insofern auch fragwürdigen Bemühungen um die Errichtung einer gerechten sozialen Ordnung zu identifizieren. Die reformierten Kirchen erweisen sich – ausgehend von ihrem ideologiekritischen Sensorium – als durchaus anfällig, die theologischen Kategorien der Königsherrschaft Christi und des prophetischen Wächteramtes ethisch zu funktionalisieren, um ihre Gesinnungs- und Handlungskompetenz unter Beweis zu stellen.[39] Das Prophetische am Wächteramt droht dabei zur Attitüde zu werden – eine Problemanzeige, die auf die Notwendigkeit einer biblisch-theologischen Relektüre der Kategorie des Prophetischen aufmerksam machen will. Der Königsherrschaft Christi und dessen prophetischem Amt eignet ethisches Augenmaß und klerikale Bescheidenheit.

3. Exemplarische Differenzierungen in Europa

Das Verhältnis von Kirche und Staat durchläuft im neuzeitlichen Europa eine wechselvolle Geschichte. Ein Grunddatum für die reformierten Kirchen war in *Deutschland* der Westfälische Friede mit der verspäteten Anerkennung der reformierten Konfession 1648. Die Aufhebung des Staatskirchentums 1918 und die institutionelle Trennung von Kirche und Staat bieten den Rahmen für die partnerschaftliche Begegnung von Kirche und Staat als unterschiedenen Größen. Mit dem Versuch der Gleichschaltung der Kirche in der nationalsozialistischen Gewaltherrschaft und mit dem sozialisti-

37 Ernst Wolf, Von den Grenzen der Kirchenpolitik, in: EvTh 9 (1949/50), 189–192, hier 189.

38 Vgl. Michael Beintker, Der Dienst der Theologie an der Kirche, in: ZThK 100 (2003), 520–532, hier 528f.

39 Vgl. Matthias Freudenberg, Das dreifache Amt Christi – eine „längst ausgepfiffene Satzung der Schultheologen“ (H. Ph. K. Henke)? Zum munus triplex in der reformierten Theologie und seiner Bedeutung für das ökumenische Gespräch, in: J. Marius J. Lange van Ravenswaay / Herman J. Selderhuis (Hg.), Reformierte Spuren (Emder Beiträge zum reformierten Protestantismus 8), Wuppertal 2004, 71–96, hier 91–93.

schen Versuch der Marginalisierung der Kirche[40] wurde das Unterscheidungsmodell aufgegeben. Seit 1989 gilt für ganz Deutschland, dass ein kooperatives Verhältnis unter dem Vorzeichen der weltanschaulichen Neutralität des Staates gegenüber den Kirchen und Religionsgemeinschaften besteht. Verträge zwischen Kirche und Staat regeln die Ausgestaltung ihrer Beziehung. Die faktische Privilegierung der Kirche im weltanschaulich neutralen Staat steht zwar nicht ernsthaft zur Debatte, wird aber unter der Fragestellung diskutiert, welche Rolle anderen Wertegemeinschaften und Religionen, insbesondere dem Islam, zukommt.

Eine andere Tradition begegnet im laizistisch durch die Revolution geprägten Frankreich, in dem sich der Staat ohne religiösen Bezug versteht und den Einfluss der Kirchen auf die Institutionen der Republik zurückweist – heute allerdings in moderater Form. Umgekehrt enthält sich der Staat des Einflusses auf die Kirchen. Die reformierte Kirche Frankreichs konnte in der Laizité ihr ureigenes Interesse erkennen, dass die Bevormundung der Gesellschaft durch die römische Kirche beendet wurde und sie selber sich nach Jahrhunderten der Pression als Minderheitskirche entwickeln konnte.[41]

Welche Bedeutung spielt im sich vereinigenden *Europa* der gegenwärtig 27 Staaten nicht nur das Evangelium, sondern auch das Evangelische und in ihm das Reformierte? Auf diesem Kontinent, der sich – bei aller notwendigen Skepsis gegenüber diesem Begriff[42] – auch als Wertegemeinschaft versteht, bringen die evangelischen Kirchen ihre Erfahrungen und theologischen Überzeugungen ein. Die Frage drängt sich auf: Was wäre inmitten der evangelischen Stimmen in Europa die spezifisch reformierte Stimme?

4. Zur Relevanz der reformierten Theologie im Verhältnis von Kirche und Staat

Eine homogene Lehre von Kirche und Staat gibt es in der reformierten Theologie nicht. Vielmehr gibt es Spannungen und Widersprüchlichkeiten – etwa im unausgeglichenen Verhältnis von Gottes Vorsehung mit der Tendenz zur Affirmation des Status quo und der Königsherrschaft Christi mit der Tendenz zur kritischen Betrachtung des Staates. Dennoch zeichnen sich einige

40 Vgl. dazu in diesem Band den Beitrag von Katharina Kunter, Reformierte Kirchen und die Ost-West-Beziehungen im 20. Jahrhundert, unten S. 167–178.

41 Vgl. Kirche – Volk – Staat – Nation (wie Anm. 2), 47f.

42 Vgl. dazu in diesem Band den Beitrag von Georg Plasger, Vom theologischen Wert der Werte. Überlegungen zu einem unverkrampften und unapologetischen Umgang mit Grundwerten, unten S. 187–194.

reformierte Grundlinien ab. Das Bekenntnis der Freien reformierten Synode Barmen vom Januar 1934 spricht von der „grundsätzlich freie[n] Kirche“ in dem „grundsätzlich ebenso freien Staat“, wobei die Freiheit in der Bindung und Wahrnehmung ihrer jeweiligen Aufgaben begründet wird.[43] Die Unterscheidung von Kirche und Staat ist der Ausgangspunkt, um ihre Dienste positiv zu bestimmen. Auftragstreue, die auf den Beauftragenden zurückverweist, generiert Freiheit. Drei Konsequenzen liegen nahe:

1) Reformierte Theologie nimmt das Verhältnis von Kirche und Staat weder als Fremdheit noch als Identität wahr. Jenseits von Fremdheit und Identität sind im Blick auf die Gemeinschaft und das versöhnte Zusammenleben von Menschen und Völkern Analogien zwischen Kirche und Staat erkennbar und beschreibbar.

2) Reformierte Theologie sieht nicht nur die Kirche, sondern auch den Staat als von Gottes Vergebung und Vorsehung getragen. Indem Christen Gott als den freien Herrn aller Bereiche des Lebens bekennen, erinnern sie den Staat daran, dass er in der noch unvollendeten Welt der Aufrichtung von Recht und Frieden dient.

3) Reformierte Theologie schenkt der Macht des Gotteswortes Vertrauen und fördert dessen öffentliche Relevanz. Sie sollte ihre eigene Stärke darin beweisen, dass sie sich die biblischen Ursprünge der Rede von der Königsherrschaft Christi und des prophetischen Dienstes der Gemeinde vergegenwärtigt. Dem biblisch bezeugten Gotteswort öffentlich Gehör zu verschaffen bedeutet, dieses lebensförderlich und kritisch im politischen Dialog zur Sprache zu bringen – nicht belehrend, sondern erinnernd, nicht im Affekt der Selbstüberschätzung, sondern mit der Welt in der Solidarität der Unvollendeten, denen das Vorläufige und Fragmentarische eignet.

Hingewiesen sei abschließend auf zwei zu behebende Defizite im reformierten Diskurs über Kirche und Staat:

1) Während die Verhältnisbestimmungen meist vom 1. Artikel (Vorsehung) und vom 2. Artikel (Königsherrschaft Christi) vorgenommen werden, bleibt der Bezug auf den 3. Artikel meist unterbestimmt. Sein Wahrheitsgehalt kann in der Erinnerung liegen, dass weder Kirche noch Staat sich selbst überlassen sind, sondern von der Selbstvergegenwärtigung Gottes im Heiligen Geist und dessen Präsenz leben. Im Heiligen Geist begegnet Gott als der zum Geschaffenen Gleichzeitige, ob es sich dessen bewusst ist oder nicht. So könnte auch die in Barths letztem überliefertem Diktum geäußerte Überzeugung „Es wird regiert!“ noch einmal pneumatologisch bedacht

43 Bekenntnis der Freien reformierten Synode Barmen (1934), Abschnitt III,1–2, in: Reformierte Bekenntnisschriften (wie Anm. 8), 239–245, hier 238.

werden.[44] Im Anschluss an These 3 der Barmer Theologischen Erklärung vom gegenwärtigen Handeln Jesu Christi in der Kirche in Wort und Sakrament durch den Heiligen Geist könnte man analog erwägen, vom gegenwärtigen öffentlichen Handeln Jesu Christi durch den Heiligen Geist auch *außerhalb* der Kirche zu reden.[45] Schließlich kann hier das theologische Recht des Extra-Calvinisticum liegen, das die pneumatologische Gegenwart Christi auch außerhalb aller aufweisbaren Möglichkeiten, ihn als den Christus zu identifizieren, für möglich hält.

2) Gegenüber dem königlichen und prophetischen hat der priesterliche Aspekt in der reformierten Tradition weniger Profil. In Analogie zur Lebenshingabe Jesu Christi zugunsten der Menschen beweist die Kirche ihre priesterliche Existenz darin, dass sie stellvertretend für die zum Verstummen Gebrachten auf die Gefährdung der Humanität aufmerksam macht. Es geht um die Wahrnehmung des gebrochenen Lebens und die Realität des Leidens, auf das sie öffentlich hinweist. Zugleich unterstreicht die Kirche damit den Dienstcharakter ihres eigenen Tuns und des politischen Handelns. Daneben steht die Fürbitte als Grundakt christlicher Existenz und als priesterlicher Dienst gegenüber dem Staat. In der Fürbitte wird die Welt und die in ihr Agierenden vor Gott gebracht – als geistlicher Akt zugleich ein Akt politischer Verantwortung.[46]

Das grundlegende Thema des Verhältnisses von Kirche und Staat muss im Zusammenhang des europäischen Integrationsprozesses auch transnational unter der Fragestellung reflektiert werden, wie das Verhältnis zwischen den evangelischen Kirchen und der europäischen Staatengemeinschaft gestaltet werden kann.[47] Der ursprüngliche EU-Verfassungsentwurf von 2004 sah ausgesprochen konstruktive Elemente vor, die kurz in Erinnerung gerufen werden sollen, auch wenn dieser Verfassungsvertrag keine Rechtskraft erhielt und 2007 durch den Vertrag von Lissabon abgelöst wurde.

Dazu gehört *erstens* die in der Präambel geäußerte Erwartung, dass das „in Vielfalt geeinte" Europa einen Raum bietet, „in dem sich die Hoffnung

44 Gespräch mit Eduard Thurneysen 1968, in: Karl Barth, Gespräche 1964–1968, hg. v. Eberhard Busch (Karl Barth-Gesamtausgabe, Abt. IV), Zürich 1997, 562.

45 Barmer Theologische Erklärung (1934), These 3, in: Reformierte Bekenntnisschriften (wie Anm. 8), 239–245, hier 243.

46 Vgl. Barth, Das christliche Leben (wie Anm. 34), 154; Eberhard Jüngel, Was heißt beten?, in: ders., Wertlose Wahrheit. Zur Identität und Relevanz des christlichen Glaubens. Theologische Erörterungen III, München 1990, 397–405.

47 Vgl. Matthias Freudenberg, Anrufung Gottes. Anmerkungen zum Verfassungsentwurf der Europäischen Union aus der Perspektive der reformierten Theologie, in: ders. / Georg Plasger (Hg.), Erinnerung und Erneuerung (Emder Beiträge zum reformierten Protestantismus 10), Wuppertal 2007, 177–190.

der Menschen entfalten kann".[48] Wie auf ihre Weise die Kirchen Räume der Freiheit bereitstellen, damit sich Menschen der Quelle ihrer Vergebung, ihres Heils und ihrer Hoffnung versichern, so bekundet die Staatengemeinschaft den Willen, den Menschen Räume für ein menschliches und den menschlichen Hoffnungen adäquates Leben zu eröffnen. Es gehört zu den Grundlagen der reformierten politischen Ethik, dass die Kirche den Staat auf ihren Beitrag dazu anspricht, damit Menschen die Hoffnung nicht verlieren, sondern als Hoffende ihr Leben gestalten können. Der Leitgedanke „Raum der Hoffnung" nimmt in den Blick, dass Europa mehr sein will als eine bloße ökonomische und politische Zweckgemeinschaft.

Zweitens versteht sich Europa als eine Gemeinschaft, zu der Grundwerte wie die „Achtung der Menschenwürde, Freiheit, Demokratie, Gleichheit, Rechtsstaatlichkeit und die Wahrung der Menschenrechte" gehören.[49] Das erinnert von Ferne an das, was die Kirchen ökumenisch als Einheit in versöhnter Verschiedenheit anstreben. Und die Charta Oecumenica von 2001 formuliert – freilich nicht gänzlich vom zeitgenössischen evangelischen Werte-Pathos unbeeindruckt – unter der Überschrift „Unsere gemeinsame Verantwortung in Europa": „Die Kirchen fördern eine Einigung des europäischen Kontinents. Ohne gemeinsame Werte ist die Einheit dauerhaft nicht zu erreichen. Wir sind überzeugt, dass das spirituelle Erbe des Christentums eine inspirierende Kraft zur Bereicherung Europas darstellt. Auf Grund unseres christlichen Glaubens setzen wir uns für ein humanes und soziales Europa ein, in dem die Menschenrechte und Grundwerte des Friedens, der Gerechtigkeit, der Freiheit, der Toleranz, der Partizipation und der Solidarität zur Geltung kommen. Wir betonen die Ehrfurcht vor dem Leben, den Wert von Ehe und Familie, den vorrangigen Einsatz für die Armen, die Bereitschaft zur Vergebung und in allem die Barmherzigkeit."[50]

Drittens war die Wendung im Verfassungsvertrag zukunftsweisend, den Status der Kirchen zu achten und in einen „offenen, transparenten und regelmäßigen Dialog mit ihnen" zu treten.[51] Ein solcher Dialog ist mit Leben zu füllen, um Europa nach allem Morden und gewaltsamen Sterben im 20. Jahrhundert als Lebensraum der Versöhnung zu gestalten. Die reformier-

48 Verfassung der Europäischen Union. Verfassungsvertrag vom 29. Oktober 2004, hg. v. Thomas Läufer (Bundeszentrale für politische Bildung, Schriftenreihe, Bd. 474), Bonn 2005, 32.

49 Verfassung der Europäischen Union (wie Anm. 48), 34 (Artikel I-2).

50 Charta Oecumenica. Leitlinien für die wachsende Zusammenarbeit unter den Kirchen in Europa, hg. v. Rat der Europäischen Bischofskonferenzen und der Konferenz Europäischer Kirchen, epd-Dokumentation 18a, Frankfurt a.M. 2001, 1–5, hier 3.

51 Verfassung der Europäischen Union (wie Anm. 48), 55 (Artikel I-47).

ten Kirchen Europas können die Erinnerung daran wach halten, dass Europa ein Ort ist, an dem sich der dreieinige Gott bekundet und anrufbar macht. In der eingangs erwähnten Studie „Kirche – Volk – Staat – Nation" wird die Erwartung ausgesprochen: „Es ist unsere Hoffnung, dass [...] in den Geschichten des Aufbruchs und Gelingens wie in den unverschuldeten und selbstverschuldeten Katastrophen Gott gegen allen Augenschein anwesend ist, die Erwartungen der Menschen trägt und sie nach seinem Willen leitet."[52] Die Kirchen werden die Erinnerung an Europa als Ort der Kundgabe des dreieinigen Gottes am besten dadurch wach halten, dass sie die befreiende Kraft des Evangeliums öffentlich zur Sprache bringen.[53] Die öffentliche Relevanz reformierter Theologie in politischen Dingen ist dann am größten, wenn sie bei ihrer Sache ist.

52 Kirche – Volk – Staat – Nation (wie Anm. 2), 70.

53 Vgl. Gemeinschaft gestalten – Evangelisches Profil in Europa. Texte der 6. Vollversammlung der Gemeinschaft Evangelischer Kirchen in Europa in Budapest 12.–18. September 2006, hg. v. Martin Friedrich / Wilhelm Hüffmeier, Frankfurt a.M. 2007.

Das Politische in der Genese der „neuen Theologie“ Karl Barths

von Holger Balder

1. Einleitung

Das Thema dieser Tagung „Kirche, Theologie und Politik im reformierten Protestantismus“ fällt in das 125. Geburtsjahr Karl Barths (1886–1968). Im Laufe des 20. Jahrhunderts hat Barths Theologie den Kirchen, dem Protestantismus insgesamt und natürlich besonders dem reformierten Protestantismus Wege der theologischen Gesellschafts- und Politikkritik erschlossen. Theologie und Kirche wurden durch seine theologischen Anstöße vor einer bürgerlich-individualistischen Verengung und vor der Auslieferung an die Eigendynamik nationalistischen Denkens oder der angeblich alternativlosen Eigengesetzlichkeit von Politik und Wirtschaft bewahrt. In Kirche und Wissenschaft ist man sich seiner Pionierarbeit im Hinblick auf das Verhältnis von theologischer Existenz und politisch-sozialem Engagement dankbar bewusst und sind seine diesbezüglichen Impulse heute vor allem auch in der nordamerikanischen, osteuropäischen und südafrikanischen Diskussion eine wichtige Orientierung.

Man vergleiche dazu beispielhaft das Sonderheft der ZDTh 24 (2008), besonders die Beiträge von Dieter Schellong, Es geht in der Theologie um unser Gottesverhältnis. Die Bedeutung der Theologie Karl Barths im Umbruch der christlichen Tradition, 8–30, und Magdalene L. Frettlöh, Verwund(er)ung und Vergnügen – oder: warum ich als Theologin nicht aufhören mag, von Karl Barth zu lernen und ihm zu widersprechen, 48–72. Vgl. auch Hinrich Stoevesandt, Karl Barth – verstaubter Kirchenvater oder theologischer Wegweiser im 21. Jahrhundert? in: ThZ 56 (2000), 342–358, und Annelore Siller, Kirche für die Welt. Karl Barths Lehre vom prophetischen Amt Jesu Christi in ihrer Bedeutung für das Verhältnis von Kirche und Welt unter den Bedingungen der Moderne, Zürich 2009. Aus der älteren Diskussion ist angesichts der so lange gespaltenen Wirkungsgeschichte interessant die Würdigung zweier Theologen aus ganz unterschiedlichen Richtungen wie z.B. Milan Machovec, Marxismus und dialektische Theologie. Barth, Bonhoeffer und Hromádka in atheistisch-kommunistischer Sicht, Zürich 1965, 77, und Hans Lilje bei Ernst Wolf, Karl Barth, in: Theologen unserer Zeit. Eine Vortragsreihe des Bayerischen Rundfunks, hg. v. Leonhard Reinisch, München 1960, 1–20, hier 1. Während Wilfried Härle, Die Theologie des „frühen“ Karl Barth in ihrem Verhältnis zu der Theologie Martin Luthers, Diss. Bochum 1969, 127, Anm. 3f. damals meinte, auf Barths Theologie wie eine abgeschlossene Epoche zurückblicken zu können, weist Dietrich Korsch, Dialektische Theologie nach Karl Barth, Tübingen 1996, VII–IX der dialektischen Theologie Barths eine strukturbildende Funktion für die Theologie der Zukunft zu. Vgl. zur nordamerikanischen Barth-Renaissance den Band 66 der ThZ (2010) und darin besonders: Wolfgang Huber, Gute Theologie und die Kirche der Freiheit. Vortrag zum Symposium „Theologie als kirchliche Dogmatik? Transatlantische Erkundungen zur Aktualität der Theologie Karl Barths im 21. Jahrhundert" anlässlich des 40. Todestages von Karl Barth, 292–305, sowie Bruce L. McCormack, Die Barth-Renaissance in den USA, in: Catholica 61 (2007), 218–221 und dazu einführend Benjamin Dahlke, Warum Karl Barth? Eine Einführung zu Bruce McCormacks Stellungnahme, 216f. Vgl. auch George Hunsinger, Karl Barth lesen. Eine Einführung in sein theologisches Denken, Neukirchen-Vluyn 2009, und beispielhaft zur aktuellen breiten nordamerikanischen Rezeption Daniel L. Migliore (Hg.), Commanding Grace. Studies in Karl Barth's Ethics, Grand Rapids 2010, und darin zur Bedeutung gerade des frühen Barth die Einleitung des Herausgebers, 1–25, bes. 2. Zur Barthrezeption in Osteuropa vgl. beispielhaft Sándor Fazakas / Ferencz Árpád (Hg.), Ist die Theologie Karl Barths noch aktuell? Vorträge aus Anlass der Eröffnung des Karl Barth-Forschungsinstituts an der Reformierten Theologischen Universität Debrecen am 29. Juni 2007, Debrecen 2008, mit Beiträgen von Eberhard Busch und Bruce L. McCormack zur Orientierung von Barths Theologie gerade auf dem politischen und sozialen Feld. Vgl. auch die neue südafrikanische Diskussion, beispielhaft in: Hervormde Teologiese Studies 63 (2007), darin besonders die Beiträge: Martin Laubscher, On reading Karl Barth in South Africa today. Karl Barth as public theologian?, 1549–1564; I.W. van Wyk, „God and the gods". Faith and human-made idols in the theology of Karl Barth, 1587–1612; Wessel Bentley, Karl Barth's definition of church in politics and culture. Growth points for the church in South Africa, 1643–1661, und in Bezug auf die Rezeption des frühen Barth besonders Johan N. Kritzinger, „The Christian in society". Reading Barth's Tambach lecture (1919) in its German context, 1663–1690. Zu Karl Barth und der lateinamerikanischen Befreiungstheologie vgl. Matthew D. Lundberg, Echoes of Barth in Jon Sobrino's critique of natural theology. A dialogue in the context of post-colonial theology, in: Bruce L. McCormack / Kimlyn J. Bender (Hg.), Theology as Conversation. The Significance of Dialogue in Historical and Contemporary Theology, Festschrift für Daniel L. Migliore, Grand Rapids/MI 2009, 82–100. Kritisch zur Rezeption in den Niederlanden urteilt Cornelis van der Kooi, Karl Barth als Katalysator. Die niederländische neocalvinistische Barthrezeption nach 1926 als Funktion kulturtheologischer und offenbarungstheologischer Debatten, in: ZDTh 25 (2009), 95–117.

Umso mehr verwundert es allerdings, dass in der theologisch-systematischen und historischen Rekonstruktion der Anfänge von Barths Theologie die Bedeutung des Politischen für deren Genese sehr unterschiedlich gewichtet wird. Und noch mehr lässt dieser Befund erstaunen, wenn man überblickt, dass gerade der frühe Barth bis in den letzten Winkel hinein ausgeleuchtet wurde. Dank der veröffentlichten Briefe, Predigten, Aufsätze, Vorträge und selbst kleinster Skizzen und Fragmente aus dieser Zeit kann seine Entwicklung vom liberalen Theologen religiös-sozialer Prägung zum Theologen des zweiten Römerbriefs nahezu lückenlos nachgezeichnet und die Transformation seines theologischen Systems teilweise sogar im Tagesabstand identifiziert werden.[1] Zugleich wurde sein sozialistisches Engagement als „roter Pfarrer von Safenwil" ausführlich in die Entwicklung der sozialistischen Bewegung seiner Zeit und besonders den Schweizer Hintergrund eingeordnet[2], und es widmen sich eine Fülle von Arbeiten den von ihm in dieser Zeit verarbeiteten Impulsgebern, Autoren, Traditionen und Quellen. Trotz dieser reichhaltigen Fülle an Material und Untersuchungen ist der Beitrag des Politischen zur *Genese* seiner Theologie nicht im Konsens geklärt. In seiner Studie zur „vordialektischen" Theologie Barths macht Herbert Anzinger deshalb bereits 1991 auf die Interessengeleitetheit der unterschiedlichen Interpretationsansätze aufmerksam.[3] So wahrscheinlich die Richtigkeit dieser intuitiven Unterstellung ist, so wenig hilft sie jedoch zur Klärung des Sachverhaltes, da sie als Verlagerung des Problems in den Bereich der Motivation letztlich zur Verfestigung der eingenommenen Interpretationsmuster beiträgt.

Die beiden am weitesten voneinander entfernten Pole der Interpretation des frühen Barth identifiziere ich in den Monografien von Sabine Plonz und Ingrid Spieckermann. Plonz[4] kritisiert in ihrer befreiungstheologischen Relektüre Barths Spiekermanns Untersuchung zur Genese der von ihr so bezeichneten neuen Theologie Karl Barths.[5] Während Spieckermann den Neuansatz bei Barth direkt aus der Erkenntnis der Sachlichkeit des Handelns Gottes ableitet[6], erscheint Barth bei Plonz als Urmodell einer kontextuellen Theologie, deren Neuansatz sich seinem sozialistischen Engagement verdankt. Bei Spieckermann kommt der Neuansatz in Auseinandersetzung mit Barths Marburger Erbe einer persönlichen Offenbarung gleich, bei Plonz entsteht er in der Reflexion seiner sozialistischen Aktivitäten. Damit

1 Vgl. Herbert Anzinger, Glaube und kommunikative Praxis. Eine Studie zur „vordialektischen" Theologie Karl Barths, München 1991; Ingrid Spieckermann, Gotteserkenntnis. Ein Beitrag zur Grundfrage der neuen Theologie Karl Barths, München 1985.

2 Vgl. neben Sabine Plonz, Die herrenlosen Gewalten. Eine Relektüre Karl Barths in befreiungstheologischer Perspektive, Mainz 1995, vor allem Friedrich-Wilhelm Marquardt, Theologie und Sozialismus. Das Beispiel Karl Barths, München/Mainz 1972, bes. 25f.333.339.

3 Anzinger, Glaube (wie Anm. 1), 7f.

4 Plonz, Die herrenlosen Gewalten (wie Anm. 2), 63.182.

5 Spieckermann, Gotteserkenntnis (wie Anm. 1).

6 Spieckermann, Gotteserkenntnis (wie Anm. 1), 68, vgl. auch 65ff., bes. 58ff.63.

stehen sich zwei gänzlich unterschiedliche Bewertungen des Politischen als Konstitutionsbedingung der Theologie Barths gegenüber. Und zwischen diesen beiden Polen bewegen sich die zahlreichen Arbeiten, die Barths neue Theologie auf der Ebene systematisch-begrifflicher Ableitungen dem Einfluss verschiedenster Autoren und Traditionen zuschreiben[7], die Zeitbezüge nur als Anwendung seiner Theologie verstehen[8] und dann neuerdings vor allem wieder um seine Einordnung als liberalen, demokratischen, politischen oder sozialistischen Theologen kreisen.[9]

Wenn diese ausführliche Forschung dennoch nicht zu einer konsistenten, tragfähigen und über bestehende Interessensgegensätze hinaus allgemein akzeptierbaren Interpretation führt, dann muss gegenüber diesen verschiedenen Interpretationen eine reflexive Metaebene eingenommen werden. Denn jede dieser Interpretationen verdankt sich natürlich einem implizit oder explizit zu Grunde gelegtem Modell der Genese, Transformation und Entfaltung von theologischen Wissenssystemen. Weil schon Barth selbst in seinen biographischen Rückblicken die Entstehung seiner Theologie in die Zeitgeschehnisse einordnet[10], stößt das in der systematisch-theologischen

7 Vgl. zum Überblick: Holger Balder, Glauben ist Wissen, Soteriologie bei Paulus und Barth in der Perspektive der Wissenstheorie von Alfred Schütz, Neukirchen-Vluyn 2007, 325–437.

8 Cornelis van der Kooi, Anfängliche Theologie. Der Denkweg des jungen Karl Barth (1909–1927), München 1987.

9 Vgl. Christophe Chalamet, Dialectical Theologians, Zürich 2005; Georg Pfleiderer, Das „prophetische Amt" der Theologie. Zur systematischen Rekonstruktion der Theologie Karl Barths und ihres Entwicklungsgangs, in: ZDTh 17 (2001), 112–138, und die nordamerikanische Diskussion z.B. in Commanding grace. Studies in Karl Barth's Ethics, hg. v. Daniel L. Migliore, Grand Rapids 2010: David W. Haddorff, Barth and democracy. Political witness without ideology, 96–121; Todd V. Cioffi, Karl Barth and the varieties of democracy. A response to David Haddorff's „Barth and democracy. Political witness without ideology", 122–135, sowie die ältere Diskussion: Eckhard Lessing, Das Problem der Gesellschaft in der Theologie Karl Barths und Friedrich Gogartens, Gütersloh 1972; Dieter Schellong, Karl Barth als Theologe der Neuzeit, in: Karl Gerhard Steck / ders., Karl Barth und die Neuzeit (TEH 173), München 1973, 34–102; Trutz Rendtorff, Karl Barth und die Neuzeit. Fragen zur Barth-Forschung, in: EvTh 46 (1986), 298–314; Friedrich Wilhelm Graf, „Der Götze wackelt"? Erste Überlegungen zu Karl Barths Liberalismuskritik, in: EvTh 46 (1986), 422–441; Falk Wagner, Theologische Gleichschaltung. Zur Christologie bei Karl Barth, in: Trutz Rendtorff (Hg.), Die Realisierung der Freiheit. Beiträge zur Kritik der Theologie Karl Barths, Gütersloh 1975, 10–43, mit der Diskussion um den politischen Liberalismus, sowie ebenfalls kritisch Hermann E.J. Kalinna, War Karl Barth „politisch einzigartig wach"? Über Versagen politischer Urteilskraft, Berlin 2009, und Jean-Yves Baziou, Karl Barth. Une théologie politique au XX siècle, in: Jean-Luc Blaquart (Hg.), Théologie et politique. Une relation ambivalente. Origine et actualisation d'un problème, Paris 2009, 175–187.

10 Vgl. die Vorworte Barths zu: Der Römerbrief. Zwölfter, unveränderter Abdruck der neuen Bearbeitung von 1922, Zürich 1978, und ders., Autobiographische Skizze aus dem Fakul-

Rekonstruktion nach wie vor beliebte Interpretationsmodell der vorrangigen oder alleinigen Herleitung aus begrifflich-systematischen Quellen mit seinem einfachen Modell der Informationsverarbeitung bei Barth immer an Grenzen. Anzinger entwickelt für seine Barthinterpretation explizit ein Modell der Denkwege: „Denkwege folgen keineswegs einer geraden Spur, sondern weisen Umwege und Abwege auf, die ebenso in logischen Inkonsistenzen ihren Ausdruck finden können wie in Irritationen, die sich dem Denken zeitgeschichtlich oder biographisch vermittelt in den Weg stellen." In etwas poetischer Form beschreibt er damit wesentliche Momente einer Wissenstheorie und leitet aus ihnen auch methodisch die richtige Forderung ab, „nicht nur nach geistesgeschichtlichen Wegmarken Ausschau zu halten, sondern sich auch der historischen, d.h. der sozialen und politischen Topographie des Denkweges der Barthschen Theologie zu erinnern".[11] Hier wird gesehen, dass die systematische Analyse der Grundlegung in einer Theorie des Wissens bedarf.

Die Reflexion allgemein identifizierbarer Bedingungen für die Genese, Transformation und Entfaltung von Wissenssystemen bietet die Möglichkeit, die interessengeleiteten Engführungen in der Interpretation anhand formaler und damit allgemein akzeptierbarer Kriterien zu überwinden. Ich habe vorgeschlagen, dazu die Wissenssoziologie von Alfred Schütz (1899–1959) heranzuziehen.[12] Sie gilt nach wie vor als die klassische Grundlage der modernen Wissenssoziologie und bietet der Theologie den Vorteil, dass sie mit ihrer Theorie der Lebenswelt und der verschiedenen Wirklichkeitsbereiche bzw. Sinnprovinzen auch Kriterien für den Sonderfall theologischer Wissenssysteme liefert. Diesen Ansatz habe ich an anderer Stelle ausführlich dargelegt.[13]

Im nun folgenden zweiten Teil werde ich die dort gewonnen Kriterien kurz im Überblick auf die Interpretation des frühen Barth anwenden, um von dort aus dann im dritten Teil zu einer gewichtenden Darstellung des Politischen in der Genese der „neuen Theologie" Barths zu kommen.

tätsalbum der Evangelisch-Theologischen Fakultät in Münster (1927), in: Karl Barth – Rudolf Bultmann. Briefwechsel 1911–1966, hg. v. Bernd Jaspert (Karl Barth Gesamtausgabe, Abt. II), Zürich [2]1994, 290–300, hier 296ff.; vgl. dort auch die autobiographischen Skizzen und Bemerkungen Barths von 1967, 300–302, sowie in ders., Die Menschlichkeit Gottes (ThSt 48), Zürich 1956, 4–6, sowie in: ders., Nein! Antwort an Emil Brunner (TEH 14), München 1934, 8.

11 Anzinger, Glaube (wie Anm. 1), 12.

12 Balder, Glauben ist Wissen (wie Anm. 7); vgl. dazu die Rezension von Georg Plasger, Glauben ist Wissen. Soteriologie bei Paulus und Barth in der Perspektive der Wissenstheorie von Alfred Schütz, ZDTh 25 (2009), 121–123.

13 Balder, Glauben ist Wissen (wie Anm. 7).

2. Die Interpretationen des frühen Barth im Spiegel der Wissenssoziologie

Nach Schütz wird Wissen von allem Anfang an durch die reziproke Verschränkung von Erfahrung und intersubjektiven Deutungsschemata konstituiert.[14] Diese als Typen bezeichneten Deutungsschemata der Wissenssysteme sind wiederum selbst sedimentierte lebensweltliche Relevanzen. Von den individuellen bis zu den umfassenden kollektiven Wissenssystemen gilt: Wissenssysteme werden durch die *reziproke* Verschränkung von lebensweltlichen Relevanzen und den zur Deutung herangezogenen Typen gebildet. Die im Wissensvorrat bereits sedimentierten – also abgelagerten – Typen werden dabei durch die ständig in der Veränderung begriffene Lebenswelt immer wieder unterschiedlich aktiviert. Wenn Situationen entstehen, die durch die vorhandenen Typen nicht erschlossen werden können, muss der Wissensvorrat durch neue Typen transformiert und erweitert werden. Diese Erweiterung geschieht übrigens nicht vollständig konsistent, sondern immer nur „auf weiteres".

In der Beschreibung und Interpretation der Entwicklung eines Wissenssystems müssen aufgrund dieser Reziprozität also *in gleicher Weise* sowohl die sich verändernden Relevanzbedingungen der Lebenswelt als auch die neu herangezogenen und neu gruppierten Typen berücksichtigt werden. Nach diesem Modell können Barths sozialistisches Engagement und seine Veränderungen auf der begrifflich-systematischen Ebene nicht als alternative Konstitutionsbedingungen seines theologischen Neuansatzes gewichtet werden.

Für ein theologisches Wissenssystem lässt sich in Anlehnung an Schütz' Verständnis darüber hinaus noch eine weitere Konstitutionsbedingung benennen. Bei einem theologischen Wissenssystem handelt es sich um einen Sonderfall. Wissen ist im Normalfall auf den Wirklichkeitsbereich der Welt des alltäglichen Wirkens bezogen, die von ihren eigenen Plausibilitätsstrukturen und pragmatischen Relevanzen geprägt ist. Von dieser Welt des alltägli-

14 Zur Entwicklung der Interpretationskategorien aus der Wissenssoziologie von Alfred Schütz vgl. ausführlicher Balder, Glauben ist Wissen (wie Anm. 7), 21–74. Biographie und Bibliographie von Schütz finden sich in jedem Band der Alfred Schütz-Werkausgabe, hg. v. Richard Grathoff / Hans-Georg Soeffner / Ilja Srubar, Bde. I–IX, Konstanz 2003ff. (ASW). Für die Beschreibung der reziproken Verschränkung von Erfahrung und Deutungsschemata sind wichtig sein Erstlingswerk: Alfred Schütz, Der sinnhafte Aufbau der sozialen Welt. Eine Einleitung in die verstehende Soziologie, hg. v. Martin Endreß / Joachim Renn (ASW II), bes. Abschnitt 2, 139–218; zur sozialen Vermittlung in der Beziehung zur Lebenswelt vgl. bes. Alfred Schütz / Thomas Luckmann, Strukturen der Lebenswelt, Konstanz 2003. Zur Darstellung der Relevanzen vgl. bes. Alfred Schütz, Das Problem der Relevanz, hg. u. erläutert v. Richard M. Zaner mit einer Einleitung von Thomas Luckmann, Frankfurt a.M. 1982.

chen Wirkens unterscheidet Schütz Sinnprovinzen wie Schlaf, Traum, Kunst, Phantasie, Märchen und eben auch Wissenschaft und Religion als eigene Wirklichkeitsbereiche mit einem je eigenen nichtpragmatischen Erkenntnisstil.[15] Die Impulse dieser Wirklichkeitsbereiche gewinnen in der Welt der alltäglichen Lebenswelt allerdings nur ihre Wirklichkeit durch appräsentative Verweisung. Durch Zeichen, Symbole, kommunikative Handlungen und vor allem die Sprache wird der Wirklichkeitsbereich der Religion durch eine Kette appräsentativer Verweisungen in einem Wissenssystem appräsentiert. Das Wissenssystem im Bereich religiöser Wirklichkeit folgt dabei den gleichen Regeln wie den auf die alltägliche Wirklichkeit bezogenen Wissenssystemen und kann dementsprechend auch genauso hinsichtlich seiner Relevanzbedingungen und Typenkonstruktion beschrieben werden. Einen Sonderfall unter den Wissenssystemen bildet es nur, weil der Bereich religiöser Wirklichkeit durch Appräsentation zu seinen besonderen Konstitutionsbedingungen gehört. So lassen sich damit für theologische Wissenssysteme diese drei Kategorien als Konstitutionsbedingung benennen: appräsentativer Verweisungszusammenhang, Relevanzbedingungen und Typenkonstruktion.

Nach diesem Modell theologischer Wissenssysteme ist der Gegensatz zwischen den genannten Barth-Interpretationen sachlich begründet nicht mehr aufrechtzuerhalten. Sie erweisen sich demgegenüber als subjektive Verengung in der Darstellung eines wesentlich komplexeren Vorgangs der Transformation von der liberalen Theologie Barths zu seinem theologischen Neuansatz auf dem Weg zum zweiten Römerbriefkommentar. Legt man dieses Modell an, erweisen sich die von den unterschiedlichen Autoren in der Barth-Interpretation gegensätzlich zur Geltung gebrachten verschiedenen Aspekte nun als einander ergänzend.

Die von Spieckermann hervorgehobene Erkenntnis der Sachlichkeit des Handelns Gottes lässt sich in diesem Modell als Appräsentation der Wirklichkeit Gottes als eigene Konstitutionsbedingung der neuen Theologie Barths beschreiben.[16] Diese Konstitutionsbedingung unterscheidet Barths

15 Zur Systematik der Wirklichkeitsbereiche vgl. v.a. Alfred Schütz, Über die mannigfaltigen Wirklichkeiten (ASW V.1), 177–247. Vgl. zum Begriff der Appräsentation die Einleitung der Herausgeber zu ASW V.2, bes. 13.

16 Spieckermann identifiziert das Neue in Barths Theologie bei aller Kontinuität zu seinem Lehrer Herrmann in seinem anderen Begriff der Gotteserkenntnis (vgl. die Einleitung bei Spieckermann, Gotteserkenntnis [wie Anm. 1], 11–20): die Realisierung der „unverfügbarselbsthaft in Anspruch nehmenden Wirklichkeit der Erkenntnisgabe Gottes in seiner Offenbarung in Jesus Christus" (7). Damit ist der appräsentative Verweisungszusammenhang in seiner konstitutiven Bedeutung für Barths Theologie prinzipiell erkannt, er kann von Spieckermann mangels umfassenderer Kriterien allerdings nur in seiner begrifflichen Form auf der Typenebene analytisch rekonstruiert werden. Vgl. zur Schwierigkeit dieser begrifflichen

Theologie von anderen nicht-theologischen Wissenssystemen. Seine Theologie ist eben nicht einfach nur wie von Plonz angenommen die Reflexion eines sozialistischen Praxiszusammenhangs.[17]

Und wenn die Appräsentation der Wirklichkeit Gottes in der neuen Theologie Barths selbstverständlich auch nur auf der begrifflichen Ebene wie andere Typen greifbar ist, macht die Analyse der Appräsentation dabei doch darauf aufmerksam, dass das Handeln Gottes – wie von Spieckermann betont – für Barth in der Tat ein eigenes Moment der Genese seiner Theologie darstellt, das sich von anderen Bezügen auf philosophische, literarische oder theologische Quellen unterscheidet.[18]

Doch anders als bei Spieckermann dargestellt und so wie von Plonz auf ihrem Interpretationshintergrund ebenfalls richtig eingefordert, kann der appräsentative Verweisungszusammenhang auf das Handeln Gottes wissenstheoretisch eben auch nicht *isoliert* als Konstitutionsbedingung der neuen Theologie Barths geltend gemacht werden. Den von Gollwitzer, Marquardt, Schellong, Busch, Plonz, Hunsinger, McCormack[19] und anderen heraus-

Fassung auch Bryan L. Wagoner, Revelation remembered and expected. Memory, anticipation and agency in the early Barth, in: ZDTh 17 (2010), 112–129.

17 Ingolf U. Dalferth hat diesen besonderen Bezug von Barths Theologie zur Erfahrungswirklichkeit ebenfalls auf einer metadisziplinären Ebene herausgearbeitet und den theologischen Bezug Barths auf nicht-theologische Gegenstände als „universale Inklusivität" bezeichnet (Theologischer Realismus und realistische Theologie bei Karl Barth, in: EvTh 46 [1986], 402–422, hier 412). In anderer Weise bemüht sich Friedrich-Wilhelm Marquardt darum, die Konstitution von Barths Theologie durch die gesellschaftlichen Bedingungen zu verdeutlichen und zugleich von marxistischen Überbautheorien abzugrenzen. Er versucht dies durch den Hinweis auf die Orientierung an der Bibel und dem „lebendigen Gott" (Der Götze wackelt. Der Generalangriff aus dem Römerbrief, in: ders., Verwegenheiten. Theologische Stücke aus Berlin, München 1981, 407–423). Dabei ergibt sich aber nur eine fast narrative Rekonstruktion.

18 Vgl. Marquardt, Götze (wie Anm. 17), 409f. Marquardt nimmt deutlich die appräsentative Ebene als treibende Konstitutionsbedingung von Barths Theologie wahr, kann aber mangels geeigneter Kategorien nur paradox davon reden: Barth suche in Leidenschaft für den lebendigen Gott gegen alle Gottesbegriffe nach einem Gottesbegriff. In Schütz' Kategorien ist es hingegen kein Problem, formal und klar auszudrücken, dass Barth um die nicht-objektivierte Appräsentation der Wirklichkeit Gottes gerungen hat, ohne dabei den theologischen Gehalt zu verlieren.

19 Helmut Gollwitzer, Reich Gottes und Sozialismus bei Karl Barth (TEH 169), München 1972; Schellong, Karl Barth (wie Anm. 9), 34–102, hier 59ff.; Eberhard Busch, Die große Leidenschaft. Einführung in die Theologie Karl Barths, Gütersloh 1998, und ders., Karl Barths Lebenslauf. Nach seinen Briefen und autobiographischen Texten, München 1978; Bruce L. McCormack, Theologische Dialektik und kritischer Realismus. Entstehung und Entwicklung von Karl Barths Theologie 1909–1936, Zürich 2006. Vgl. Marc van Wijnkoop Lüthi, Aufrecht zwischen allen Stühlen. Karl Barth und der Sozialismus, in: Konfluenzen 1 (2001), 56–73.

gearbeiteten oder betonten Relevanzbedingungen von Barths Theologie kommt in diesem wissenssoziologischen Modell nicht alternativ aber in gleicher Weise Bedeutung für die Genese seiner Theologie zu. Die Wirklichkeit des Handelns Gottes appräsentiert sich für Barth eben in einer konkreten Lebenswelt, mit konkreten Konflikten und Handlungsoptionen.[20]

Zur Bewährung der Wirklichkeit Gottes in den auf seinem sozialistischen Hintergrund interpretierten Herausforderungen der Zeit transformiert Barth seinen Wissensvorrat durch die Veränderung seiner Typenkonstruktion. Dazu rezipiert er bekanntermaßen vor allem neue Typen von Franz Overbeck (1837–1905), den beiden Blumhardts (Christoph 1842–1919; Johann Christoph 1805–1880), Sören Kierkegaard sowie Fjodor Dostojewski und unterzieht die Bibel, Kant, Schleiermacher, seinen Marburger Lehrer Wilhelm Herrmann (1846–1922) und die Reformatoren einer neu gewichtenden Relektüre.

In diesem Modell kann der Beitrag des Politischen in der Genese der „neuen Theologie" Barths also als gleich entscheidende Konstitutionsbedingung beschrieben und gewürdigt werden, ohne den Einfluss neuer Impulsgeber auf der Typenebene oder den Bezug auf das Handeln Gottes dabei zu vernachlässigen. Im Unterschied zu den Relevanzbedingungen anderer theologischer Autoren ist es beim frühen Barth eben die Reflexion seiner sozialistischen Praxis als Pastor von Safenwil, in der er nach der Appräsentation der Wirklichkeit Gottes suchte, die zur Transformation seiner Theologie führte. Ihm gilt schon 1911 die Auseinandersetzung mit der sozialen Frage als Reichgottesarbeit.[21] Bei der Reflexion des Handelns Gottes in den auf seinem sozialistischen Hintergrund interpretierten Herausforderungen der Zeit steht Barth sogar vor der besonderen Schwierigkeit der Begründung des appräsentativen Verweisungszusammenhangs in einem traditionell dafür nicht definierten Handlungsbereich. In den Kategorien der Wissenssoziologie wird so deutlich, dass gerade die sich in seinen sozialistischen Reden zeigende Suche nach der Begründung dieses für Barth unausweichlichen, aber eben systematisch bislang nicht vorbereiteten Appräsentationszusammenhanges seine theologische Arbeit bis in den ersten Römerbrief antreibt.[22] Innerhalb dieses wissenstheoretischen Rahmens kann der Beitrag von Barths

20 Vgl. z.B. Gollwitzer, Reich Gottes (wie Anm 19).

21 Vgl. Karl Barth, Jesus Christus und die soziale Bewegung (1911), in: ders., Vorträge und kleinere Schriften 1909–1914, hg. v. Hans-Anton Drewes / Hinrich Stoevesandt (Karl Barth-Gesamtausgabe, Abt. III), 380ff.

22 Die Reden finden sich in Auszügen und kommentiert wiedergegeben bei Friedrich-Wilhelm Marquardt, Erster Bericht über Karl Barths „Sozialistische Reden", in: Verwegenheiten (wie Anm. 17), 470–488. Barth selbst bezeichnet seinen berühmt gewordenen Tamba-

sozialistischem Engagement zu seiner „neuen Theologie" also nun ohne interpretatorische Engführungen entfaltet werden.

3. Das Politische als Relevanzbedingung der „neuen Theologie" Karl Barths

Schütz' Kategoriensystem ermöglicht über die genannte Einordnung hinaus auch noch eine differenzierte Erfassung der konstituierenden Relevanzbedingungen in der Genese von Barths Theologie bis zum zweiten Römerbriefkommentar. Denn zur Wissenssoziologie gehört eine umfassende Theorie der Relevanz.[23] Dies ist hilfreich, weil in der Barthforschung auch bei den Autoren, die in ihrer Interpretation pragmatische Relevanzen zur Geltung bringen, nicht von einem Konsens gesprochen werden kann, welche politischen, wissenschaftlichen und kirchlichen Herausforderungen zu welchem Zeitpunkt für die Ausbildung von Barths neuer Theologie entscheidend waren. Auch hier lässt sich zeigen, dass diese unterschiedlichen Wahrnehmungen der Bedingungen von Barths Theologie je ihren eigenen Platz haben können und nicht als einander widersprechende Ansätze angesehen werden müssen.

cher Vortrag als ein Dokument des Übergangs. Hier erfolgt eine erste Transformation seines Wissenssystems auf der Suche nach einer angemessenen Erfassung des Handelns Gottes in den Zeitgeschehnissen: ders., Der Christ in der Gesellschaft, in: Das Wort Gottes und die Theologie. Gesammelte Vorträge, München 1925, 33–69. Vgl. den Vortrag: Christliches Leben (9.6.1919) bei Marquardt, Verwegenheiten (wie Anm. 17), 487f. Hier findet sich bereits 1919 wie im Tambacher Vortrag die Ablösung der Identifikation von sozialistischer Bewegung und Reich Gottes durch das Modell der „Analogien des Göttlichen", die Betonung der nicht evolutionären Entwicklung zur Wirklichkeit Gottes und die Unterscheidung der drei regna aus dem Tambacher Vortrag; vgl. Friedrich-Wilhelm Marquardt, Der Christ in der Gesellschaft: 1919–1979. Geschichte, Analysen und aktuelle Bedeutung von Karl Barths Tambacher Vortrag (TEH 206), München 1980, 18ff. In dieser Zeit des theologischen Umbruchs geht es Barth eben vor allem um eine sachgemäße Wahrnehmung der Wirklichkeit Gottes in der im revolutionären Umbruch befindlichen Wirklichkeit der Welt: „Die Kraft des Jenseits ist die Kraft des Diesseits" (Barth, Christ, a.a.O., 66; dort als bekräftigtes Zitat). Die spes futurae vitae ist der heimliche Hebel aller weltlichen Fortschritte und Revolutionen; vgl. dazu Marquardt, a.a.O., 7–37. Auch Barths erste Römerbriefauslegung ist als ein Versuch zu verstehen, die appräsentative Ebene so zu fassen, dass sie als lebendige Wirksamkeit von der Umklammerung durch das subjektiv-individuelle Religionserlebnis befreit wird. Vgl. Karl Barth, Der Römerbrief (Erste Fassung) 1919, hg. v. Herrmann Schmidt (Karl Barth-Gesamtausgabe, Abt. II), Zürich 1985, 21.36.47.80.115.190.197.198.201.204.208.254.259f.299. 420 (Betonung der Objektivität Gottes, Unterscheidung zwischen Gottesoffenbarung und Gottesbewusstsein, Bezeichnung von Gott als Funktion des Selbst als Sünde, „Gott ist Gott").

23 Vgl. Anm. 14.

Schütz unterscheidet unter den pragmatischen Relevanzen die thematische Relevanz und die Interpretationsrelevanz. Die thematische Relevanz ist eine Herausforderung, die sich in der Lebenswelt stellt. Diese Herausforderung führt zur Interpretationsrelevanz, zu einer spezifischen Fragestellung an den vorhandenen Wissensvorrat. Zur Analyse der pragmatischen Relevanzbedingungen gehört darüber hinaus die Identifikation von Motiven, wobei Schütz „echte Weil-" und „Umzu-Motive" unterscheidet. Das Weil-Motiv ist sozusagen das Ursachen-Motiv, das in der Herausforderung liegt, das Umzu-Motiv ist die Zielvorstellung, die die Bearbeitung der Herausforderung motiviert. Dieses differenzierte Relevanzschema hilft, die unterschiedlichen in der Forschung identifizierten Bedingungen der Transformation von Barths Theologie zu sortieren.

Als grundlegende thematische Relevanz kann für Barths gesamte frühe Werkphase bis hin zum zweiten Römerbrief in der gesellschaftlichen Wirklichkeit eben der grundlegende Widerspruch der Konstruktion der Neuzeit identifiziert werden: Es ist der Widerspruch zwischen den auf Freiheit zielenden vielfältigen Emanzipationsbemühungen und dem von der neuzeitlichen absoluten Subjektivität bedingten Konkurrenzkampf.[24] Darauf hat vor allem Schellong mit seiner Barth-Interpretation hingewiesen.[25] Durch sein sozialistisches Engagement vom Einsatz für genossenschaftliche und gewerkschaftliche Organisation in Safenwil und Umgebung bis hin zum Beitritt zur Sozialdemokratischen Partei der Schweiz und seine bewusste Einbindung in schweizweite sozialistische Aktions- und Diskussionszusammenhänge stand Barth selbst mitten in den neuzeitlichen Emanzipationsbestrebungen. Doch er stieß im Einsatz für die Interessen seiner Gemeindeglieder gegenüber örtlichen Fabrikanten, in Auseinandersetzung mit Kriegsvorbereitung, Kriegführung und Verarbeitung des Krieges oder im Landesstreik auf die negativen Folgen der bürgerlichen Konkurrenzgesell-

24 Die Neuzeitthematik findet sich in gewisser Weise sogar schon in dem frühen Aufsatz „Der christliche Glaube und die Geschichte" in Gestalt der Subjektproblematik gegenüber der Heteronomie von Glaubenssätzen (Vorträge und kleinere Arbeiten 1909–1914 [wie Anm. 21], 149ff.). An den weiterwirkenden Typen des Wissensvorrates aus der Zeit vor der theologischen Wende zeigt sich, dass diese Relevanzsituation auch nach der Kriegskrise bestehen bleibt.

25 Schellong, Karl Barth (wie Anm. 9); vgl. auch Anzinger, Glaube (wie Anm. 1), 1ff., und Dirk-Martin Grube, God or the subject? Karl Barths critique of the „turn to the subject", in: NZSTh 49 (2007), 308–324, sowie Stefan Holtmann, Karl Barth als Theologe der Neuzeit, Studien zur kritischen Deutung seiner Theologie, Gottingen 2007, darin besonders die Einleitung ab 11f., und ders., Dialektische Theologie im Streit um die Neuzeit. Zur Auseinandersetzung zwischen Karl Barth und Friedrich Gogarten, in: ZDTh 23 (2007), 246–262.

schaft. Zunächst versucht Barth, diese Wirklichkeit noch durch die religiös-soziale Modifikation der liberalen Theologie zu bewältigen. Doch das Versagen seiner liberalen und sozialistischen Bezugsgruppen angesichts des Ersten Weltkriegs führt ihm die grundlegende Krise des neuzeitlichen Subjekts vor Augen.[26] Gerade als an der Verwirklichung des Christentums in der Welt orientierter liberaler Theologe, der angesichts der sozialen Frage und des Krieges dabei zum Sozialdemokraten geworden ist, sucht Barth angesichts dieses Versagens nach dem kritischen Gegengewicht der Wirklichkeit Gottes gegen diese Krise.[27] Allein die Wirklichkeit des lebendigen Gottes kann diese in sich verschlossene Lebenswirklichkeit durchbrechen. Zunächst dämpft er jedoch nur kritisch die Ansprüche der Subjekte, ohne bereits ein neues theologisches Grundmodell entwickeln zu können, aus dem diese Subjektkrise theologisch verständlich und bearbeitbar wird. Erst mit dem zweiten Römerbrief sehen wir diese Herausforderung dann vollständig bearbeitet.[28]

Da Barth in der Loslösung des Menschen von Gott bzw. in der Anthropologisierung und religiösen Vereinnahmung Gottes die Ursache dieses Widerspruchs identifizierte, ergab sich damit die Interpretationsrelevanz, das

26 Die von Jochen Fähler, Der Ausbruch des 1. Weltkrieges in Karl Barths Predigten 1913–1914, Bern / Frankfurt a.M. / Las Vegas 1979, für das Predigtjahr 1914 aufgestellte These einer *inhaltlichen* Bestimmung von Barths Theologie durch den Weltkrieg ist nicht zutreffend. Bis 1916 wendet Barth den ihm bis dahin selbstverständlichen theologischen Marburger Rahmen auf die vom sozialistischen Hintergrund her analysierte Kriegssituation an; vgl. Anzinger, Glaube (wie Anm. 1), 114ff., hier 115, Anm. 53. Die von Jörg Zengel, Erfahrung und Erlebnis. Studien zur Genese der Theologie Karl Barths, Frankfurt a.M. / Bern 1981, 94ff., bei Barth seit 1914 beobachtete Betonung der „Sache“ oder „Wirklichkeit“ Gottes stellt noch keine Veränderung des Marburger neukantianistischen Systems dar, sondern in den hier entwickelten wissenssoziologischen Kategorien eine verstärkte Wahrnehmung des appräsentativen Verweisungszusammenhangs. Marquardt, Der Christ in der Gesellschaft (wie Anm. 22), 40ff., hier 69–73, identifiziert vor allem im Tambacher Vortrag mit seinen neuen wegweisenden theologischen Typen (drei regna etc.) eine Reflexion seines sozialistischen Engagements angesichts der enttäuschten Hoffnungen.

27 Vgl. Plonz, Die herrenlosen Gewalten (wie Anm. 2), 58ff.170–172.

28 Zur neueren Diskussion des Römerbriefs vgl. ZDTh 23 (2007) und darin: Georg Pfleiderer, Hermeneutik als Dialektik. Eine Lektüre von Karl Barths Römerbriefkommentar (1922), 172–192; Ernstpeter Maurer, Theologische Weichenstellungen in Karl Barths Römerbriefauslegung von 1922, 209–218; Stephan Schaede, „Und bitte, lieber nicht ‚begeistert‘“. Weichenstellungen in Karl Barths Römerbriefkommentar zu Röm 5 für den aktuellen theologischen Diskurs, 219–245, sowie Dirk-Martin Grube, Reconstructing the dialectics in Karl Barth's „Epistle to the Romans“. The role of transcendental arguments in theological theorizing, in: Bijdragen 69 (2008), 127–146; Jürgen Fangmeier, Karl Barth. Der unsere Ehre hochhält, in: Kurt Erlemann / Dieter Vieweger / Thomas Wagner (Hg.), Kontexte. Biografische und forschungsgeschichtliche Schnittpunkte der alttestamentlichen Wissenschaft. Festschrift für Hans Jochen Boecker, Neukirchen-Vluyn 2008, 185–190; Tiemo R. Peters, Das Skandalon Gottes. Der „Römerbrief“ von Karl Barth, in: WuA 49 (2008), 136–138.

Verhältnis von Gott und Mensch und das damit zusammenhängende soteriologische Konzept neu zu bestimmen. Man kann nachzeichnen, wie Barth ausgehend von der Kanzelnot und in Reflexion seines sozialistischen Engagements bis zum zweiten Römerbrief immer wieder um die richtige Verhältnisbestimmung des Mensch-Gottes-Verhältnisses rang.

„Weil-Motiv" sind dabei eindeutig die soziale Frage[29] und die Krise des Ersten Weltkrieges[30], die Barth auf dem Hintergrund seiner sozialistischen Gesellschaftsanalyse versteht. Der theologische Transformationsprozess zwischen 1914 und 1922 zielt dabei ganz wesentlich auf eine neue Verhältnisbestimmung seiner kritischen Wirklichkeitswahrnehmung in Verbindung mit der Wirklichkeit Gottes. Wie verhält sich die Wirklichkeit Gottes zur Lebenswirklichkeit, „zum Weltkrieg, zum Milchpreis, zur Brotkarte"?[31] Als „Umzu-Motiv" ist für ihn also die Suche nach einer universalen Gotteswirklichkeit zu benennen, die diesen Widerspruch nicht verdeckt, sondern in der Wirklichkeit zugleich aufdeckt wie aufhebt.[32]

4 Schluss

Die Genese von Barths Theologie ist also ohne ihren politischen Kontext der Entwicklung der sozialistischen Bestrebungen rund um den Ersten Weltkrieg nicht denkbar, auch wenn sie sowohl auf der Ebene der Typenkonstruktion wie erst recht in der Wahrnehmung des appräsentativen Verweisungszusammenhangs auf das Handeln Gottes darüber hinaus reicht und sich damit sowohl einer materialistischen wie funktionalistischen Interpretation versperrt. Und ich denke, dass gerade dieser zugleich konkrete wie umfassende theologische Ansatz Barths seine breite Wirkungsgeschichte im 20. bis hinein in das 21. Jahrhundert begründet, an die wir uns in seinem 125. Geburtsjahr dankbar erinnern.

29 Vgl. Marquardt, Der Christ in der Gesellschaft (wie Anm. 22); ders., Götze (wie Anm. 17); ders., Sozialistische Reden (wie Anm. 22); ders., Theologie und Sozialismus (wie Anm. 2), 15–38.39–45.70ff.114ff.; Peter Winzeler, Widerstehende Theologie. Karl Barth 1920–35, Stuttgart 1982, 21–48; Plonz, Die herrenlosen Gewalten (wie Anm. 2), 58ff.170ff.202.221ff.

30 Vgl. Anm. 26.

31 Karl Barth, Religion und Leben (1917), in: EvTh 11 (1951/52), 437–451, hier 444.

32 Vgl. Nicolaas T. Bakker, In der Krisis der Offenbarung. Karl Barths Hermeneutik, dargestellt an seiner Römerbrief-Auslegung, Neukirchen-Vluyn 1974, 152ff., und Busch, Leidenschaft (wie Anm. 19), 17; Marquardt, Götze (wie Anm. 17), 408; Zengel, Erfahrung (wie Anm. 26), 6f.; Okko Herlyn, Religion oder Gebet. Karl Barths Bedeutung für ein „religionsloses Christentum", Neukirchen-Vluyn 1979, 20ff.

Die Aktualität der Friedensethik Karl Barths

Dankesrede zum Empfang des J.F. Gerhard Goeters-Preises

von Marco Hofheinz

Lassen Sie mich mit einem eigenen Studiumserlebnis in Amerika beginnen: „Do we have to read this dead, old, European theologian?" So fragte ein amerikanischer Student im Seminar, als die Lektüre eines kurzen Abschnittes aus Karl Barths „Kirchlicher Dogmatik" für die nächste Sitzung angekündigt wurde. Wenn ich heute zu danken habe, dann nicht nur dafür, dass mir die hohe Ehre der Verleihung des J.F. Gerhard Goeters-Preises zuteil wurde, sondern dann auch meinen Lehrern, die mich angeleitet haben, auf die Frage des amerikanischen Studenten eine Antwort zu finden.

Barth als „toter, alter, europäischer Theologe" – das besagt: Barth ist nicht mehr aktuell und darum auch nicht mehr relevant für heutige theologische Urteilsbildung. Die ethischen Herausforderungen *seiner* Zeit sind nicht mehr die unsrigen. Ich frage: Gilt dies nicht auch und gerade für Barths Friedensethik? Gehört sie nicht in die Mottenkiste jener Vergangenheit, der wir uns allenfalls aus ethikgeschichtlichem Interesse zuwenden? Die Frage nach der Aktualität der Friedensethik Barths wird uns im Folgenden beschäftigen. Dabei soll es nicht um hypothetische Gedankenspielchen gehen wie: Was hätte Barth zur Flugverbotszone über Libyen oder zu Afghanistan gesagt?

Solche Hypothesen haben indes nur Sinn auf dem Hintergrund der höchst zweifelhaften Überzeugung, dass Barth zu seiner Zeit alles richtig gemacht und gesagt hat, und wir, die wir auch Dinge richtig machen und sagen wollen, deshalb nur in Erfahrung bringen müssten, was Barth an unserer Stelle gemacht und gesagt hätte. Alles richtig gesagt und gemacht zu haben, lässt sich freilich schwerlich von einem Menschen behaupten, selbst wenn er Martin Luther, Johannes Calvin oder eben Karl Barth heißt. Es soll im Folgenden schlicht darum gehen, ein paar Indizien zusammenzutragen, warum es sich der amerikanische Student mit seiner Frage zu leicht gemacht hat.

1. Entdeckungszusammenhänge: Die drei Kontexte der Friedensethik Barths

Zu Beginn des großen friedensethischen Abschnitts in der *Kirchlichen Dogmatik III/4* (KD) kommt Barth auf den internationalen Sozialistenkongress zu Basel und das allzu vollmundig am Vorabend des 1. Weltkrieges verabschiedete „Basler Manifest“ zu sprechen: „Es geschah im Sommer 1914, daß im Münster zu Basel die Sozialisten aller Länder sich selbst und der Welt feierlich genug versicherten, dass sie sich dem Ausbruch jedes neuen Krieges wirksam zu widersetzen wissen würden.“[1] Für den damaligen Aargauer Pfarrer Barth bedeutete der Ausbruch des Ersten Weltkrieges – wie er nachträglich mitteilt – ein „doppeltes Irrwerden“: zum einen an der Solidarisierung des Großteils seiner theologischen Lehrer[2] mit der Kriegspolitik Kaiser Wilhelms II. und zum anderen am Zusammenbruch des internationalen Sozialismus in der nationalen Kriegsbegeisterung. In beidem erblickt Barth das auslösende Moment für die Entstehung seines umorientierten theologischen Denkens.[3]

Massiv virulent, ja eminent existentiell wird Barths Beschäftigung mit dem Problem des Krieges in der Zeit der nationalsozialistischen Herrschaft. Im Namen der „Freiheit des Evangeliums“ machte Barth als Bonner und nach seinem Rauswurf aus Nazi-Deutschland als Basler Theologieprofessor Front gegen eine Anpassung an die NS-Ideologie. Berühmt geworden ist Barths Brief an seinen Prager Kollegen Josef Hromádka, wonach jeder tschechische Soldat, der gegen Hitler kämpft, dies auch für die Kirche Jesu Christi tut.[4] Weitaus weniger bekannt dürfte die Tatsache sein, dass Barth nicht nur die „Freiheit der Feder“[5] in seinen Briefen an Christengemeinden in aller Welt für sich in Anspruch nahm, sondern selbst als 55-Jähriger mit dem Gewehr in der Hand zur Verteidigung der Schweizer Nordgrenze erschien: „Barth

1 Karl Barth, KD III/4, 515.

2 Zur Ablösung von der liberalen Theologie vgl. u.a. Bruce L. McCormack, Karl Barth's Critically Realistic Dialectical Theology. Its Genesis and Development 1909–1936, Oxford / New York 1995, 31–125.

3 Vgl. Karl Barth, Evangelische Theologie im 19. Jahrhundert (ThSt 49), Zürich 1957, 6; ders., Nachwort, in: Schleiermacher-Auswahl, hg. v. Heinz Bolli, Hamburg/München [2]1980, 290–312, hier 293.

4 Vgl. Karl Barth, Offene Briefe 1935–1942, hg. v. Diether Koch (Karl Barth-Gesamtausgabe, Abt. V), Zürich 2001, 113 (Brief an Hromádka vom 19.9.1938).

5 Immanuel Kant, Über den Gemeinspruch: das mag in der Theorie richtig sein, taugt aber nicht für die Praxis, A 265 (Werke, hg. v. Wilhelm Weischedel, Bd. IX, Darmstadt 1964, 161); dort kursiv. Nach Kant bezeichnet die „Freiheit der Feder“ das „einzige Palladium der Volksrechte“.

wurde im ‚bewaffneten Hilfsdienst' einer Einheit zugeteilt, deren Aufgabe es war, bei einem Angriff auf die Schweiz im grenznahen Bereich die deutsche Armee für eine Weile am Vormarsch zu hindern, damit sich unterdessen die Schweizer Hauptarmee im ‚Reduit' der Alpenfestung sammeln könne. Die Einheit wäre, wie deren Gliedern bewusst war [...], in diesem Fall ‚geopfert' worden. Welchen Zeichenwert für Barth seine Soldatenuniform hatte, zeigt sich z.B. darin, dass er in einem von der Schweizer Zensur geöffneten [...] Brief vom 19. Juni 1942 Bischof Bell von Chichester ein Foto von sich in Uniform zusandte mit dem Vermerk: ‚resist the evil at *all* means'."[6]

Einen weiteren Kontext der Friedensethik Barths, und zwar in ihrer reifen, ausgeführten Gestalt, bildete der sog. „Kalte Krieg" bzw. die Ost-West-Frage. Barths Warnung vor dem Antikommunismus, seine beharrliche Betonung der nicht zu kaschierenden Differenz zwischen dem Kommunismus und dem Nationalsozialismus, brachte ihm den Vorwurf des „Kryptokommunismus" ein – nicht zuletzt im Blick auf die Frage nach der Wiederbewaffnung und dem NATO-Anschluss Westdeutschlands.

2. Begründungszusammenhänge: Barths Friedensethik und die gegenwärtige friedensethische Diskussion

2.1 Barths Wahrnehmung des Krieges und sein Konzept des Grenzfalls legitimen Waffengebrauchs

Barth beginnt 1952 seine friedensethischen Ausführungen in KD III/4 mit einer Demaskierung des Krieges: „[W]er Krieg sagt, [müsste] wissen [...], daß er damit schlicht und eindeutig töten sagt: töten ohne Glanz, ohne Würde, ohne Ritterlichkeit, ohne Schranke und Rücksicht nach irgendeiner Seite. [...] Die Möglichkeit der Atom- oder Wasserstoffbombe hat eigentlich nur noch gefehlt, um die Selbstenthüllung des Krieges in dieser Hinsicht vollständig zu machen."[7]

Das Gefahrenpotential nicht nur der Atomenergie, sondern auch der Atomwaffen ist bis zur Stunde keineswegs gebannt. Die sog. „neuen Kriege" des 21. Jahrhunderts könnten ausgeweitet werden, Terroristen könnten Atombomben kaufen, bauen oder stehlen, so nicht nur die Sorge Barack Obamas. Barth bemerkte in seiner Weihnachtspredigt von 1963: „[E]rinnert die ganze

6 Eberhard Busch, Unter dem Bogen des einen Bundes. Karl Barth und die Juden 1933–1945, Neukirchen-Vluyn 1996, 347f.
7 Karl Barth, KD III/4, 518f.

Sache [der Atomwaffen] nicht peinlich an die bei Jeremias Gotthelf nachzulesende Geschichte von der schwarzen, der todbringenden Spinne, die man zwar vorsorglich in ein mit einem Pfropfen verschlossenes Loch in der Wand versorgt hatte, bis eines Tages eben doch ein Narr kam, den Pfropfen herausriß und dem Verderben freien Lauf gab?"[8] Vor solchen Narren ist die Welt auch heute keineswegs sicher, mögen sie in Nordkorea oder im Iran sitzen.

Barth lässt keinerlei Zweifel daran, dass nicht nur ein Atomkrieg, sondern Krieg allgemein Unrecht ist. Nur im äußerst *restriktiv* zu fassenden Ausnahmefall ist ein Krieg zu rechtfertigen. Es geht Barth dabei – wie er schreibt – um „jene schlechthin *abnormale* Lage des *Notstandes*"[9], in dem ein Volk „in seinem selbständigen Eigenleben" angegriffen wird. Barth konzipiert diesen Ausnahmefall, den er „Grenzfall" nennt, also notwehrrechtlich. Barths Rede vom Grenzfall ist durchaus prominent. Sie hat ihre eigene Wirkungsgeschichte bis hinein in die aktuelle EKD-Friedensdenkschrift entfaltet. Dort ist von einem Erstgebrauch militärischer Gewalt, der unter das Selbstverteidigungsrecht fallen kann, als Grenzfall die Rede.[10] Als Grenzfallbeispiel führt Barth die Verteidigung seiner Schweizer Heimat an. Was macht die Schweiz so verteidigenswert?

Aufschluss gibt Barths Vortrag „Im Namen Gottes des Allmächtigen! 1291–1941"[11], den er am 6. Juli 1941 in Gwatt bei Thun vor über 2.000 Menschen anlässlich des 650jährigen Jubiläums des Bundesschlusses auf dem Rütli hielt und der bereits wenige Tage später wegen Barths deutschfeindlicher Äußerungen verboten wurde – vom Schweizer Bundesrat, den „Schlottertanten in Bern"[12], wie Barths sich auszudrücken beliebte. Dort konstatiert Barth, dass „die Schweiz durch ihre Existenz die *Idee einer durch das Recht verbundenen Gemeinschaft freier Völker von freien Menschen* [vertritt]."[13] Besagte Idee vom Föderalismus freier Rechtsstaaten konstituiert nach Barth

8 Karl Barth, Predigten 1954–1967, hg. v. Hinrich Stoevesandt (Karl Barth-Gesamtausgabe, Abt. I), Zürich [2]1981, 247.

9 Karl Barth, KD III/4, 529.

10 Kirchenamt der EKD (Hg.), Aus Gottes Frieden leben – für gerechten Frieden sorgen. Eine Denkschrift des Rates der Evangelischen Kirche in Deutschland, Gütersloh 2007, 72.

11 Vgl. zum zeitgeschichtlichen Hintergrund Eberhard Busch (Hg.), Die Akte Karl Barth. Zensur und Überwachung im Namen der Schweizer Neutralität 1938–1945, Zürich 2008, 219–255; ders., Der Theologe Karl Barth und die Politik des Schweizer Bundesrats. Eine Darstellung anhand von unveröffentlichten Akten der Schweizer Behörden, in: EvTh 59 (1999), 172–186, hier 179–182.

12 Barth, Offene Briefe 1935–1942 (wie Anm. 4), 277 (Brief vom 4.8.1941 an Rudolf Schwarz / Richard Poyda).

13 Karl Barth, Eine Schweizer Stimme 1938–1945, Zürich [3]1985, 209 (Im Namen Gottes des Allmächtigen, Juni 1941). Wolfgang Lienemann, Karl Barth 1886–1968, in: ders. /

den Charakter der Eidgenossenschaft. Und diese Idee, die Basel auf das Engste an Königsberg heranrückt[14], steht im schärfsten nur denkbaren Widerspruch zur Ideologie der Achsenmächte, die Macht an die Stelle des Rechtes zu setzen. Es ist für Barths Rechts-, Friedens- und Freiheitsverständnis signifikant, dass er am Ende der Völkerbundsära implizit die Kantsche Idee einer Staatenkonföderation unter republikanischer Verfassung[15] aufgreift und die Völkerrechtsentwicklung – in der Zeit ihrer fundamentalsten Infragestellung – nicht einfach abreißen lässt. An den Segnungen dieser Idee partizipieren wir bis heute.

2.2 Barths Friedensethik im Paradigmenstreit Teil 1: „Gerechter Krieg"

Gegenwärtig ist die deutschsprachige Friedensethik von einem Paradigmenstreit geprägt: Während die einen für eine Rückkehr zur Lehre vom gerechten Krieg plädieren, sprechen sich andere Ethiker dafür aus, eine Theorie des gerechten Friedens zu entwickeln.[16] Dieses neue Paradigma solle an die Stelle der klassischen Lehre vom gerechten Krieg treten, wie sie bereits von Augustin in Ansätzen entwickelt und von Thomas von Aquin systematisiert wurde.

Unter Berufung auf deren Kriterien haben im angelsächsischen Sprachraum führende Friedensforscher[17] wie etwa Jean Bethke Elshtain die amerikanische Invasion im Irak (2003) gerechtfertigt. Die Kritiker der Lehre vom gerechten Krieg weisen darauf hin, dass solche Rechtfertigungen des Krieges nur zustande kommen können, wenn man die Lehre vom gerechten Krieg

Frank Mathwig (Hg.), Schweizer Ethiker im 20. Jahrhundert. Der Beitrag theologischer Denker, Zürich 2005, 33–56, hier 43, beobachtet, dass die Formel „Idee einer durch das Recht verbundenen Gemeinschaft freier Völker von freien Menschen" exakt die Essenz von Kants Schrift „Zum ewigen Frieden" (1795) zusammenfasst.

14 Vgl. den „Zweiten Definitivartikel zum ewigen Frieden", in: Immanuel Kant, Zum ewigen Frieden (1795), BA 30 (Werke [wie Anm. 5], 208).

15 Zur republikanischen Verfassung vgl. den „Ersten Definitivartikel zum ewigen Frieden", in: Immanuel Kant, Zum ewigen Frieden (1795), BA 20 (Werke [wie Anm. 5], 204).

16 Zur Diskussion vgl. Marco Hofheinz, Gerechter Krieg? Gerechter Frieden! Eine kleine Apologie eines friedensethischen Paradigmas, in: Henning Theißen / Martin Langanke (Hg.), Tragfähige Rede von Gott. Festgabe für Heinrich Assel zum 50. Geburtstag, Hamburg 2011, 151–174.

17 So Jean Bethke Elshtain in dem „Epilog to the 2004 Edition" ihres Bestsellers: Just War Against Terror. The Burden of American Power in a Violent World, New York ^{2}2004, 182–192. Anders hingegen Michael Walzer, Arguing about War, New Haven / London 2004, 151: „The administration's war is neither just nor necessary." Vgl. auch a.a.O., 161: „[T]he threat that Iraq posed could have been met with something less than the war we are now fighting. And a war fought before its time is not a just war."

als freistehende Lehre betrachtet. Man müsse hingegen sehen, dass diese sich weiterentwickelt habe und in das gegenwärtige gültige Völkerrecht transformiert worden sei. Der amerikanische Unilateralismus, der auch ohne UN-Mandat agierte, missachtete genau dies sträflich. Es darf hingegen nicht ignoriert werden: Die Kriteriologie des gerechten Krieges ist in das Völkerrecht eingebettet. Sie zu beachten heißt heute, die Normen der UN-Charta zu beachten. Danach aber ist Krieg rechtlich verboten, ja prinzipiell illegal. Er ist nur noch in zwei Fällen ausnahmsweise rechtfertigungsfähig: erstens als eine Art internationale Polizeiaktion aufgrund eines Mandats des Sicherheitsrates (Kap. VII der UN-Charta) und zweitens als vorübergehende Selbstverteidigung gegen einen Angriff (Art. 51). Wenn aber nun der Krieg rechtlich verboten ist, ja prinzipiell als illegal gilt, dann wird man die Rede von einem „gerechten Krieg" aufgeben müssen. Mit Hans-Richard Reuter gesprochen: „Einen gerechten Krieg in Korrespondenz zu einer freistehenden Lehre vom bellum iustum gibt es nicht mehr. Es kann allenfalls noch den rechtmäßigen Gebrauch militärischer Gewalt geben."[18]

2.3 Barths Friedensethik im Paradigmenstreit Teil 2: „Gerechter Frieden"

Damit ist die Frage noch nicht geklärt, wie sich Barth zum aktuellen Streit verhält. Hier muss man nicht wild spekulieren: Barth tritt für die Ausprägung einer Theorie des gerechten Friedens ein. Das Begriffspaar „gerechter Friede" lässt sich u.a. in Barths Briefwechsel mit Willem Visser't Hooft[19] nachweisen. Das heißt freilich mitnichten, dass Barth etwa der Kriteriologie des gerechten Krieges grundsätzlich widersprochen hätte. Nein, mit der Rede vom Grenzfall bedient er sich etwa des Kriteriums des „gerechten Grundes" *(causa iusta)* und des Kriteriums des äußersten Mittels *(ultima ratio)*.

18 Hans-Richard Reuter, Die Militärintervention gegen den Irak und die neuere Debatte über den „gerechten Krieg", in: http://egora.uni-muenster.de/de/ethik/pubdata/irakringvorlesung%5D15D.pdf (abgerufen: 22.1.2009), 1–15, hier 6.

19 In dem Gebet nach seiner Predigt vom 24.9.1939 bittet Barth „um einen gerechten Frieden unter den heute entzweiten Völkern" (Karl Barth, Predigten 1935–1952, hg. v. Hartmut Spieker [Karl Barth-Gesamtausgabe, Abt. I], Zürich 1996, 182), und in seinem Brief vom 7.10.1939 an seinen Freund W.A. Visser't Hooft fragt Barth kurz nach Ausbruch des Zweiten Weltkrieges suggestiv: „Sollen die Kirchen jetzt wieder einfach um den Frieden in blanco beten (1938, in den Tagen von München haben sie es bekanntlich getan), oder bewusst und bestimmt um einen gerechten Frieden und deshalb bewusst und bestimmt (den Willen Gottes, der auch die beste Sache unterliegen lassen kann, vorbehalten!) um den Sieg dieser und nicht jener Waffen?" (Karl Barth – Willem Adolph Visser't Hooft, Briefwechsel 1930–1968, hg. v. Thomas Herwig [Karl Barth-Gesamtausgabe, Abt. V], Zürich 2006, 108).

Barth greift also die Kriterien des gerechten Krieges auf, stellt sie aber in einen anderen Referenzrahmen als den der Lehre vom gerechten Krieg. Für Barth gilt mithin: „Nicht alle Elemente der Lehre vom gerechten Krieg werden durch die Lehre vom gerechten Frieden gegenstandslos. Manche Elemente [...] werden [...] aufbewahrt. Man kann daher auch sagen: Zwischen den beiden Lehren besteht keine völlige Diskontinuität. Vielmehr spricht einiges dafür, die Lehre vom gerechten Frieden als Fortentwicklung der Lehre vom gerechten Krieg zu verstehen."[20]

Besonders wichtig und von bleibender Aktualität scheint mir Barths Umkehrung der friedensethischen Logik zu sein. Hieß es früher: „Wenn du den Frieden willst, rüste zum Krieg", so lautet die Maxime heute: „Wenn du keinen Krieg willst, sorge für Frieden".[21] Was meint diese – wie ich denke – unabgegoltene Maxime? In Barths eigenen Worten: Wer den Frieden will, der bemühe sich um „die Herstellung einer für Alle sinnvollen und gerechten Lebensordnung".[22] Barth sieht die primäre Aufgabe des Friedensstiftens in der Entwicklung eines gerechten Sozialstaates bzw. eines sozialen Rechtsstaates, einer sozialen und rechtsstaatlichen Demokratie.[23]

Warum? Weil die Ungerechtigkeit und das Unrecht auch und gerade in pseudosozialem Gewande die Ursache des Krieges darstellen. Ein ungerechter Frieden, in dem zwar (noch) die Waffen schweigen, trägt die Wurzel des Krieges bereits in sich. Friedensarbeit muss, will sie effektiv sein, zur Wurzel *(radix)* vordringen. Sie muss in diesem wörtlichen Sinne *radikal* sein. Sie muss für gerechte Verhältnisse einstehen gegen einen Scheinfrieden, der auf Ungerechtigkeit basiert. Genau dies schärft Barth mit seiner Maxime ein: „Wenn du keinen Krieg willst, sorge für Frieden". Barths pointierte Rede vom „Ernstfall Frieden" meint dasselbe: „Es braucht [...] christlichen Glauben, Verstand und Mut dazu – und dazu ist die christliche Kirche, die christliche Ethik da, solchen zu beweisen –, den Völkern und Regierungen zuzurufen, dass umgekehrt der *Friede* der Ernstfall ist: der Fall nämlich, in welchem [...] alle Zeit, alle Kraft, alles Vermögen dafür einzusetzen sind, daß die Menschen leben, und zwar recht leben können, um dann zur Flucht in den Krieg keinen Anlaß zu haben."[24]

20 Wolfgang Huber, Rückkehr zur Lehre vom gerechten Krieg? Aktuelle Entwicklungen in der evangelischen Friedensethik, in: ZEE 49 (2005), 113–130, hier 128.

21 Karl Barth, KD III/4, 517.

22 Karl Barth, KD III/4, 526.

23 Vgl. Bertold Klappert, Versöhnung und Befreiung. Versuche, Karl Barth kontextuell zu verstehen (NBST 14), Neukirchen-Vluyn 1994, 267.

24 Karl Barth, KD III/4, 525.

3. Die Aufgabe einer theologischen Friedensethik: Recht und Kirche friedensethisch reflektieren

In diesem Zitat kommen bezeichnenderweise christliche Kirche und Ethik zur Sprache. Das ist kein Zufall, sondern Ausdruck der Konzeption von christlicher Friedensethik, wie Barth sie vertritt und wie sie m.E. in der Gegenwart profiliert werden sollte. Demzufolge fällt in deren Gegenstandsbereich nicht nur das Recht, sondern auch die Kirche.

Was die Aufgabe der Kirche betrifft, so steckt Barth ein denkbar weites Feld kirchlicher Friedensaktivitäten und -initiativen ab, welches alle Bereiche menschlichen Zusammenlebens, *oikos* und *polis*, betrifft und die politische Weltverantwortung der Kirche widerspiegelt.

Die als *global player* auf nationaler wie internationaler Ebene agierende Kirche hat – wie Barth sagt – in Sachen des rechten Friedens einzutreten „für solide, vertragsmäßige Verständigungen [zwischen den Völkern und Nationen], *für* Schiedsgerichte und internationale Zusammenschlüsse, und vor allem in jedem einzelnen Volk und Staat: *für* die Aufgeschlossenheit, für das Verständnis, für die Geduld den anderen gegenüber, *für* eine solche Erziehung der Jugend, die ihr den Frieden und nicht den Krieg lieb macht, *gegen* die Einrichtung von sogenannten ‚stehenden' Armeen, in denen jedenfalls die Offiziere *per se* eine permanente Gefahr für den Frieden bilden, und *gegen* alle hetzerische Hysterie, d.h. gegen alles voreilige an die Wand malen jenes anderen, des kriegerischen Ernstfalls."[25]

Damit ist das *Wofür*, also der Gegenstandsbereich des Eintretens von Kirche benannt, der von einem universalen Völkerrecht bis hin zur ganz alltäglichen friedenspädagogischen Arbeit in Schulen und Gemeinden reicht. Kirche hat sich nach Barth auf all diesen Ebenen an der friedensethischen Urteilsbildung zu beteiligen. Barth versteht Kirche offenkundig als den Raum, in dem die Kriterien des gerechten Krieges angewandt werden und zwar angewandt im Bezugsrahmen einer Theorie des gerechten Friedens. Die Kirche hat nach Barth eindeutig zu bezeugen und geltend zu machen, aus welchen Gründen Kriege „nicht gerecht und also zu unterlassen sind".[26] Ohne einfach mit dem Gebot Gottes deckungsgleich zu sein, haben die Kriterien des gerechten Krieges dabei heuristische Funktion für Barth.

25 Karl Barth, KD III/4, 526. Den Einwand gegen „stehende Armeen" übernimmt Barth vermutlich von Immanuel Kant, Zum ewigen Frieden (1795), BA 8 (Werke [wie Anm. 5], 197): „Stehende Heere (miles perpetuus) sollen mit der Zeit ganz aufhören".
26 Karl Barth, KD III/4, 526.

Die Kirche wird auch aktuell nach ihrem eigenen Beitrag zur Etablierung des Rechts und Friedens fragen müssen. Indem sie so fragt, erweist sie sich als friedensethische Diskursgemeinschaft. Die Kirche als friedenstiftende Diskursgemeinschaft, als politische Agentin in den Blick zu nehmen, das sind bereits von Barth ausgehende Impulse, die in den Jahrzehnten nach dem Zweiten Weltkrieg in der deutschsprachigen Friedensethik leider oft vernachlässigt wurden. In der neuen EKD-Friedensdenkschrift wird dieser Impuls aufgenommen, indem man dort nach dem spezifischen „Beitrag der Christenmenschen und Kirchen für den Frieden in der Welt“[27] fragt. Zu diesem Beitrag gehören – wie Reuter in seinem Kommentar zum Erscheinen der Denkschrift hervorhebt – „die Vergegenwärtigung des Friedens Gottes in Gottesdienst und Verkündigung, des Weiteren Bildung und Erziehung, Schutz und Beratung der Gewissen, Arbeit für Versöhnung und eine Profilierung des Leitbildes vom gerechten Frieden.“[28]

Um nicht missverstanden zu werden: Ich möchte nicht dafür plädieren, die kirchlich-ethischen Ansätze etwa gegen eine rechtsethische Konzipierung auszuspielen. Damit würde eine falsche Alternative aufgemacht. Im Sinne einer christlichen Friedensethik – wie Barth sie konzipiert – darf man weder die friedenserhaltende und -ordnende Funktion des Rechts verkennen noch die der Kirche. Theologische Friedensethik muss demzufolge beides umfassen, die ethische Reflexion der Kirche und des Rechts. Beides ist Barth wichtig. Er kann einerseits das Hohelied auf das Recht singen. So stellt er fest, dass die einzelnen Menschen nicht nur von der Rechtsordnung umfasst und ihr unterworfen, sondern auch durch sie geschützt sind.[29] Und Barth kann andererseits entschieden auf die Kirche als die vorläufige und nachträgliche Darstellung des Friedens Christi verweisen. Beides ist für eine theologisch verantwortete Friedensethik unabdingbar.

Allein schon um dieser doppelten Aufgabenbestimmung der Friedensethik willen lässt sich festhalten: „Yes, we have to read this dead, old, European theologian“. Freilich nicht *nur* ihn, aber doch: *auch* ihn.

27 Kirchenamt der EKD (Hg.), Aus Gottes Frieden leben (wie Anm. 10), 12; vgl. auch Kap. 2: „Der Friedensauftrag der Christen und der Kirche“, 28–56.

28 Hans-Richard Reuter, Gerechter Frieden und „gerechter Krieg“ als Themen der neuen Friedensdenkschrift der EKD, in: epd-Dokumentation 19–20, Frankfurt a.M. 2008, 36–43, hier 36.

29 Vgl. Karl Barth, KD III/4, 531.

Reformierte Kirchen und die Ost-West-Beziehungen im 20. Jahrhundert

von Katharina Kunter

Die Anfrage zu diesem Vortrag mit dem Titel „Reformierte Kirchen und die Ost-West-Beziehungen im 20. Jahrhundert" erhielt ich schon vor gut einem Jahr.[1] Doch als ich mit den Vorbereitungen für diesen Vortrag begann und mir die genauere Gliederung überlegte, blieb ich bereits lange an der Überschrift hängen. Das mir im Moment der Zusage ganz eindeutig formuliert zu scheinende Thema erschien bei genauerem Hinsehen als überaus weit, vielschichtig und komplex.

1. Grundsätzliche Überlegungen zum Thema

Denn wer und was ist mit den *reformierten Kirchen* gemeint? Sollen dabei vor allem ihre nationalen und historisch gewachsenen organisatorischen Institutionen, beispielsweise die Nederlandse Hervormde Kerk in den Niederlanden oder die Magyarországi Református Egyház, die Reformierte Kirche in Ungarn, in den Blick genommen werden? Was ist mit der Evangelischen Kirche der Böhmischen Brüder? Gehört sie zu den reformierten Kirchen? Oder wie sieht es aus mit dem Reformierten Weltbund, der seit Juni 2010 nicht mehr existiert, weil er zusammen mit dem Reformierten Ökumenischen Rat in der Weltgemeinschaft Reformierter Kirchen aufgegangen ist, und dem Ökumenischen Rat der Kirchen, in dem auch reformierte Kirchen Mitglieder sind? Und wenn man von der ganz hohen repräsentativen Kirche und den internationalen reformierten und ökumenischen Bünden herabsteigt: Sind nicht die Gemeinde und ihr nahestehende kirchliche Gruppen oder Bewegungen das Herz der reformierten Kirche? Welche Beiträge haben Laien und Laiinnen in den Ost-West-Beziehungen gespielt, wo lassen sich diese kirchengeschichtlich verorten? Wäre es nicht vielleicht hilf-

1 Die hier vorliegende schriftliche Fassung des am 21.3.2011 in Emden gehaltenen Vortrags „Reformierte Kirchen und die Ost-West-Beziehungen im 20. Jahrhundert" beruht im Wesentlichen auf dem so gehaltenen Vortragsmanuskript. Es wurde für den Druck um einige Literaturhinweise und Diskussionsbeiträge in Emden ergänzt.

reicher, statt von den reformierten Kirchen vom reformierten Protestantismus zu sprechen? Denn dann hätte man nicht nur die reformierte Basis, sondern auch herausragende Gestalten der kirchlichen Ost-West-Beziehungen im Visier, etwa den ersten Generalsekretär des Ökumenischen Rates der Kirchen, den niederländischen Theologen Willem Visser 't Hooft (1900–1985), den tschechischen Theologen Jan Milič Lochman (1922–2004), die deutschen Theologen Jürgen Moltmann (*1926) oder Heino Falcke (*1929) oder den Schweizer Theologen und Osteuropaexperten Lukas Vischer (1926–2008) – um nur einige der zentralen Theologen reformierter Ausrichtung in den kirchlichen Ost-West-Beziehungen der zweiten Hälfte des 20. Jahrhunderts zu nennen. Alle hier kurz genannten internationalen Kirchenpersönlichkeiten waren übrigens Schüler von Karl Barth (1886–1968), der natürlich auch eine prägende Rolle für die Frühzeit des Ost-West-Konfliktes spielte.

Mindestens genauso schwierig wie die genauere Bestimmung der „reformierten Kirchen“ ist die Festlegung der *Ost-West-Beziehungen*. Was ist Ost, was ist West? Sind es geographische Bezeichnungen für Ost- und Westeuropa? Oder mentale? Oder politische – und wenn ja, in welcher Zeit? Ist die Erste Republik in der Tschechoslowakei von 1918–1938 ein Teil des Ostens oder Osteuropas, obwohl sie demokratisch und westlich orientiert war? Ist das vereinte Deutschland als West oder Ost zu bezeichnen? Oder handelt es sich bei den Ost-West-Beziehungen schlichtweg um die Beziehungen des westlichen Protestantismus zur östlichen Orthodoxie? Steht hinter dem Wort „Beziehungen“ nicht die Idee eines Gebens und Nehmens, des Sender und Empfänger-Modells, das für die Beschreibung der kirchlichen Wirklichkeit nicht nur viel zu kurz greift, sondern auch Konflikte nivelliert und harmonisiert?

Und schließlich: Das *20. Jahrhundert*. Auch dieses lange Jahrhundert, das brauche ich vor Ihrem fachkundigen Kreis nicht weiter auszuführen, hat seine eigenen Signaturen, Brüche und Perioden, die man wohl kaum alle in 45 Minuten umfassend darlegen kann.

Kurzum, Sie sehen bereits an diesem kurzen Aufriss: Das Thema meines heutigen Vortrages ist überaus spannend und facettenreich, enthält aber doch so viele Perspektiven und wichtige Fragestellungen, dass ich heute nur einen winzig kleinen Ausschnitt exemplarisch vertiefend betrachten kann. Dabei werde ich mich auf die letzte Phase des Kalten Krieges in Europa beschränken, also auf die Zeit seit der Mitte der 1960er bis zum Ende der 1980er Jahre.[2] Diese wird bis ungefähr 1978/9 als Entspannungsphase oder auch

2 Die folgenden Ausführungen beruhen im Wesentlichen auf Katharina Kunter, Die Kirchen im KSZE-Prozess 1968–1978, Stuttgart 2000, sowie dies., Erfüllte Hoffnungen und

als Détente oder Friedliche Koexistenz bezeichnet. Sie geht dann seit 1979/80 in eine Zeit der erneuten Blockkonfrontation über und endet schließlich seit 1989 mit dem Untergang der sozialistischen Regime und dem Zerfall des Ostblocks.

Nach einem kurzen Überblick über die Forschungssituation zu den reformierten Kirchen in der letzten Phase des Kalten Krieges möchte ich Sie mit drei verschiedenen Ebenen kirchlichen Denkens und Handelns vertraut machen, die im Kontext der Entspannungspolitik zu besonderen Schwerpunkten, aber auch Schwierigkeiten in den Ost-West-Beziehungen geführt haben: Nämlich erstens mit dem Konzept der Entspannung von oben auf der Ebene kirchlicher Diplomatie und Kirchenpolitik, zweitens mit der sogenannten humanitären Dimension der Entspannungspolitik, also dem Feld der Menschenrechte und der Religionsfreiheit, und schließlich drittens mit der von einigen reformierten Kirchen stärker protegierten Entspannung von unten, die sich vor allem auf der Ebene von Gemeinden, kirchlicher oder der Kirche nahestehender Gruppen und Kreise vollzog.

Meine Überlegungen münden am Ende in der Frage, ob man überhaupt von einem eigenen reformierten Beitrag in den Ost-West-Beziehungen – im Unterschied etwa zu den Lutheranern – sprechen kann, und wenn ja, in welche Richtung hin dieser beschrieben werden könnte und welche besonderen Merkmale dann vielleicht herauszustellen wären.

2. Zur Forschungssituation

Hier ist zunächst einmal Erstaunliches nach zwanzig Jahren der mittel- und osteuropäischen Revolutionen und Umbrüche von 1989/91 zu konstatieren: Nach wie vor gibt es keine übergreifende, empirisch erarbeitete und historisch argumentierende Darstellung, die sich den Kirchen im Kalten Krieg von 1949–1989 widmet. Der einzige Versuch ist bis heute eine Momentaufnahme aus dem Jahr 1992 geblieben, nämlich Owen Chadwicks „The Christian Church in the Cold War", die zwar auf keinerlei Archivstudien basierte, trotzdem aber nach wie vor ein beeindruckend breites, überkonfessionelles Portrait des Christentums im Ost-West-Konflikt in der zweiten Hälfte des 20. Jahrhunderts zeichnete.[3] Daneben sind einzelne Spezialstudien zu nennen, die jeweils wichtige Aspekte thematisieren. Ich kon-

zerbrochene Träume. Evangelische Kirchen in Deutschland im Spannungsfeld von Demokratie und Sozialismus (1980–1993), Göttingen 2006.

3 Vgl. Owen Chadwick, The Christian Church in the Cold War, London 1992.

zentriere mich hier auf die Beiträge zum Protestantismus. Trotzdem möchte ich nicht unerwähnt lassen, dass sowohl zur Orthodoxie als auch zum Katholizismus breite und historisch vertiefende Literatur vorliegt.[4] Eine systematische Gesamtdarstellung fehlt zwar auch hier; einzelne Felder und Länder sind allerdings besser und teilweise international anschlussfähiger erforscht als der Protestantismus.

Für den evangelischen Bereich ist das Feld relativ schnell abgesteckt: Vom Titel und Volumen her erscheint die aus drei Einzelteilen bestehende Studie von Gerhard Besier, Armin Boyens und Gerhard Lindemann „Nationaler Protestantismus und ökumenische Bewegung. Kirchliches Handeln im Kalten Krieg 1945–1990“ von 1999 als ein Standardwerk.[5] Ungeachtet unterschiedlicher kritischer Einwände, die von verschiedenen Seiten gemacht wurden, handelt es bei diesem Werk aber nicht um eine breite historische Überblicksstudie, sondern um abgeschlossene Beiträge zur Evangelische Kirche in Deutschland (EKD) und zum Ökumenischen Rat der Kirchen seit 1948, zum Themenkomplex Protestantismus, Kommunismus und Ökumene in den USA sowie zum Verhältnis der Christlichen Friedenskonferenz und dem Ökumenischen Rat der Kirchen.

Daneben sind einige vertiefende Einzelarbeiten zu nennen, die auch – aber nicht ausschließlich – den reformierten Protestantismus im Blick haben: Dazu zählen im deutschsprachigen Raum vor allem die Arbeiten des Kirchenhistorikers Martin Greschat, unter anderem ein in Emden 2008 gehaltener Vortrag zu Karl Barth und der Ungarnfrage sowie sein 2010 erschienenes Buch „Protestantismus im Kalten Krieg“.[6] Hervorzuheben sind weiter-

4 Erste Einblicke gibt etwa die jüngst erschienene Aufsatzsammlung zu einzelnen orthodoxen Kirchen und Ländern: Lucian N. Leustean, Eastern Christianity and the Cold War 1945–91, London 2010, oder zum ostpolitischen Engagement des Vatikans: Anthony Richard Ewart Rhodes, The Vatican in the Age of the Cold War 1945–1980, Norwich 1992; Jonathan Luxmoore / Jolanta Babiuch, The Vatican and the Red Flag: The Struggle for the Seoul of Eastern Europe, London 1999; Karl-Joseph Hummel (Hg.), Vatikanische Ostpolitik unter Johannes XXIII. und Paul VI. 1958–1978, Paderborn 1999; Peter C. Kent, The lonely Cold War of Pope Pius XII.: The Roman Catholic Church and the Division of Europe 1943–1950, Montreal 2002.

5 Gerhard Besier / Armin Boyens / Gerhard Lindemann, Nationaler Protestantismus und ökumenische Bewegung. Kirchliches Handeln im Kalten Krieg 1945–1990, Berlin 1999. Zur Debatte siehe u.a. den Literaturbericht von Thomas Bremer, Die ökumenische Bewegung während des Kalten Krieges. Eine Rückschau, in: ThRv 99 (2003), 177–190.

6 Vgl. u.a. Martin Greschat, Ökumenisches Handeln der Kirchen in den Zeiten des Kalten Krieges, in: ÖR 29 (2000), 7–25; ders., Karl Barth und die kirchliche Reorganisation in Deutschland nach dem Zweiten Weltkrieg, in: Michael Beintker / Christian Link / Michael Trowitzsch, Karl Barth im europäischen Zeitgeschehen (1935–1950). Widerstand – Bewährung – Orientierung, Zürich 2010, 243–265.

hin einzelne Länderstudien aus Mittel- und Osteuropa aus einem vor allem durch den dänischen Kirchenhistoriker Jens Holger Schjørring und den Historiker Hartmut Lehmann initiierten mehrjährigen Projekt zum Protestantismus unter dem Kommunismus in Mittel- und Osteuropa.[7] Zwar liegt der Schwerpunkt hier auf den lutherischen Kirchen, es gibt aber auch vereinzelte Beiträge zu reformierten Kirchen, etwa zur Evangelischen Kirche der Böhmischen Brüder in der damaligen Tschechoslowakei, zur Reformierten Kirche in Ungarn oder zu den reformierten Minderheitskirchen in Rumänien. Erwähnung verdient ebenfalls die auf Niederländisch und Deutsch erschienene Dissertation der niederländischen Historikerin Beatrice de Graaf „Over de Muur", die die Beziehungen zwischen den niederländischen und ostdeutschen Kirchen und der Friedensbewegung thematisiert und damit das einzige Werk vorgelegt hat, in dem reformierte Kirchen und Christen im Kalten Krieg die Hauptrolle spielen (ohne dass sie allerdings diesen Aspekt ausdrücklich untersucht).[8]

Zählt man schließlich noch den Ökumenischen Rat der Kirchen und einige seiner Akteure zum reformierten Protestantismus dazu, ist weiterhin auf den Sammelband „Religion and the Cold War" der englischen Historikerin Dianne Kirby[9] sowie auf den jüngst erschienenen Aufsatz der Historikerin Hedwig Richter[10] hinzuweisen. Sie sind insofern auch besonders erwähnenswert, weil ansonsten historische Überblicksdarstellungen zum Kalten Krieg die christlichen Kirchen überhaupt nicht im Blick haben. Ein besonderes Augenmerk für eventuelle konfessionelle oder theologische Besonderheiten fehlt freilich in beiden Werken.

Was lässt sich also auf Grundlage dieses Forschungsstandes zum Beitrag des reformierten Protestantismus im Ost-West-Konflikt sagen, und welche

7 Jens Holger Schjørring (Hg.), Zwischen den Mühlsteinen. Protestantische Kirchen in der Phase der Errichtung der kommunistischen Herrschaft im östlichen Europa, Erlangen 2002; Jens Holger Schjørring / Hartmut Lehmann (Hg.), Im Räderwerk des real existierenden Sozialismus. Kirchen in Ostmittel- und Osteuropa von Stalin bis Gorbatschow, Göttingen 2003; Jens Holger Schjørring / Peter Maser (Hg.), Wie die Träumenden? Kirchen in der Phase des Zusammenbruchs der kommunistischen Herrschaft im östlichen Europa, Erlangen 2003; Katharina Kunter / Jens Holger Schjørring (Hg.), Die Kirchen und das Erbe des Kommunismus. Die Zeit nach 1989 – Zäsur, Vergangenheitsbewältigung und Neubeginn. Fallstudien aus Mittel- und Osteuropa und Bestandsaufnahme aus der Ökumene, Erlangen 2007.

8 Beatrice de Graaf, Over de Muur. De DDR, de Nederlandse kerken en de vredesbeweging, Amsterdam 2004, und dies., Über die Mauer. Die DDR. Die niederländischen Kirchen und die Friedensbewegung, Münster 2007.

9 Dianne Kirby (Hg.), Religion and the Cold War, Basingstoke 2003.

10 Hedwig Richter, Der Protestantismus und das linksrevolutionäre Pathos. Der Ökumenische Rat der Kirchen in Genf im Ost-West-Konflikt in den 1960er und 1970er Jahren, in: GeGe 36 (2011), 408–436.

Grundzüge, aber auch offenen Fragen stellen sich bei einer stärker konfessionell orientierten Betrachtungsweise?

3. Reformierte Kirchenbeziehungen in der Ära der Entspannungspolitik

Dazu zunächst ein Blick auf die historischen Zusammenhänge. Natürlich haben wir heute deutlich vor Augen, dass die 1970er Jahre die letzte Phase des Kalten Krieges markierten, die schließlich mit der Auflösung der sozialistischen Staaten und dem Niedergang der sozialistischen Ideologie endete. Doch das ist unsere heutige Perspektive. Die Zeitgenossen damals konnten das natürlich nicht wissen; sie konnten nicht mit einem Ende des Ostblocks rechnen. Und doch veränderte sich seit dem Tode des sowjetischen Staats- und Parteichefs Stalin 1953 etwas, was auch die aufmerksamen Beobachter auf der östlichen Seite Europas spüren konnten und was langfristige Auswirkungen für die Kirchen in Mittel- und Osteuropa hatte. Die lange, grausame Zeit der stalinistischen Verfolgungen und Repressionen ging mit Stalins Tod zu Ende, Stalins Nachfolger Nikita Sergejewitsch Chruschtschow (1894–1971) und Leonid Breschnew (1906–1982) versprachen eine neue politische Orientierung der „Friedlichen Koexistenz" zwischen West und Ost, der Entspannung und der Détente – unter der Voraussetzung, dass die Hegemonie der beiden Supermächte UdSSR und USA und die Realität des geteilten Europas akzeptiert würde. „Annahme des Status Quo in Europa" lautete also die neue Devise der Entspannungspolitik. Auf der politischen Ebene wurden hierfür die multilateralen Europäischen Sicherheitskonferenzen, an denen 35 Staaten, darunter die USA und Kanada, teilnahmen, maßgeblich. Sie begannen 1973 und wurden später unter dem Namen „Konferenzen für Sicherheit und Zusammenarbeit in Europa" (KSZE) bekannt. Ihren Abschluss bildete die Schlussakte von Helsinki 1975, die mit ihren Schlüsselideen „Frieden" – von der Sowjetunion und ihren Gefolgsstaaten verstanden als geopolitische Stabilität, von den westlichen Ländern als Möglichkeit eines friedlichen Wandels skizziert – und „Menschenrechte" – in einer westlich-liberalen Interpretation auf der einen und einer sozialen-kollektiven Interpretation auf der anderen Seite – nun eine neue, innereuropäische Dynamik eröffnete.

Vor dem Hintergrund der Entspannungspolitik mussten sich auch die Kirchen in Europa neu ausrichten. Der Helsinkiprozess eröffnete dabei neue Möglichkeiten der Ost-West-Begegnungen, die nun langsam, aber in vielerlei Hinsichten einfacher und unkomplizierter wurden. Zum ersten Mal in der Nachkriegszeit konnten nahezu alle osteuropäischen Kirchen Delegierte zu ökumenischen Treffen im Ausland schicken. Das brachte einen Schub in die internationale Konferenzökumene und ermöglichte zugleich eine stärkere Professionalisierung der repräsentativen Ökumene. Das anfangs von der Sowjetunion hineingebrachte politische Stichwort von der „Friedlichen Koexistenz" zweier feindlich gegenüberstehender Systeme kennzeichnete nun unzählige Begegnungen, Tagungen, Vollversammlungen und Konferenzen des Reformierten Weltbundes, des Ökumenischen Rates der Kirchen, der Konferenz Europäischer Kirchen oder auch der bilateralen Beziehungen, etwa zwischen dem niederländischen Raad van Kerken und dem Ausschuss für Kirche und Gesellschaft im Bund der Evangelischen Kirchen in der DDR.

Der Ost-West-Konflikt wurde in diesen Kreisen zum Dreh- und Angelpunkt neuer gemeinsamer Aktivitäten. Hier diskutierten Kirchenfunktionäre, die auf östlicher Seite zudem meist sehr staatsloyal waren, häufig auf einem sehr abstrakten Niveau über verschiedene theologische Herausforderungen wie die Säkularisierung oder den Weltfrieden. Neuen Schwung brachte schließlich Anfang der 1980er Jahre die Friedensbewegung.

Strittige Themen wie die konkreten Menschenrechtsverletzungen oder die alltäglichen Repressalien der sozialistischen Diktaturen wurden aber in der Regel auf dieser Ebene ausgeklammert. Damit wurde seit den 1970er Jahren jedoch zugleich in Kauf genommen, dass die noch in den 1950er und frühen 1960er Jahre in den meisten westlichen Kirchen und kirchlichen Kreisen dominante antikommunistische Perspektive nach und nach verlassen wurde. Der Sozialismus wurde dadurch bei manchen reformierten Kirchen und reformierten Christen in Westeuropa weicher gezeichnet, als er eigentlich war.[11] Die konkreten Repressalien und Einschränkungen, unter denen die Christen in Osteuropa zu leiden hatten, gerieten aus dem Blick. Zugleich aber brachte die Entspannungspolitik eine stärker von Partnerschaftlichkeit und gegenseitigem Lernen geprägte Perspektive. Wer sich auf protestantischer Seite in den Ost-West-Beziehungen engagierte, nahm den Dialog zumeist als ein Friedenskonzept sehr ernst.[12] Voneinander zu lernen wurde eine wichtige Devise des ökumenischen Austausches dieser Zeit. So genoss der Erfurter Probst Heino Falcke etwa bei den reformierten Niederländern besonders hohe Wertschätzung. Sie luden Falcke, der nie Mitglied der offi-

11 Vgl. hierzu etwa die Ausführungen zu den Christen für den Sozialismus bei de Graaf, Über die Mauer (wie Anm. 8), 128ff.

12 Siehe beispielsweise Heiko Overmeyer, Frieden im Spannungsfeld zwischen Theologie und Politik. Die Friedensthematik in den bilateralen Gesprächen von Arnoldshain und Sagorsk, Frankfurt a.M. 2005.

ziellen ökumenischen DDR-Delegation des Bundes war, immer wieder als Berater zu ökumenischen Zusammenkünften ein: außerhalb der DDR ebenso wie zu Treffen zwischen dem Bund Evangelischer Kirchen der DDR und dem niederländischen Kirchenrat.[13] Von Falckes Konzept der „Kirche im Sozialismus", die sich täglich in einer Minderheitenposition gegen eine christentumsfeindliche Umgebung behaupten muss und dadurch neue Freiheit zum Zeugnis gewinnt, ließ sich auch für die christliche Existenz in einer westlich-säkularisierten Welt, beispielsweise in den Niederlanden, lernen.

4. Die humanitäre Dimension: Streitpunkt Menschenrechte

Das politische und dann auch kirchliche Bemühen um Annäherung und Dialog wurde flankiert von der sogenannten humanitären Dimension der Schlussakte von Helsinki, den Menschenrechten, die vor allem in der Prinzipienerklärung im Prinzip VII – die Achtung der Menschenrechte und Grundfreiheiten, darunter die Religionsfreiheit – formuliert sowie im Korb 3 mit seinen humanitären und menschenrechtlichen Einzelbestimmungen festgeschrieben waren. Diese beiden Festlegungen bildeten nun das „Protestpotential" der Schlussakte von Helsinki und legten die Basis für die Entstehung unterschiedlichster zivilgesellschaftlicher Gruppen und Bewegungen in Mittel- und Osteuropa. Dazu gehörten auch oppositionelle Gruppierungen, die sich nun ganz legal auf die Menschenrechte berufen konnten, da sie ja von ihren Regierungen mit der Schlussakte von Helsinki mit unterzeichnet worden waren. Die tschechische Bürgerrechtsbewegung Charta 77, in der zugleich überproportional viele Mitglieder der Evangelischen Kirche der Böhmischen Brüder aktiv waren, ist ein Beispiel dafür.[14] Das neue

13 Vgl. etwa die erste Konsultation zum konziliaren Prozess in der Evangelischen Akademie Meißen vom 24.–28.1.1988 zwischen dem niederländischen Kirchenrat und dem Bund Evangelischer Kirchen in der DDR, in: Evangelisches Zentralarchiv 101/4771, oder den biographischen Bericht von Heino Falcke, Der Bund der Evangelischen Kirchen in der DDR. Ziele und Strategien bei den Konsultationen mit dem Raad van Kerken in den Niederlanden (1979–1990), in: Jahrbuch des Instituts für Niederlande-Studien 13/2002, Münster 2003, 11–41.85–97.

14 Ausführlicher hierzu Katharina Kunter, Human Rights as a Theological and Political Controversy among East German and Czech Protestants, in: Bruce Berglund / Brian Porter-Szücs, Christianity and Modernity in Eastern Europe, Budapest 2010, 217–244; dies., Für Menschenrechte und Demokratie. Protestanten und die tschechische Bürgerrechtsbewegung Charta 77. Ein Thema im Spannungsfeld von ökumenischer Kirchenpolitik, zivilgesellschaftlichem Engagement und kirchlicher Zeitgeschichte, in: Jochen-Christoph Kaiser (Hg.), Vom Ertrag der neueren Kirchengeschichte für Kirche und Gesellschaft, Marburg 2008, 141–166,

Thema Menschenrechte sorgte aber auf der anderen Seite für neue Konflikte. Lutheraner hatten es da teilweise einfacher: Im Lutherischen Weltbund beispielsweise folgte man seit 1974 im Großen und Ganzen der ostpolitischen Linie des Vatikans. Die verantwortlichen Beauftragten, die überwiegend aus Skandinavien kamen, setzten sich vor allem in Osteuropa für die Religionsfreiheit ein und unterstützten damit die eigenen kleinen lutherischen Minderheitskirchen in Mittel- und Osteuropa. Bei den Reformierten war es komplizierter. So war der Reformierte Weltbund zwar der erste konfessionelle Zusammenschluss, der bereits 1970 eine Studie zur theologischen Basis der Menschenrechte veröffentlicht hatte, erarbeitet von Jürgen Moltmann[15] (erst sieben Jahre später, 1977, legten die deutschen Theologen Wolfgang Huber und Heinz-Eduard Tödt eine entsprechende Studie zu den Menschenrechten für den Lutherischen Weltbund vor). Eine kirchenpolitische Linie folgte dieser frühen Menschenrechtsstudie beim Reformierten Weltbund allerdings nicht. Wie beim Ökumenischen Rat der Kirchen, der Konferenz Europäischer Kirchen oder dem Lutherischen Weltbund gab es von offizieller Seite keine Solidaritätserklärung mit osteuropäischen evangelischen Dissidenten oder eine klare Stellungnahme zu den Menschenrechtsverletzungen in Osteuropa. Die Sicherung des Status Quo und des Friedens in Europa wurde, wie auch in der offiziellen europäischen Entspannungspolitik, für wichtiger erachtet, als möglicherweise destabilisierende Menschenrechtsaktivisten in Mittel- und Osteuropa zu unterstützen. „Für dissidente Christen in Osteuropa galt, dass *politische* Exkommunikation auch *ökumenische* Exkommunikation bedeutete", fasste diesen Tatbestand später der niederländische Theologe Laurens Hogebrink, eine Schlüsselfigur des reformierten Ost-West-Engagements in der Entspannungsära, zusammen und war damit einer der wenigen Reformierten, die sich für osteuropäische Dissidenten einsetzte.[16] Trotz des offiziellen Schweigens initiierten aber einige Reformierte dann doch etwas, wozu sich auf lutherischer Seite keine Pendant finden lässt: Sie gründeten 1977 das Institut „Glaube in der 2. Welt" in Zollikon, das sich seitdem trotz schärfster Anfeindungen als „revanchistische" Institution zum wichtigsten deutschsprachigen evan-

sowie dies., Zurück nach Europa. Die Kirchen als politischer und gesellschaftlicher Faktor im demokratischen Transformationsprozess Tschechiens, in: KZG 19 (2006), 145–158.

15 Jürgen Moltmann, Theologische Erklärung zu den Menschenrechten, in: Jan Milič Lochman / Jürgen Moltmann (Hg.), Gottes Recht und Menschenrechte. Studien und Empfehlungen des Reformierten Weltbundes, Neukirchen-Vluyn 1976, 44–60.

16 Laurens Hogebrink, Ökumene als Friedensarbeit: In Europa eine ambivalente Geschichte, in: Heinz-Jürgen Joppien, Der Ökumenische Rat der Kirchen in den Konflikten des Kalten Krieges, Frankfurt a.M. 2000, 230.

gelischen Publikationsorgan für Christen und Kirchen in Mittel- und Osteuropa entwickelte.

5. Entspannung von unten

Einen letzten Blick will ich nun auf die unterste kirchliche Ebene der Friedens- und Menschenrechtskreise, der Gruppen und der Gemeinden werfen. Auch hier sind die Niederlande ein anschauliches und gut erforschtes Beispiel, denn hier hielten bereits 1972 reformierte und katholische Friedens- und Menschenrechtsaktivisten aus der ökumenischen Friedensbewegung fest, dass Menschenrechte und Frieden nicht voneinander getrennt werden könnten (in der EKD und in den deutschen Landeskirchen zu dieser Zeit undenkbar!).[17] Zudem propagierten Aktivisten wie der gereformeerde Mient Jan Faber, aber auch Laurens Hogebrink oder Wim Bartels von der Nederlandse Hervormde Kerk eine neue Osteuropapolitik, und zwar „die Doppelstrategie"[18]: Die „Entspannung von oben" auf der Ebene offizieller Kirchenleitungen und Repräsentanten solle begleitet werden von einer „Entspannung von unten". Das bedeutete für sie, gezielt und bewusst Kontakte zu unabhängigen Protestanten in Osteuropa zu suchen, zu Friedenskreisen und Umweltgruppen, aber auch zu evangelischen Dissidenten und Oppositionellen. Sie sollten durch ein gemeinsames europäisches Netzwerk unterstützt werden. Es braucht nicht viel Phantasie, um sich auszumalen, wo die Gegner dieses Ansatzes saßen: Bei der Staatssicherheit natürlich, die Mient Jan Faber rasch die Einreise versagte, bei sehr staatsloyalen Kirchenleuten wie Christa Lewek aus der DDR, aber auch bei den Christen für den Sozialismus in den Niederlanden oder der in Berlin umtriebigen sozialismusnahem Be Ruys. Aber auch beim Bund der Evangelischen Kirchen in der DDR oder in der Nederlandse Hervormde Kerk selber gab es viele kritische Stimmen. Doch gelang es ihnen nur teilweise, die dezentralen und persönlichen Initiativen des Interkirchlichen Friedensrats (IKV) zu unterlaufen, dessen Mitglieder es in der Tat schafften, die Kontakte zu den Gruppen und kritischen Einzelpersonen bis zum Ende der 1980er Jahre zu halten.

Begleitet wurde die „Entspannung von unten" von einem anderen reformierten Erfolgsmodell an der Basis: den niederländisch-ostdeutschen

17 Interkirchlicher Friedensrat der Niederlande (Hg.), Die Zukunft Europas, Ladenburg 1973.

18 Ausführlicher de Graaf, Über die Mauer (wie Anm. 8).

Gemeindepartnerschaften.[19] Nachdem 1973 die erste offizielle Gemeindepartnerschaft begründet wurde, gab es bereits 1979 20 eingetragene Partnerschaften und 1984 140 Partnerschaften. 1986 verdoppelte sich die Anzahl noch einmal auf 300 Partnerschaften. 1988 hatten also, wie Beatrice de Graaf herausgearbeitet hat, ca. 9.000 niederländische Christen mit etwa der gleichen Anzahl DDR-Christen Kontakt (durchschnittlich 30 Aktive pro Gemeinde) – ein nicht ganz zu unterschätzender politischer Faktor. Weil die Niederländer diese Kontakte bewusst privat hielten, interessierte sich noch nicht einmal die Stasi dafür. Natürlich gab es auch in den skandinavischen Ländern Kontakte mit DDR-Gemeinden und innerhalb der deutschen Landeskirchen deutsch-deutsche Gemeindepartnerschaften. Doch erreichten diese nicht annährend die Bedeutung, die die niederländischen Kontakte erhielten und die schließlich auch über die Wiedervereinigung hinausreichten. Hier wurde christlicher Alltag geteilt und ein Fenster zum Westen geöffnet, auf pragmatische und nahe Weise. Sieht man einmal von dem „Exotik-Faktor" ab, der beispielsweise für niederländische Reformierte eine Reise zu einer lutherischen Gemeinde im Erzgebirge interessant machte, spielte bei dieser solidarischen Unterstützung des christlichen Alltags die Konfession kaum eine Rolle.

6. Schlussthesen

Ist die Frage nach einem besonderen konfessionellen Profil oder ausgewiesener konfessioneller Beiträge, wie ich sie anfangs stellte, also eine hilfreiche? In den Quellen und Archivalien, aber auch in der Forschungsliteratur kommt der innerprotestantische Aspekt bislang kaum in den Blick. Die Dilemmata der offiziellen Ökumene waren konfessionsübergreifend, IMs und Spitzel gab es bei den Lutheranern ebenso wie bei den Unierten oder Reformierten; offene Worte gegenüber der repressiven Religionspolitik in den sozialistischen Staaten fielen allen Kirchenbünden und Kirchenleitungen schwer. Historisch betrachtet ist es wohl auch unerheblich, ob Bibeln

19 Vgl. hierzu u.a. Laurens Hogebrink, Herz und Seele für Europa? Die Erneuerung der europäischen Ökumene und die Zukunft der Gemeindekontakte, in: ÖR 46 (1997), 133–149; Beatrice Jansen-de Graaf, Der Aufbau der offiziellen kirchlichen Gemeindekontakte zwischen den Niederlanden und der DDR 1970–1980, in: Jahrbuch des Instituts für Niederlande-Studien 13/2002, Münster 2003, 11–41; Katharina Kunter, Ein Stück Westen im Osten: Ökumenische Begegnungen zwischen niederländischen und ostdeutschen Christen in den siebziger und achtziger Jahren, in: Jahrbuch des Instituts für Niederlande-Studien 13/2002, Münster 2003, 67–83.

von Reformierten oder Lutheranern nach Osteuropa geschmuggelt oder ob die zwischenkirchliche Hilfe von einem reformierten oder lutherischen Konto überwiesen wurde.

Und doch, so meine ich, hat der reformierte Protestantismus in dieser zweiten Phase des Kalten Krieges eine noch nicht ganz freigelegte und erkennbare Spur hinterlassen. Ich fasse ein paar Beobachtungen zusammen: Im christlich-marxistischen Dialog der 1960er Jahre waren reformierte Protestanten die theologischen Impulsgeber und Organisatoren (ich nenne nur Lochman, Hromádka, Falcke und Moltmann). Die überzeugtesten Verfechter eines demokratischen, eventuell auch christlichen Sozialismus in West- und Osteuropa gehörten dem reformierten oder doch dem unierten Spektrum an. Ebenso aber sind auch die westlichen Akteure, die unter Berufung auf die Menschenrechte osteuropäische Oppositionelle unterstützten oder sich für Kirchen in Osteuropa engagieren, in der reformierten Tradition verwurzelt (Lukas Vischer, Hebe Kohlbrugge, Mient Jan Faber, Laurens Hogebrink). Um das Bild zu schärfen, ist vielleicht ein Blick über 1989 hinaus aufschlussreich: Der Lutherische Weltbund hat bis heute kein kritisches Wort über den ungarischen Bischof Zoltán Káldy (1919–1987) verloren, ebenso wenig, wie es der Reformierte Weltbund vermocht hätte, etwas Kritisches über den Tschechen Milan Opočenský (1937–2007) zu sagen. Die erste – und nach wie vor überzeugendste – kritische kirchliche Anfrage an das eigene Handeln in der Zeit des Kommunismus kam 1992 von der Nederlandse Hervormde Kerk, auf deutsch unter dem Titel „Verlorene Jahre?“ veröffentlicht.[20] Und trotz größter Bemühungen gelang es einer seit 1993 aktiven kleinen kirchlichen Initiative um einen niederländischen, ungarischen und deutschen Reformierten und einen Katholiken, die die Rolle der Kirchen im Kalten Krieg kritisch aufarbeiten wollten, nicht, einen deutschen Lutheraner zur Unterstützung zu gewinnen.[21] Vielleicht ist es eben doch eine Frage von historischer Relevanz, ob man das Reich Gottes als eine realgeschichtliche und konkrete Utopie oder nur eine regulative Idee im Sinne der lutherischen Zwei-Reiche-Lehre betrachtet.[22]

20 Nederlandse Hervormde Kerk, Verloren jaren? Over de uitdagingen voor het samen kerkzijn na de ingrijpende veranderingen in Midden- en Oost-Europa en het einde van de Koude Oorlog. Een handreiking van de generale synode van de Nederlandse Hervormde Kerk, Zoetermeer 1991.

21 Joachim Garstecki, Erfahrungen und Schwierigkeiten bei der Aufarbeitung der Vergangenheit. Resümee der „Berlin-Seminare“ 1993 bis 2000, in: ÖR 52 (2003), 511–514.

22 Ausführlicher hierzu Kunter, Erfüllte Hoffnungen (wie Anm. 2).

Die politische Verantwortung der Kirche

von Nikolaus Schneider

Wer nach dem Christlichen in der Politik fragt, findet sich unversehens zwischen zwei Lagern: Da sind auf der einen Seite die, die sich – im Talar oder in „Zivil", als Kirchenvertreter oder als Mitchristen – in das politische Geschehen ihres Gemeinwesens einbringen wollen; die es sogar für ihre Pflicht halten, sich mit ihren aus dem Glauben geschöpften Überzeugungen in den Alltag ihrer Mitbürger „einzumischen". Auf der anderen Seite findet man jene, die den Tempel des christlichen Glaubens rein halten wollen vom Staub der politischen Arena; die fürchten, die klare Stimme von Kirche und Christentum könne brüchig werden im Getöse des parteilichen Gezänks. Beide Haltungen haben beachtliche Gründe für sich – und zudem im Protestantismus Tradition.

I.

Bevor man die Linien nachzuzeichnen sucht, an denen die gegensätzlichen Positionen aufeinander stoßen, stellt sich für beide Lager dieselbe Ausgangsfrage: Was können Christen der Politik denn überhaupt sagen? Zugespitzt formuliert: Was wissen Christen vom politischen Geschäft? Welche Handreichungen hält der christliche Glaube für dieses Geschäft bereit? Die Antwort sucht der Christenmensch protestantischer Prägung in der Schrift. Und diese Antwort mag manchen enttäuschen: Das Neue Testament enthält nämlich anders als das Alte Testament nur wenige Aussagen über die Welt des Politischen; und diese wenigen Hinweise erfolgen eher beiläufig, erweisen sich für die Frohe Botschaft keinesfalls als tragend.

Da kontrastiert die Berufung des Paulus auf das ihm Schutz gewährende römische Bürgerrecht (Apg 16,37; 22,28) mit dem Bürgerrecht im Himmel, das jeder irdischen Gesinnung widerstreitet (Phil 3,20). Da wird dem römischen Kaiser zwar der Steuergroschen zugebilligt, der sein Bildnis trägt; zugleich wird ihm aber jedes Recht auf das bestritten, was wir nur Gott schulden (Mt 22,15ff.). Und da ist der johanneische Jesus, der – mit der irdischen Staatsgewalt des Pilatus konfrontiert – darauf verweist, dass sein – Jesu – Reich eben nicht von dieser Welt ist (Joh 18,36). Keine Brücke spannt sich in diesen Szenen von der Gottesherrschaft hin zur weltlichen Macht; beide stehen getrennt nebeneinander und führen, wenn sie – wie in der Pilatusszene – in Konflikt geraten, zum irdischen Tod. Bleibt die problemschwere Ermahnung des Paulus an die Gemeinde der Weltstadt Rom, die Gehorsam gegenüber dem römischen Kaiser verlangt; mehr noch: die – um des Lobes eben dieser heidnischen Obrigkeit willen – fordert, ihr zu Willen zu sein. Die Obrigkeit wird hier als von Gott eingesetzt anerkannt. Auch durch das Schwert wird sie zu Gottes Dienerin, uns „zugut“ (Röm 13,1ff.). Für Paulus gilt: Grund und Grenze der Obrigkeit sind in der Einsetzung und Beauftragung durch Gott zu finden. Von hier aus erscheint es nur konsequent, wenn Paulus andernorts ausdrücklich zur Danksagung an die Obrigkeit anhält: Dank für dieses „uns [Dir] zugut“; Dank dafür, dass „wir ein ruhiges und stilles Leben führen können in aller Frömmigkeit und Ehrbarkeit“ (1Tim 2,2).

Alles in allem eine eher karge Substanz, wenn es darum geht, Maßstäbe für politisches – also rechtliches, wirtschaftliches und soziales – Handeln des säkularen Staates zu gewinnen. Und so sind denn auch die Antworten auf die Frage, was das Evangelium der Politik zu sagen oder doch zu raten hat, in der reformatorischen Kirchengeschichte sehr unterschiedlich ausgefallen. Für Luthers „Zwei Regimenten-Lehre“ kann die diesseitige – nach Luthers Sprachgebrauch: dem Gesetz unterworfene – Welt durch die bloße Unterstellung unter das Evangelium niemals geheiligt werden. Etwas legerer ausgedrückt: Mit dem Evangelium kann man die Welt nicht regieren – jedenfalls nicht in der von Luther in den Blick genommenen politischen Realität seiner Zeit. Für das öffentliche Leben braucht es menschlich-vernünftige, weil praktisch-handhabbare Regeln. Damit war die Einheit von Glaube und Politik verlassen und die Unterscheidung von Reich Christi und Weltreich, von Evangelium und Gesetz, von Heilsbotschaft und politischer Verantwortung begründet. Wie Paulus sieht auch Luther Grund und Grenze weltlicher Herrschaft in der Einsetzung und Beauftragung durch Gott. Ganz anders das Verständnis Calvins vom königlichen Amt Christi, das sich als Regierung der gegenwärtigen Welt vollzieht und demnach die weltliche Ordnung einschließt. Diese Vorstellung mündet in den Aufruf an die staatliche Ordnungsmacht, die ihr zukommende Beteiligung an Christi Weltregierung bewusst zu übernehmen. Damit war der Boden für ein prophetisches Wächteramt der Kirche bereitet.

Nun greift sicher zu kurz, wer der lutherischen Zwei-Reiche-Lehre unterstellen wollte, sie überlasse das Staatswesen ethischer Beliebigkeit und legitimiere jegliches an der Staatsräson ausgerichtetes Handeln. Mit Ludwig Raiser verstehe ich Luthers dualistisches Modell eher als eine – auch seelsorgliche – Hilfestellung: Sie ermöglicht es dem Christen, die Spannung zu verstehen und auszuhalten, in die er in der Welt gestellt ist: Der Mensch, der um die frohe Botschaft von seiner Rechtfertigung vor Gott weiß, kann sich den radikalen Forderungen der Bergpredigt und dem Gebot der Nächstenliebe nicht entziehen, mag er auch in seinem Handeln immer wieder und notwendig dahinter zurückbleiben. Dieses permanente Defizit zu ertragen wird ihm erleichtert, wenn er sich bewusst macht, dass er sich als Christ nicht in einer sündlosen Innerlichkeit zu bewähren hat. Vielmehr soll er in der noch nicht erlösten, der Sünde verfallenen politischen Welt seinem Beruf nachgehen: nämlich an dieser Welt, die Gott als sein fortdauerndes Schöpfungswerk erhalten will, mitarbeiten und die bereits mit Jesus Christus angebrochene Gottesherrschaft schon in dieser Welt zu bezeugen und nach dem Maß seiner Möglichkeiten zu leben.

So verstanden hat, wie ich glaube, das von Luther modellierte Verhältnis von Gesetz und Evangelium, von politischem Geschäft und christlicher Botschaft, auch neben und gegenüber der machtvollen Kritik Bestand, die der große Schweizer Theologe Karl Barth – einer der maßgebenden Verfasser der Barmer Theologischen Erklärung – an Luthers Lehre geübt hat. Barth ging es darum, die Spannung von Gesetz und Evangelium aufzuheben, indem das Evangelium dem Gesetz vorgeordnet wird. Was sich für Barth als eine Konsequenz aus der verborgenen, aber schon gegenwärtigen Königsherrschaft Christi über diese Welt ergibt, erweist sich als folgenreich: Das Evangelium bindet, weil dem Gesetz vorgeordnet, die politische Welt mit der Konsequenz, dass aus dem solchermaßen politisch-prophetisch begriffenen Evangelium unmittelbar Anweisungen für konkretes politisches Handeln abgeleitet werden können und müssen. Es ist ein großes Verdienst der Theologie Barths, mit der postulierten Vorordnung des Evangeliums vor das Gesetz auf die Grenzen staatlicher Machtausübung hingewiesen zu haben: Diese Theologie hat nicht nur – in unmittelbarer Konfrontation mit dem Machtmissbrauch der Nationalsozialisten – das Bewusstsein vieler Mitchristen für die bis dahin kaum vorgestellte Möglichkeit einer krassen Divergenz von Gesetz und Evangelium, von Politik und dem Ethos des christlichen Glaubens geweckt und zum Widerstand ermutigt. Sie hat zugleich einen auch für die Nachkriegszeit wesentlichen Beitrag zur theologischen Aufarbeitung der Vereinnahmung von Evangelium und Kirche durch die Machthaber des Nationalsozialismus geleistet. Freilich sind die Gefahren nicht zu übersehen, die – um noch einmal Raiser zu Wort kommen zu lassen – mit dem geforderten „situationsgebundenen Hören auf Gottes Wort“ und mit dem prophetisch-politischen Gebrauch des in der Naherwartung des Gottesreichs verfassten und auf ganz andere politische und gesellschaftliche Situationen bezogenen Evangeliums verbunden sind. Allzu leicht enden solche Herleitungen aus dem Evangelium in einem Subjektivismus, der die eigenen politischen Überzeugungen theologisch rechtfertigen soll und ihnen einen Wahrheitsanspruch unterlegt, der seinem Gegenstand nicht gemäß ist.

II.

Freilich ist hier weder Ort noch Raum, um über die Tragfähigkeit des lutherischen oder Barthschen Gedankensystems abschließend zu urteilen. Dies umso mehr, als sich beide Gedankenstränge, wie bereits angedeutet, recht verstanden durchaus sinnvoll ergänzen können. In Begrenzung und Ergänzung lassen sich durchaus Kriterien für die Beantwortung der Frage gewinnen, welchen Raum „das Christliche" in der Politik einnehmen kann, darf und soll. Daraus kann dann zugleich in Umrissen erkennbar werden, wer wann mit welcher Autorität berufen ist, das so gefundene „Christliche" für das politische Geschäft zu formulieren und einzufordern.

Einigkeit dürfte heute weitgehend darüber bestehen, dass der freiheitlich-demokratische Rechtsstaat keine säkularisierte Heilsordnung darstellt. Als weithin konsensfähig erscheint mir auch die Erkenntnis, dass die Bibel kein politisches Programm enthält. Sie umfasst darum auch keinen Normenbestand, aus dem Lösungen für aktuelle ethische Fragesellungen unmittelbar abgerufen werden und dem weltlichen Gemeinwesen als die *christliche*, weil vom Evangelium geforderte, Antwort präsentiert werden können. Das *Christliche* ist, das zeigt schon die Konfessionslandschaft, religiös vielfältig und auch ethisch vielgestaltig.

Das bedeutet freilich nicht, dass, wie etwa der theologische Systematiker Ernst Troeltsch noch um 1900 – also vor den Erfahrungen mit zwei Weltkriegen und der Vergewaltigung durch den Nationalsozialismus – gemeint hat, das Evangelium „von Grund auf unpolitisch" und nur mit den Idealen des persönlichen Lebens und der persönlichen Gemeinschaft befasst ist, die es in der Erwartung des baldigen Weltendes vorausnimmt, und zwar „mit einer Energie, neben der die Welt und ihre Interessen überhaupt verschwinden". Nein: Auch wenn sich das Neue Testament nicht wie ein Navigationsgerät für die Fahrt durch das Leben von heute eignet, das man nur richtig programmieren muss, um sicher ans Ziel zu kommen, so hält es dennoch eine Kompassnadel bereit, die auch bei der Lösung moderner politischer Probleme eine zeitlos verlässliche Richtung weisen kann. Freilich darf man die Bedeutung einer solchen Nadel nicht überschätzen. Sie zeigt die Zielrichtung an. Die Straßen und Wege dorthin müssen wir selber finden.

Was heißt das praktisch? Die Schrift enthält allgemeine ethische Grundsätze und Gebote in reicher Fülle. So lässt sich aus der Ebenbildlichkeit des Menschen seine besondere Würde begründen, ebenso sein Anspruch auf Freiheit und Gleichheit und seine Verpflichtung zur Verantwortung vor Gott und den Menschen in seinem Leben. In der Bergpredigt werden – wenn auch in radikalisierter Form – eine Vielzahl ethischer Verhaltensmaximen offenbar. Die Nächstenliebe ist als Verhaltensmaßstab vielfältig erläutert, ein Leben nach der „goldenen Regel" wird uns empfohlen. Und auch die Gleichniserzählungen Jesu erweisen sich als eine Fundgrube ethischer Maximen. Sicher: Viel von all dem ist zeit- und situationsbezogen; es erscheint schon von daher einer unmittelbaren Übertragung auf aktuelle Problemstellungen weit entrückt. Doch lassen sich auch hier allgemeine Gedanken destillieren. Solche allgemeinen Forderungen und Prinzipien – wie etwa das Gebot der Nächstenliebe – sind zunächst sehr abstrakt; manchem mögen sie sogar ethisch „fleischlos" scheinen. Gestalt gewinnen sie indes, wenn man sich ihnen einzelfallbezogen – mit einer wertenden Interessenabwägung – nähert. Den Juristen ist ein solches Werten und Gewichten in einem von einer „Generalklausel" vorgegebenen normativen Rahmen wohl vertraut. Die schon zitierte Menschenwürde bietet dafür ein gutes Beispiel: Für sich genommen ist ihr vom Grundgesetz eingeforderter Schutz kaum handhabbar. Schon der Begriff verliert sich in unkonturierter Weite. Eher justitiabel wird diese Norm dann, wenn man einen Kernbereich von einem nur peripheren Schutzraum unterscheidet. Eingriffe in den Kernbereich verletzen stets das Recht. Wird nur der Begriffshof tangiert, dehnt sich normatives Ermessen aus; lediglich eine an den Kriterien der Erforderlichkeit und Verhältnismäßigkeit orientierte Zweck-Mittel-Relation ist gefordert.

Vielleicht kann eine vergleichbare Differenzierung auch theologisch nutzbar sein: Gelingt es, den Kernbereich einer biblischen Verhaltensmaxime von ihren Randzonen abzuschichten, so ist damit eine Linie markiert, an der sich christliches Gebot und politische Opportunität scheiden. Im Kernbereich existiert dann – aus christlicher Sicht – keine staatliche Verfügbarkeit; das Evangelium ist insoweit dem weltlichen Regiment vorgeordnet. In den Randzonen herrscht dagegen politisches Ermessen vor; christliche Gesinnung ist bereit, sich seinem Primat zu unterwerfen: Der Christ kann hier zwar Werteskalen entwickeln, mit deren Hilfe das Für und Wider politischer Alternativen wägbar wird. Auch kann er der Politik aus christlicher Sicht Entscheidungshilfen oder Handreichungen geben. Die letzte Entscheidungsfindung verbleibt freilich dem politischen Diskurs; der Christ muss sie, wenn auch vielleicht zähneknirschend, respektieren. Mit einer solchen Unterscheidung wäre zugleich eine Synthese im strittigen Verhältnis von Evangelium und Gesetz hergestellt. Dem Evangelium gebührt – für den Christen unantastbar – der Kernbereich; die Randzonen stehen dagegen einer zwar aus der christlichen Wertewelt beeinflussbaren, aber letztlich staatlichen Politikgewalt – im Sprachgebrauch Luthers also: dem weltlichen Gesetz – offen. In der Barmer Theologischen Erklärung ist eine solche Synthese bereits angelegt: Danach hat der Staat in der nicht erlösten Welt die Aufgabe, nach dem Maß menschlicher Einsicht – notfalls mit Gewalt – für Recht und Frieden zu sorgen. Über seinen besonderen Auftrag hinaus darf der Staat freilich nicht die einzige und totale Ordnung menschlichen Lebens werden. Anders gewendet bedeutet das: Die geistliche Autorität der Kirche ist gefordert, wo staatliches Handeln den Kernbereich der biblischen Botschaft tangiert; hier kann und muss sie Übergriffen – ex kathedra – notfalls kämpferisch und durch Widerstand wehren. Hinsichtlich des das Gemeinwesen nur allgemein ordnenden Regelwerks steht ihr solche Absolutheit beanspruchende Autorität nicht zu; hier kann sie die zuständigen politischen Entscheidungsträger nur helfend – durch Orientierung am biblischen Zeugnis – begleiten.

Ich verkenne nicht die theoretische wie praktische Schwierigkeit, einen Kernbereich eines biblischen Postulats von seinen Randzonen zu unterscheiden. Die Schwierigkeit einer solchen Abgrenzung stellt sich freilich auch im staatlichen Recht. Für die evangelische Welt scheint mir indes besondere Zurückhaltung geboten. Protestantischer Ethik ist ein kasuistischer Pflichtenkanon, der dem Einzelnen das Wagnis der eigenen Entscheidung abnehmen könnte, im Grundsatz fremd. Für die Scheidelinie, die den indisponiblen Kernbereich christlichen Verhaltens von der Vielgestalt des ethischen und politischen Meinens und Wertens trennt, kann konsequenterweise nichts anderes gelten. In dubio sind die Mitchristen deshalb in der staatsbürgerlichen Mitgestaltung ihres Gemeinwesens frei; den Gebrauch dieser Freiheit müssen sie nicht vor ihrer Kirche, sondern allein vor deren Herrn und vor sich selbst verantworten.

III.

Wenn sich – mit aller Vorsicht – klären lässt, ob und was aus christlicher Sicht zur Politik zu sagen ist, bleibt zu fragen, wer – aus evangelischer Sicht – „das Sagen hat". Die Demokratie-Denkschrift der EKD (1985) hat die Frage in erfrischender Klarheit beantwortet: „Nach evangelischem Verständnis gehört die politische Existenz des Christen zu seinem weltlichen

Beruf" – Beruf verstanden nicht als Feld der Erwerbstätigkeit, sondern als Ort der verantwortlichen Gestaltung des Zusammenlebens der Menschen. Damit ist zugleich ein politisches Mandat der Kirche formuliert: Ist – evangelisch verstanden – die Kirche nichts anderes als die Gemeinschaft der Glaubenden, so kann ihr nicht verwehrt sein, was zur Pflicht der Glaubenden gehört. Freilich scheint mir auch hier Behutsamkeit geraten.

Wer sich am demokratischen Diskurs beteiligt, setzt sich der Kritik aus. Daraus folgt umgekehrt, dass sich nur derjenige am politischen Diskurs beteiligen sollte, der auch selbst bereit und in der Lage ist, die Kritik anderer hinzunehmen. Verlautbarungen, die nach Art, Ort oder Zeit nicht kritikfähig sind, bereiten von daher – als legitime Teilhabe am Diskurs – ein Problem. Freilich kennt die moderne Welt nur noch wenig kritikfreie Räume. Einer dieser wenigen Plätze, von dem aus man sich kritikfrei – also ohne die Gefahr, sofort Widerspruch zu erfahren – äußern kann, ist bis heute die Kanzel. Das Privileg der unwidersprochenen Rede verlangt vom Redenden Zurückhaltung; erst recht in unserer Kirche, die kein den Glaubenden bindendes Lehramt kennt. Zwar lässt sich das Evangelium nicht ohne Bezug zu den Realitäten des – auch politischen – Lebens verkündigen. Zum wegweisenden und gewissmachenden Wort wird es nur, wenn es sich der auch politischen Realität in all ihrer Zwiespältigkeit aussetzt. Indes hat der Prediger ethisch-politische Autorität nicht aus sich heraus; sie erwächst ihm erst aus seinem Verkündigungsauftrag. Dieser Auftrag verbietet ihm grundsätzlich parteiisch zu werden; politischen Wertungen, wenn sie aus dem Evangelium hergeleitet sind, muss er sich dabei zwar nicht generell versagen. Freilich muss die Relativität seiner biblischen Herleitung grundsätzlich erkennbar sein; denn am Wahrheitsanspruch des Glaubens hat politisches Gewichten keinen Anteil. Für die Grenzziehung kann auch hier die Unterscheidung von Kernbereich und Randzone hilfreich sein: Im Kernbereich biblischer Maximen muss die Kirche – auch und gerade von der Kanzel aus – politisch Position beziehen. In den peripheren Zonen kann sie Orientierungshilfen bieten, die an biblischen Wertungen ausgerichtet sind. Die Möglichkeit anderer – biblisch gleichfalls begründbarer – Standpunkte darf sie dabei freilich nicht verschweigen.

Vom theologischen Wert der Werte

Überlegungen zu einem unverkrampften und unapologetischen Umgang mit Grundwerten[1]

von Georg Plasger

These 1

Der gesellschaftliche Wunsch nach Grundwerten ist verständlich, weil das Zusammenleben in einer pluralen Gesellschaft nach Orientierung verlangt; Grundwerten wird zugetraut, diese zu geben.

Als Grundwerte werden heute im Wesentlichen die Termini Menschenwürde, Freiheit, Frieden, Demokratie, Gerechtigkeit, Gleichheit und Solidarität verstanden. Das ist schon eine Ausweitung gegenüber den in Deutschland zum ersten Mal explizit Ende der fünfziger Jahre des letzten Jahrhunderts in Parteiprogrammen auftauchenden Formulierungen; da wird meistens von drei Grundwerten gesprochen: Freiheit, Gerechtigkeit, Solidarität (Godesberger Programm der SPD 1959; ebenso auch die CDU noch 1978; bei der FDP heißt es in Aufnahme der französischen Revolutionstrias Freiheit, Gleichheit, Bürgerlichkeit). In den siebziger Jahren gab es in Deutschland eine heftige Debatte um Grundwerte, ausgelöst u.a. durch die 68er-Bewegung und die daraufhin stattfindende Krise in der deutschen Gesellschaft. Es stand auch die Frage im Raum, ob sogenannte christliche Werte in Deutschland überhaupt noch vertretbar seien. Auch in der Gegenwart entwickeln die Parteien neue Parteiprogramme, in denen wieder Grundwerte benannt werden. Wie nicht anders zu erwarten, fallen allerdings die Interpretationen der Grundwerte nicht immer ganz gleich aus, so dass Klaus Fuhs in einer 1987 erschienenen Untersuchung über politisch artikulierte Grundwerte die Frage stellte und tendenziell auch positiv beantwortete: „Sind Grundwerte Leerformeln?“[2] Grundwerte sind also interpretationsbedürftig

1 Erstabdruck: Öffentliche Relevanz der reformierten Theologie, hg. v. Michael Beintker / Sándor Fazakas (Studia Theologica Debrecinensis, Sonderheft 2008/²2011), 85–91.

2 Klaus Fuhs, Sind Grundwerte Leerformeln? Bedeutungen und parteispezifische Verwendungen politischer Grundwerte-Lexeme in der Bundesrepublik Deutschland, Frankfurt a.M. 1987.

und diskutabel; sie sind anscheinend nicht einfach aus sich selber heraus verständlich. Mit Karl Lehmann ist sogar zu sagen: „Werte kann man mit großer Verbindlichkeit formulieren und zugleich gehaltlich relativieren, so dass es sich nur noch um eine Symbolisierung angeblicher Gemeinsamkeit handelt.“[3]

These 2

In der theologischen Diskussion gibt es im Blick auf das Verhältnis zu den Grundwerten heftigste Ablehnung wie vorsichtige Zustimmung.

Innerhalb der Grundwertediskussion gibt es deutliche theologische Stimmen, die sich für eine theologische Relevanz von Grundwerten aussprechen. Diese kommen einerseits aus dem römisch-katholischen Lager – hier wird mittels naturrechtlicher Argumentation Werten ein prinzipiell hoher Rang eingeräumt. Allerdings ist hier mit Lehmann eine positive römisch-katholische Aufnahme auch deshalb zu vermuten, weil die Naturwissenschaften den herkömmlichen Naturbegriff in Misskredit gebracht hätten und der Wertbegriff deshalb in Kurs gekommen sei, quasi als Ersatzbegriff. Neben der römisch-katholischen Schiene ist gegenwärtig allerdings auch zu beobachten, dass gerade evangelikale und also im Regelfall theologisch konservativere Kreise den Wertebegriff zu stärken versuchen – hier ist zum Beispiel auf den Theologen und Journalisten Peter Hahne zu verweisen, der mit seinem Buch: „Schluss mit lustig“[4] mittlerweile in der 83. Auflage angekommen ist.

Ganz anders sieht die Lage auf der klassisch zu nennenden evangelisch-theologischen Seite aus. Grundcharakter nahezu aller Beiträge ist die Relativierung der Werte. So schreibt der Hildesheimer Theologe Günther Klages: „Evangelische Theologie stellt diese Grundwerte aber von ihrem eigenen Selbstverständnis her radikal infrage. Sie entmythologisiert sie und bewahrt sie so vor Einseitigkeiten, die sogar – entgegen ihrer Absicht – zu Perversionen führen können.“[5] Noch deutlich schärfer urteilt Eberhard Jün-

3 Karl Lehmann, Grundwerte in Staat und Gesellschaft. Eine Zwischenbilanz zur bisherigen Diskussion, in: Otto Kimminich (Hg.), Was sind Grundwerte. Zum Problem ihrer Inhalte und ihrer Begründung, Düsseldorf 1977, 9–22, hier 20.

4 Peter Hahne, Schluss mit lustig, Lahr [83]2009.

5 Günther Klages, Grundwerte. Probleme und Aussagemöglichkeiten aus der Sicht der evangelischen Theologie, in: Gottfried Leder (Hg.), Zur Sache: Grundwerte, Hildesheim 1979, 23–43, hier 41.

gel: „Christliche Wahrheitserfahrung ist die radikale Infragestellung der Rede von Werten und des Denkens in Werten.“[6]

Sowohl die Beiträge von Lehmann als auch die beiden evangelischen Voten stammen aus den siebziger Jahren und spiegeln so auch Zeitkolorit.[7] Die Diskussion um die Grundwerte in theologischer Sicht scheint seither in der theologisch-wissenschaftlichen Diskussion abgeebbt zu sein; explizit taucht der Begriff nicht mehr in der gleichen Weise auf. Das neue Evangelische Staatslexikon hat den Begriff „Grundwerte“ nicht einmal verzeichnet; auch der Begriff des Wertes hat kein eigenes Stichwort und taucht auch nur beiläufig in anderen Zusammenhängen auf.

Und doch ist die theologische Diskussion um die mit den Grundwerten bezeichnete Sache nicht verschwunden. Dafür gibt es mehrere Hinweise. Einmal kann man auf die Diskussion um den Gottesbezug in der in den neunziger Jahren geplanten Verfassung der Europäischen Union verweisen; hier sind manche vor allem von kirchlicher Seite zu hörende, den Gottesbezug fordernde Stimmen auszumachen, die auf die durch den Gottesbezug garantierten Werte rekurrieren.[8] Grundsätzlicher noch hat sich der ehemalige EKD-Ratsvorsitzende Wolfgang Huber geäußert; er nimmt nach dreißig Jahren explizit zum Jüngel-Beitrag Stellung und hält ihn für überholt: „Weder im theologisch-kirchlichen Verständigungszusammenhang noch erst recht in der allgemeinen Diskussion hat sich die Abwendung vom Wertbegriff durchgesetzt.“[9] Jüngel hatte ja, darauf hatte ich verwiesen, den Wertebegriff theologisch kritisch beurteilt. Huber fordert jetzt von der Kirche offensiv, „die wertvolle Freiheit – und nicht die wertlose Wahrheit – zum Ausgangspunkt des Nachdenkens über den Menschen machen.“[10] Das Haupt-

6 Eberhard Jüngel, Wertlose Wahrheit. Christliche Wahrheitserfahrung im Streit gegen die „Tyrannei der Werte“, in: ders., Wertlose Wahrheit. Zur Identität und Relevanz des christlichen Glaubens. Theologische Erörterungen III, München 1990, 90–109, hier 100.

7 In den siebziger Jahren des 20. Jahrhunderts gab es eine ganze Reihe an Veröffentlichungen und Stellungnahmen. Vgl. nur z.B. Leder, Zur Sache (wie Anm. 3); Manfred Neun (Hg.), Maßstäbe für Christen im Wandel der Werte, Stuttgart 1978; Grundwerte und Gottes Gebot. Gemeinsame Erklärung des Rates der Evangelischen Kirche in Deutschland und der Deutschen Bischofskonferenz, Gütersloh/Trier 1979.

8 Vgl. Martin Hein, Gott in der Verfassung? Eine zeitgemäße Erinnerung an die Grundlagen unseres Gemeinwesens im vereinten Europa (www.ekkw.de/bischof/publikationen/gott-verfassung/index.html).

9 Wolfgang Huber, „In dir muss brennen, was in anderen zünden soll!“ Die Frage nach Gott im Religionsunterricht der Berufsschule (www.ekd.de/vortraege/huber/huber_020314_reliunterricht.html).

10 Ebd. Huber verweist dabei explizit auf Peter Bubmann, Wertvolle Freiheit wahrnehmen. Werteerziehung und ethische Bildung als religions- und gemeindepädagogische Aufgabe, in: ZEE 46 (2002), 181–193.

problem an dieser Argumentation ist die begriffliche Diffusität des Begriffs der Freiheit, wenn er denn als Wert oder als Grundwert verstanden wird.

In anderer Weise ist dies nicht nur an programmatischen Äußerungen Hubers, sondern deutlicher noch in ethischen Äußerungen der Evangelischen Kirche in Deutschland zu sehen.

These 3

In verschiedenen ethischen Stellungnahmen der evangelischen Kirche ist eine Identifikation der Menschenwürde mit der Vorstellung der Gottebenbildlichkeit vollzogen worden, ohne dass hier ausreichend differenziert worden wäre. Das führt zum berechtigten Vorwurf des naturalistischen Fehlschlusses.

Exemplarisch greife ich dazu auf die 1989 veröffentlichte gemeinsame Erklärung der Deutschen Bischofskonferenz und der Evangelischen Kirche in Deutschland „Gott ist ein Freund des Lebens" zurück. In dieser Denkschrift wird im Blick auf die Gottebenbildlichkeit des Menschen gesagt: „Die Gottebenbildlichkeit wird darum in der geistigen Welt des Christentums zu einem Zentralbegriff in der Beschreibung der besonderen Würde des menschlichen Lebens. Auch Art. 1, Abs. 1 des Grundgesetzes steht in diesem Traditionszusammenhang: ‚Die Würde des Menschen ist unantastbar. Sie zu achten und zu schützen ist Verpflichtung aller staatlichen Gewalt.'"[11] Im weiteren Verlauf der Argumentation ist dann hier beinahe eine synonyme Begrifflichkeit erkennbar: Gottebenbildlichkeit und Menschenwürde werden austauschbare Begriffe. Das aber ist kein unproblematisches Verfahren. Denn dann ist die biblische Rede von der Gottebenbildlichkeit in einen Wert, nämlich den der Menschenwürde, umgewandelt worden und damit dann mit ihm identifiziert. An ein solches Vorgehen ist die Frage zu stellen, ob diese Umwandlung und Identifikation nicht eine Einpferchung der Wahrheit und damit ihre Verkehrung bedeutet, um mit Jüngel zu sprechen.

Ohne hier groß auf die weite Diskussion um die Gottebenbildlichkeit einzugehen, ist weniges festzuhalten: 1. Die Aussage der Gottebenbildlichkeit in Gen 1 ist gleichzeitig Zuspruch wie Anspruch: Der Mensch soll fruchtbar sein und die Erde bewahren. 2. Im weiteren Verlauf des Alten Testaments ist die Rede vom Menschen als Ebenbild Gottes nicht weiter wich-

11 Gott ist ein Freund des Lebens. Herausforderungen und Aufgaben beim Schutz des Lebens. Gemeinsame Erklärung des Rates der Evangelischen Kirche in Deutschland und der Deutschen Bischofskonferenz, Gütersloh/Trier 1989, 39.

tig. 3. Im Neuen Testament wird vor allem Jesus Christus als das eine Ebenbild Gottes bezeichnet (2Kor 4,4; Kol 1,15; Heb 1,3). 4. Dabei wird uns Menschen verheißen, dass wir eschatologisch in dieses Bild Gottes verwandelt werden sollen (vgl. 1Kor 15,49; Röm 8,29; 2Kor 3,18).

Wir haben also in der Rede von der Gottebenbildlichkeit die Fülle theologischer Dimensionen vor uns; Schöpfung und Bund, Christologie und Anthropologie, Evangelium und Gebot sind alles Bezugsgrößen, die auf die Gottebenbildlichkeit verweisen.

Interessant ist nun zu sehen, dass die Wertediskussion beim Thema Menschenwürde dahingehend weiterläuft, dass gefragt wird, welchem Menschen Würde zukommt. Es findet damit einerseits eine Ontologisierung und andererseits eine Verobjektivierung des Menschen statt, die wiederum – und das ist das Ziel – leicht kriteriologisch aufgenommen werden kann; in der bioethischen Diskussion lautet dann die Frage, ab wann der Mensch diese Würde hat.

Die Rede von der Gottebenbildlichkeit aber geht einen Schritt weiter. Sie fragt nicht allein, wem diese Ebenbildlichkeit zukommt, sondern setzt sofort ein mit der Betonung des Anspruchs: Wie übst Du in dieser Situation deine Ebenbildlichkeit aus, wie zeigst Du Dich als Nachfolger, als Nachahmer des wahren Ebenbildes Jesu Christi? Wir haben damit immer schon eine relationale Verortung des Menschen zu sehen. Das berühmte Gleichnis vom barmherzigen Samariter hat genau diese Wendung von der Verobjektivierung des Mitmenschen verändert, indem Jesus auf die Frage: „Wer ist mein Nächster?" nicht antwortet: „Der, der unter die Räuber fiel, der ist dein Nächster", sondern: „Wem bist du Nächster gewesen?" Schöpfungsaspekt und Versöhnungsaspekt gehören hier schon immer zusammen.

Karl Barth hat übrigens wohl deshalb die Würde des Menschen mit dem Begriff der Ehre beschrieben – übrigens in der gegenwärtigen Diskussion durchaus spannend, wo ein aus islamischen kulturellen Zusammenhängen stammendes Verständnis von Familien- und Stammesehre für Probleme sorgt. Für Barth ist die Ehre des Menschen einerseits unverlierbar, weil sie dem Menschen als Geschöpf zukommt, und andererseits Gestaltungsauftrag, weil es auch des Menschen Ehre ist, Mitarbeiter Gottes zu sein.[12]

Bezogen auf die bioethische Diskussion ist es gerade im Blick auf den Gestaltungsauftrag darum zu wenig, allein mit der Rede von der im Terminus der Gottesebenbildlichkeit jedes Menschen zu sehenden Würde jedes Menschen zu argumentieren; das ist zwar eine recht definitive und wahrscheinlich auch im Diskurs klare Argumentation. Aber sie ist theologisch

12 Karl Barth, KD III/4, 744–789.

doch nicht ausreichend begründet. Anders gesagt: Die ethische Diskussion ist hier komplexer, und die Begründung allein schöpfungstheologisch gewinnen zu wollen, ist unterbestimmt. Ich glaube allerdings, dass im Blick auf die konkrete Frage der Embryonen das Ergebnis der kirchlichen Debatte besser und klarer ist als ihre Begründung.[13]

Eine Identifikation theologischer Grunderkenntnisse mit materialen Grundwerten ist deshalb problematisch, weil das die Situationsbezogenheit evangelischer und zumal reformierter Ethik nicht ausreichend reflektiert: Evangelische Ethik hat sich immer als Antwort auf das Befreiungsgeschehen zu verstehen und ist deshalb nicht festzulegen auf Grundwerte.

These 4

Die Frage nach den Grundwerten ist aus theologischer Sicht die Frage nach der Gestaltungskraft evangelischer Ethik im Blick auf die Gesellschaft. Evangelische materiale Ethik geht deshalb nicht auf in Grundwerten, kann aber im Diskurs mit anderen gestalterischen Kräften in einer pluralen Gesellschaft auch zu Konsensen gelangen, ohne ihre eigene Argumentation zu relativieren.

Im Gespräch mit zwei nicht-theologischen Gesprächspartnern möchte ich hier die Plausibilität dieses Verfahrens skizzieren. Einmal verweise ich auf den amerikanischen Soziologen Amitai Etzioni.[14] Er gehört zur Riege der Kommunitaristen, hat sich aber dahingehend über den klassischen Kommunitarismus hinaus entwickelt, als dass er die segmentierte plurale Gesellschaft nicht als letzte und damit nicht mehr zu gestaltende Größe ansieht. Das Problem des klassischen Kommunitarismus bestand darin, dass die gesamte Gesellschaft nicht oder kaum noch als Gestaltungsraum angesehen wurde, so dass die Frage nach den Grundwerten einer Gesellschaft sich erledigt hatte. Etzioni hingegen sieht nun nicht nur die Segmentierung, sondern auch, dass das Ganze einer Gesellschaft aus Segmenten besteht, die

13 Ich kann hier nicht ausführlich werden, sondern verweise nur knapp auf die Dissertation von Marco Hofheinz, Gezeugt, nicht gemacht. In-vitro-Fertilisation in theologischer Perspektive, Münster 2008.

14 Amitai Etzioni, geboren 1929 in Köln, wanderte mit seinen Eltern 1936 nach Palästina aus, wurde stark von Martin Buber beeinflusst und ist seit 1959 Professor für Soziologie, zuerst in New York, dann in Washington. Zu Etzioni vgl. Walter Reese-Schäfer, Amitai Etzioni zur Einführung, Hamburg 2001; Amitai Etzioni, Die aktive Gesellschaft. Eine Theorie gesellschaftlicher und politischer Prozesse, Opladen 1975; ders., Die Entdeckung des Gemeinwesens, Stuttgart 1995; ders., Die Verantwortungsgesellschaft. Individualismus und Moral in der heutigen Demokratie, Frankfurt a.M. / New York 1997; ders., The Monochrome Society, Princeton 2001.

ihrerseits eigene Wertesysteme leben. Und von außen betrachtet hat auch die Kirche ihr eigenes Wertesystem. Entscheidend ist nun nach Etzioni nicht, dass die Kirche die Gesamtgesellschaft vereinnahmt, sondern dass sich jedes Segment in einen weiten, wie er es nennt, „Megalog" begibt, also in einen Diskurs der verschiedenen Segmente. Das Ziel ist es, nicht über gemeinsame Grundwerte einen letzten Konsens zu erzielen, sondern anhand konkreter Fragen oder Herausforderungen aus unterschiedlichen ethischen Referenzsystemen zu den Menschen und der Gesellschaft nutzenden Ergebnissen zu gelangen. Für die Kirche und die Theologie heißt das, dass sie ihre theologisch gewonnenen Erkenntnisse offensiv in diesen Diskurs einzubringen hat und nicht schon von einer Einheitsgesellschaft ausgeht. Gleichzeitig ist damit natürlich auch ein weiter Raum gekennzeichnet. Wünschenswert ist es natürlich, dass evangelische Ethik an dieser Stelle einladend verfährt[15] – das ist es übrigens, was Barth letztlich mit seinem Hinweis auf das Gebot als Gestalt des Evangeliums[16] deutlich machen wollte: Das Gebot muss Evangelium atmen, Freiheit oder noch besser: Befreiung. Befreiung von allen gottlosen Bindungen.

Die zweite Referenz ist der Philosoph Jürgen Habermas. Seit seiner 2001 anlässlich der Verleihung des Friedenspreises des deutschen Buchhandels gehaltenen Rede hat er in zunehmendem Maße eine früher von ihm selber geäußerte These verändert. Hatte er früher betont, dass auch religiös begründete Ethik ihre Argumentation säkular zu transformieren habe, revidiert er dies nun und sagt: „Darf der Staat diesen Bürgern eine Aufspaltung ihrer Existenz in öffentliche und private Anteile vorschreiben, beispielsweise durch die Verpflichtung, ihre Stellungnahmen in der politischen Öffentlichkeit nur mit nichtreligiösen Gründen zu rechtfertigen? Oder soll die Verpflichtung zum Gebrauch einer weltanschaulich neutralen Sprache doch nur für Politiker gelten, die in den staatlichen Institutionen rechtsverbindliche Entscheidungen treffen? Wenn aber religiös begründete Stellungnahmen in der politischen Öffentlichkeit einen legitimen Platz haben, wird von Seiten der politischen Gemeinschaft offiziell anerkannt, dass religiöse Äusserungen zur Klärung kontroverser Grundsatzfragen einen sinnvollen Beitrag leisten können."[17] Habermas sieht also, dass es einen Verlust an Wirklichkeit gibt, wenn eine Reduktion auf allgemein plausible Grundwerte das Ziel ist.

15 Vgl. dazu meine Studie: Einladende Ethik. Zu einem neuen evangelischen Paradigma in einer pluralen Gesellschaft, in: KuD 52 (2005), 126–156. Dort auch 138–141 eine ausführlichere Diskussion zu Etzioni und zum Kommunitarismus.

16 Vgl. Karl Barth, KD II/2, 564.

17 Jürgen Habermas, Ein Bewusstsein von dem, was fehlt, in: NZZ vom 10. Februar 2007. Grundlegend ist diese Einsicht von Habermas aufgearbeitet in: ders., Zwischen Naturalismus

Fazit

Diesen nachsäkularen Weg zu gehen, wie Habermas es nennt, ist der Theologie und der Kirche anzuraten. Damit leistet sie ihren eigenen Beitrag zur gesellschaftlich-ethischen Diskussion, ohne sich zu verzwecken und anzubiedern. Sie hat damit im Blick auf die Plausibilität ihrer eigenen Argumentation allerdings damit zu rechnen, dass sie nicht jedermann einleuchtet, oder anders gesagt: Dieses Modell eignet sich nicht für eine apologetisch verfahrende Theologie und Ethik. Deshalb ist im Blick auf Grundwerte darauf hinzuweisen, dass Theologie und Kirche unverkrampft in eine Diskussion hineingehen können. Ihre ureigene Sache sind Grundwerte nicht, weil das die Botschaft des Evangeliums eigenmächtig festlegt. Stattdessen ist anzuraten, sich gemeinsam mit den verschiedensten Kräften der Gesellschaft zu mühen, zu ihrem Wohl zu dienen. Und dann kann es gelingen, innerhalb von Wertediskussionen alten und altbekannten Begriffen vielleicht ganz neue Impulse zu geben. Dann ist die Freiheit nicht nur ein Wert, sondern vor allem ein zu gestaltendes Geschenk, die Gerechtigkeit immer schon eine Beziehungsqualität und der Friede Gottes eine Hoffnung, der wir friedvoll entgegenleben und entgegenstreben dürfen.

und Religion. Philosophische Aufsätze, Frankfurt a.M. 2005; bes. dort: Vorpolitische Grundlagen des demokratischen Rechtsstaates?, 106–118, und: Religion in der Öffentlichkeit. Kognitive Voraussetzungen für den ‚öffentlichen Vernunftgebrauch' religiöser und säkularer Bürger, 119–154. „Säkularisierte Bürger dürfen, soweit sie in ihrer Rolle als Staatsbürger auftreten, weder religiösen Weltbildern grundsätzlich ein Wahrheitspotential absprechen, noch den gläubigen Mitbürgern das Recht bestreiten, in religiöser Sprache Beiträge zu öffentlichen Diskussionen zu machen." (118).

Verzeichnis der Autorinnen und Autoren

Albrecht-Birkner, Veronika; Dr. theol.; Professorin für Kirchen- und Theologiegeschichte an der Universität Siegen; Forschungsschwerpunkte: Reformierter und Lutherischer Pietismus, Übergang vom Pietismus zur Aufklärung, Lutherische Orthodoxie, Kirchengeschichte des Siegerlandes.

Balder, Holger; Dr. theol.; Pastor der Ev.-ref. Kirchengemeinde Rysum; Promotion zur „Soteriologie bei Paulus und Barth in der Perspektive der Wissenstheorie von Alfred Schütz" (2006).

Fleßenkämper, Iris; Dr. phil.; Wissenschaftliche Geschäftsführerin und Mitarbeiterin des Exzellenzclusters „Religion und Politik in den Kulturen der Vormoderne und der Moderne" an der Universität Münster; Promotion zur Kulturgeschichte der Schottischen Aufklärung (2007).

Freudenberg, Matthias; Dr. theol.; Professor für Systematische Theologie (Schwerpunkt Reformierte Theologie) an der Kirchlichen Hochschule Wuppertal/Bethel und Pfarrer der Ev.-ref. Kirchengemeinde Schöller; Forschungsschwerpunkte: Geschichte und Lehre der reformierten Kirchen, Bekenntnis- und Katechismusgeschichte, Theologie Karl Barths.

Gäbler, Ulrich; Dr. theol.; Professor em. für Kirchen- und Dogmengeschichte an der Universität Basel.

Giselbrecht, Rebecca A.; PhD-Kandidatin am Fuller Theological Seminary in Pasadena/Kalifornien und Assistentin am Institut für Schweizerische Reformationsgeschichte der Theologischen Fakultät der Universität Zürich.

den Hertog, Gerard; Dr. theol.; Professor für Systematische Theologie (Schwerpunkt Ethik) an der Theologischen Universiteit Apeldoorn; Forschungsschwerpunkte: Hans Joachim Iwand, Verhältnis von Kirche und Israel.

Hofheinz, Marco; Dr. theol.; Privatdozent für Systematische Theologie an der Universität Bern, Pfarrer z.A. im Kirchenkreis Siegen; Forschungsschwerpunkte: Politische und biomedizinische Ethik, Christologie und Trinitätstheologie, Reformierte Theologie und Theologiegeschichte, Theologie Karl Barths.

Kunter, Katharina; Dr. phil.; Privatdozentin für Neuere und Neueste Geschichte am Karlsruher Institut für Technologie (KIT) und Wissenschaftliche Mitarbeiterin in der DFG-Forschergruppe „Transformation der Religion in der Moderne" an der Ruhr-Universität Bochum; Forschungsschwerpunkte: Kirchen im Kalten Krieg, Protestantismus zwischen Demokratie und Sozialismus, Geschichte der Ökumenischen Bewegung, Religiöse Transformationen seit den 1960er Jahren.

Plasger, Georg; Dr. theol.; Professor für Systematische und Ökumenische Theologie an der Universität Siegen; Forschungsschwerpunkte: Reformierte Theologie (vor allem Zwingli, Calvin und in der Neuzeit), Anselm von Canterbury, Christologie, Medizinische Ethik und Bioethik.

van der Pol, Frank; Dr. theol.; Professor für Kirchengeschichte an der Theologischen Universiteit Kampen der Gereformeerde Kerken in Nederland; Forschungsschwerpunkte: Reformation, Reformierter Pietismus, Theologenausbildung im Zeitalter der Konfessionalisierung, Prediger im Spannungsfeld von Kirche und gesellschaftlichen Zusammenhängen.

Schneider, Nikolaus; seit 2003 Präses der Evangelischen Kirche im Rheinland und seit 2010 Vorsitzender des Rates der Evangelischen Kirche in Deutschland; Buchpublikationen zu Themen des Glaubens und der Theologie.